Sirenen und gepackte Koffer

Dietmar Arnold · Reiner Janick
Ingmar Arnold · Gudrun Neumann · Klaus Topel

Sirenen und gepackte Koffer

Bunkeranlagen in Berlin

Weltbild

Für Ratschläge und Unterstützung bedanken wir uns bei den Mitarbeiterinnen und Mitarbeitern der im Anhang aufgeführten Archive, der Staatsbibliothek Preußischer Kulturbesitz zu Berlin, der Universitätsbibliothek der Humboldt-Universität und der Deutschen Bücherei Leipzig, dem Zentrum für Berlin-Studien und den Berliner Heimatmuseen, bei Marianne Bierbaum (Köln/Jerusalem), Michael Foedrowitz, Uwe Friedrich, Raimund Maczijewski, Rochus Misch, Egbert Schauer, Erhard Schreyer, Michael Will und Gabrielle Vallentin, insbesondere aber bei Erika und Karsten Benkert, bei der Familie Staudt und Frau Wilkens sowie bei den Herren Eypper, Griese, Hartmann, Theiss und Wittkamp, den Mitgliedern des Berliner Unterwelten e.V. und unseren Eltern (alle Berlin). Nicht zuletzt gilt unser Dank den zahlreichen Zeitzeugen, die uns in oft aufwühlenden Gesprächen von ihren Erlebnissen berichteten.

Genehmigte Lizenzausgabe für
Verlagsgruppe Weltbild GmbH,
Steinerne Furt, 86167 Augsburg

Umschlaggestaltung: atelier seidel, teising,
unter Verwendung von Fotos aus dem Archiv der Autoren;
Vorderseite groß: Landesarchiv Berlin – Fotosammlung
Rückseite re.o.: Landesbildstelle Berlin
Gesamtherstellung: Neografia, a.s. printing house, Martin
Printed in the EU
978-3-8289-4691-0

2015 2014 2013 2012
Die letzte Jahreszahl gibt die aktuelle Lizenzausgabe an.

Einkaufen im Internet:
www.weltbild.de

Inhalt

Berliner Bunkertopographie – Einleitung

Ein Mitglied des Vereins Berliner Unterwelten auf Erkundung im Flakturm Humboldthain, 2001.

1 Expedition in den »Mont Klamott«

An einem kalten Novemberabend gelingt uns der Durchstich. Fünf Nächte lang haben wir heimlich gegraben und fühlten uns dabei eher wie die Fluchttunnelgräber der 60er Jahre denn als passionierte Untergrundforscher. Unsere Gruppe hatte das Ziel, noch einmal in jene geheimnisvolle und verbotene Welt zurückzukehren, in der wir einen Teil unserer Jugend verbracht haben, an einen Ort mitten in der Großstadt, der ganz nah und dennoch unerreichbar war, ein Ort, von dem andere nicht einmal wußten, daß es ihn überhaupt noch gibt.

Wir hatten alles über Monate vorbereitet. Historische Pläne und Fotografien waren analysiert, zahlreiche Zeitzeugen befragt worden. Dabei waren wir auf eine geeignete Stelle für den Einstieg gestoßen. Ein Foto aus der unmittelbaren Nachkriegszeit zeigte einen langen, durch die Sprengungen französischer Pioniere verursachten Riß in der über zwei Meter dicken Betonwand des Bunkers, der später mit Bauschutt verfüllt worden war. Hier wollten wir uns einen Weg in das Innere des nur teilweise zerstörten Kolosses schaffen.

Ein Wochenende in einer Schlechtwetterperiode scheint uns der geeignete Zeitpunkt für das Abenteuer zu sein. Es nieselt, und die Temperaturen liegen nur wenig über dem Gefrierpunkt. Wer geht denn da abends noch im Bunker-Park spazieren? An einem Freitag um 22.30 Uhr rückt unser Expeditionstrupp los. Drei Mitglieder werden zum Graben eingeteilt, drei weitere sind für die Beseitigung des Abraums zuständig. Die übrigen bilden das Sicherungsteam. Wenn sich ein Hundehalter oder ein Liebespaar nähert, wird Alarm gegeben und die Arbeit unterbrochen. Erst nach Mitternacht wird es spürbar ruhiger, und wir kommen mit dem Graben endlich voran. Als es anfängt zu dämmern, sind die ersten dreieinhalb Meter geschafft. Wir sichern und tarnen die Einstiegsstelle und verabreden uns für den nächsten Abend.

Die Arbeiten gehen in der zweiten und dritten Nacht gut voran, denn das dichte Wurzelwerk, das sich in den letzten vier Jahrzehnten hier ausgebildet hat, macht den Untergrund ziemlich stabil, so daß von den anfangs berechneten Abstützungen gerade mal ein Vier-

Flakturm-Ruine im Humboldthain, 2002.

tel benötigt wird. Doch in der vierten Nacht droht beinahe alles zu scheitern. Die Sicherungsgruppe meldet wieder einmal »Besuch«. Schnell verschwindet unser Arbeitsgerät im Gestrüpp und unter einem Laubhaufen. Die Abraumbrigade mimt eine feucht-fröhliche Zechgesellschaft, die sich hier zum Trinken zusammengefunden hat. Aber der Hund des Spaziergängers rast auf das Einstiegsloch zu und fängt an, laut zu bellen. Er hat den Grabungstrupp im Tunnel gewittert. Doch die drei da unten bleiben ruhig. Der Mann schaut kurz auf das unscheinbar wirkende Erdloch und zerrt schließlich seinen Hund weiter. Alle atmen erleichtert auf.

Kurz vor Morgengrauen ist es dann schließlich geschafft. Das Untergrundteam kommt aus dem mittlerweile rund zehn Meter langen Tunnel mit der freudigen Nachricht: »Wir sind durch!« An ein Einsteigen ist zu diesem Zeitpunkt aber noch nicht zu denken, dafür müssen erst die erforderlichen Ausrüstungsgegenstände herangeschafft werden. Wir verdecken also den Zugang wieder und verabreden uns für die nächste Nacht zum Start der langersehnten Expedition.

Doch ein Wintereinbruch macht all unsere Pläne hinfällig. In der dichten weißen Schneedecke würden unsere Spuren sofort auffallen. Erst Wochen später, als Tauwetter einsetzt, können wir es endlich wagen. In drei unauffällige Kleingruppen aufgeteilt, steigen wir eines Abends schwer beladen den Bunkerberg hinauf. Wasserkanister, Provianttaschen, Seile, Fotoausrüstungen, Isoliermatten und auch mein kleines Akkordeon sind dabei. Zu siebent steigen wir in Abständen hinab. Ein Außenteam bleibt zurück, um uns zu sichern und hinter uns den Zugang wieder so zu verschließen, daß am Tage niemand Verdacht schöpfen kann. Sie sind auch dafür verantwortlich, den Eingang freizulegen, wenn wir wieder aussteigen wollen.

Zunächst gilt es für uns, den schmalen langen Tunnel auf dem Bauch liegend zu durchrobben. Ich schiebe dabei meine Fototasche vor mir her, den Rucksack ziehe ich nach. Licht gibt lediglich eine kleine Helmlampe. Nach einem guten Stück stoße ich auf eine Betonwand, der Gang knickt nach rechts ab. Unsere Berechnungen waren wohl nicht ganz perfekt. Aber nur ein kleines Stück weiter tut sich dann die ursprünglich angepeilte und etwa einen Meter breite Spalte im Beton auf. Das Ziel ist erreicht. Wir dringen in den Innenraum des Bunkers vor, wo sich alle erst einmal sammeln.

Lange dünne, weiße Tropfsteine hängen hier von der Decke. Wild verknäulte Stahlarmierungen sind in den Lampenkegeln zu erkennen, an denen zum Teil größere Betonbrocken hängen. Überall liegt Schutt herum. Es wirkt wie in einer grauen, feuchten Höhle.

Langsam steigen die Erinnerungen wieder auf. Das letzte Mal war ich wohl als Fünfzehnjähriger Ende der 70er Jahre hier unten, also als ich etwa so alt war wie viele der Flak-Helfer am Ende des Krieges. Reiner erzählt, daß ihm sogar schon vor mir der Einstieg in die verschüttete Anlage gelungen sei. Doch heute wirkt alles anders. Nur mühsam können wir uns zum erhalten gebliebenen Nordwestturm der Bunkerruine vorarbeiten. Dort angekommen, müssen wir feststellen, daß die einstige Betonwendeltreppe durch die Sprengung weitgehend aus ihren Verankerungen gerissen worden ist. Nur noch einzelne Betonfragmente hängen lose an den Wänden. Etwa 20 Meter geht es steil in die Tiefe. Wir entschließen uns zu einem etappenweisen Abseilen unserer siebenköpfigen Gruppe.

In der nächsten Etage angelangt, erwartet uns eine weitere Überraschung. In den nach außen liegenden Turmräumen hängen Dutzende, wenn nicht gar Hunderte von Fledermäusen an den Decken und Wänden. Anschei-

Die bei der Sprengung 1948 eingestürzte Wendeltreppe, ein 20 Meter tiefer Abgrund.

nend haben wir sie aufgeweckt, denn sie schreien Zeter und Mordio, ohne jedoch ihre Plätze zu verlassen. Kaum zu glauben, daß Fledermäuse so laut werden können. Schnell ziehen wir uns wieder aus diesem Bereich zurück.

Nach zwei Stunden sind schließlich alle im Erdgeschoß angelangt, wo wir unser Basislager für die weiteren Erkundungen einrichten: Isoliermatten werden ausgerollt, die Ausrüstungen ausgepackt, Batterien gewechselt, und Gudrun kocht zur Freude aller einen starken Kaffee. Wir teilen uns in drei Gruppen auf, die das künstliche Labyrinth in unterschiedlichen Richtungen erkunden sollen.

Nach ungefähr drei Stunden treffen wir uns am Ausgangspunkt wieder und tauschen die ersten Erfahrungen aus. Robert, der mit Olaf und Solon die oberen Etagen inspiziert hat, bringt eine alte Bierflasche von Schultheiß mit. Auf dem Porzellanverschluß steht: »Eigentum der Luftwaffe«. Reiner und Gudrun haben bereits auf mehreren Filmen die Innenräume dokumentiert, wobei sich herausstellt, daß für die überraschend weitläufigen Hallen unser Akku-Licht zu schwach ist. Jürgen und ich sind zum ehemaligen Osteingang vorgestoßen, über den einst bei Sirenenalarm Tausende von Menschen hereinströmten. Dort finden wir auch alte Wandbeschriftungen mit Hinweisen zum Zimmer 55, wo sich einst die »Auskunft und Einweisung« befand. Den Raum selbst gibt es allerdings nicht mehr. Durch die Sprengungen in den Jahren 1947 und 1948 sind sämt-

Eingang zur Tiefebene, in der sich irgendwo der Übergang zum Leitturm befinden muß.

liche Innenwände, die nicht aus Stahlbeton bestanden, förmlich pulverisiert worden.

Nach dem Ende unserer Besprechung stellen wir bei einem Blick auf die Uhr fest, daß draußen bereits wieder ein neuer Tag beginnt, doch hier unten scheint die Zeit stillzustehen, und wir sind erst am Anfang unserer Erkundungen. In der nächsten Runde machen sich Jürgen, Olaf und Solon auf die Suche nach einem Kabelkanal, der laut Zeitzeugenberichten zum sogenannten Leitturm hinüberführen soll, auf dem die Funkmeßgeräte zum Anpeilen angreifender Bomberverbände stationiert waren. In einer Ebene unter dem Erdgeschoß finden sie tatsächlich den Einstieg zu einem »Kriechkeller«, durch den einst alle wichtigen Leitungen verliefen. An dessen Ende stoßen sie sogar auf Gehäuse alter Funkgeräte und die Fragmente einer »Enigma«, eines Kodierungsgeräts zur Verschlüsselung von Nachrichten, doch den Übergang zum Kabelkanal finden die drei nirgends.

Ich beginne derweil zusammen mit Robert mit der Grobvermessung der gesamten Anlage. Per Laser-Meßgerät kommen wir zügig voran. Dabei dringen wir auch in Bereiche vor, in denen wahrscheinlich seit 50 Jahren kein Mensch mehr gewesen ist. Durch Spalten zwischen geborstenen Betonplatten hindurchkletternd, erreichen wir auch den einstigen Westzugang des Bunkers. Hier liegen die beiden sechs Zentimeter dicken Stahltore, vor denen während der Luftangriffe verzweifelte Menschen gestanden haben, die zu spät gekommen und nicht mehr eingelassen worden sind.

Bei der nächsten Lagebesprechung berichten Reiner und Gudrun von den aufgefundenen Überresten der alten Munitionsaufzüge. Sie zeigen uns verrostete Metallglieder wie aus einer überdimensionierten Fahrradkette. Sie gehören zum ehemaligen Aufzugsystem, mit dem die Granaten aus den Munitionskammern im Erdgeschoß aufs Dach des Flakturms befördert wurden, wo die Flugabwehrgeschütze postiert waren. Auch auf Reste der Aufzugsmaschine mit riesigen Zahnrädern sind sie zwischen den Betonfragmenten gestoßen.

Am Ende der Auswertungsrunde bemerken wir, daß bei den ersten von uns Übermüdungserscheinungen einsetzen. Kein Wunder, schließlich sind wir inzwischen 28 Stunden ohne Schlaf hier unten zugange. Doch jetzt, da

Der verschüttete Zugang mit den 6 cm dicken Stahltüren.

Vermessungsarbeiten im Turmbereich C, links Treppenhaus, rechts Schacht des Lastenaufzuges.

wir eine Pause einlegen wollen, müssen wir feststellen, daß wir die Temperaturen falsch eingeschätzt haben. Zwar sind Isoliermatten ausreichend vorhanden, doch bei lediglich zehn Grad ist es kaum möglich, ohne Decken Schlaf zu finden. Nur zwei Schlafsäcke sind dabei. Wir versuchen es mit einer Art Rotationssystem. Nach wenigen Stunden Ruhe für jeden beschließen wir tief im Dunkeln den Beginn des neuen Tages: Gudrun und Reiner bereiten ein improvisiertes Frühstück; ich wecke danach die »Schlafsäcke« mit lautstarken Akkordeonklängen.

Nach den ersten Groborientierungen folgen jetzt die Detailuntersuchungen. Als besonders interessant erweist sich der Erdgeschoßbereich, wo sich neben der vermauerten nördlichen Hauptzufahrt auch die etwas tiefer liegenden Munitionskammern befinden. Heute haben sich im Laufe der Jahrzehnte zwei unterirdische Seen mit klarem, türkisblauem Wasser gebildet. Beeindruckend sind auch die Überreste der gewaltigen Scharniere für die Verschlußklappen der Munitionslager. An einigen Stellen entdecken wir neuzeitliche Graffiti, doch Spuren einer neonazistischen Kultstätte, die es laut Zeitungsberichten[1] hier in den 80er Jahren gegeben haben soll, können wir nicht finden.

Auf dem Weg durch die Geschosse versuchen wir noch einmal, die Auswirkungen der Bunkersprengungen von 1947/48 nachzuvollziehen. Von den südlich gelegenen Bunkertürmen ist bis auf einen Bereich im Erdgeschoß

Reste des Stahltores zu einer Munitionskammer.

nichts mehr übrig. Hier ist alles wie ein Kartenhaus in sich zusammengefallen. Im Gegensatz dazu ist die nördliche Bunkerhälfte in der Nähe der S-Bahn-Gleise über alle sechs Etagen noch erstaunlich gut erhalten. Die vier Hauptstützen in der Bunkermitte sind offenbar gezielt zersprengt worden, so daß die Zwischendecken alle durchhängen und skurril verschachtelte schiefe Ebenen bilden. Die etwa drei Meter dicke Abschlußdecke lehnt mit fast 45 Grad Schräglage an der intakten Bunkerhälfte und deckelt – ähnlich einem Sarkophag – das unterirdische Labyrinth stabil ab. Darauf befinden sich noch einmal Tausende Tonnen von Trümmerschutt.

Am Abend nähert sich unsere Expedition dann unweigerlich ihrem Ende, denn die Wasservorräte sind aufgebraucht. Wir schleppen die Ausrüstung in Richtung Aufstiegspunkt und klettern mühsam wieder nach oben. Über Funktelefon benachrichtigen wir das Außenteam, das pünktlich den Zugang wieder freilegt. Einer nach dem anderen von uns kehrt erschöpft in die Oberwelt zurück. Danach wird der Tunnel noch gründlich verfüllt, denn an dieser Stelle soll kein Unerfahrener unser Abenteuer wiederholen können. Zu groß wäre die Gefahr.

Mit der Auswertung unseres Erkundungsmaterials sind wir einige Zeit beschäftigt. Da keine historischen Pläne mehr von der Anlage existieren, können wir nun einen ersten Aufriß fertigen. Wie sich dabei herausstellt, ist die innere Grundstruktur doch anders als in manchen Zeitzeugenerinnerungen angegeben. Auch stellen wir Abweichungen gegenüber den angeblich baugleichen Türmen am Zoo, im Friedrichshain oder dem bis heute noch intakt erhaltenen Flakturm auf dem Hamburger Heiliggeistfeld fest. Wir sind froh, mit unseren Erkenntnissen zur Geschichte dieser Bunkeranlagen einen großen Schritt vorangekommen zu sein. Sie sollen uns noch nützlich sein, denn wir haben vor, wiederzukommen.

2 Der schwierige Umgang mit dem betonierten Erbe

Es sind nicht mehr viele Berliner Bunker übriggeblieben. Von den rund tausend »bombensicheren« Schutzanlagen, die in der Zeit zwischen 1935 und 1945 in der damaligen Reichshauptstadt erbaut wurden,[1] sind heute nur noch einige Dutzend erhalten – und es werden ständig weniger.

Die meisten Schutzbauten wurden innerhalb von drei Jahren, zwischen 1940 und 1942, geschaffen. Im Rahmen des sogenannten »Bunkerbauprogramms für die Reichshauptstadt« errichtete man unter großem Aufwand mehr als 400 meist genormte Bunker in allen Teilen der Stadt.[2] Hinzu kam eine Vielzahl von Sonderbauprogrammen, darunter eines für die großen Flaktürme zur Luftverteidigung oder für »Mutter und Kind«.[3] Besondere Anordnungen regelten den Bau spezieller Werkluftschutz- und Reichsbahn-Bunker als auch von »Sonderbauten« für Reichsminister, Botschaften, Krankenhäuser oder die Verbunkerung der Rüstungsindustrie.

Nach Kriegsende, vor allem zwischen 1946 und 1948, wurden weit mehr als die Hälfte der Berliner Bunker- und Luftschutzanlagen im Rahmen der Entmilitarisierung durch die Alliierten gesprengt. In keiner anderen Stadt Deutschlands sind diese »Entfestigungsmaßnahmen« allerdings so rigoros durchgeführt worden wie hier. Die Ursache ist wohl darin zu suchen, daß sich gerade in Berlin die Alliierten gegenseitig besser überwachen und kontrollieren konnten als andernorts.[4]

Die verbliebenen Bunkerruinen sind im Westteil Berlins in den 50er Jahren im Rahmen von sogenannten »Notstandsprogrammen« weitgehend beseitigt worden. In Ost-Berlin zog sich die Beräumung noch bis weit in die 60er Jahre hin. Mit der Verschärfung des Kalten Krieges und den nachfolgenden Berlin-Krisen bremste man jedoch auf beiden Seiten die Abbruchprogramme, da man noch verwertbare Bunker und Schutzräume für den »Zivilschutz« im Konfliktfall nutzen wollte.

Die zweite große Enttrümmerungswelle begann nach dem Fall der Mauer. Vor allem in den westlichen Bezirken gab es noch so manch erhaltene Altlast, die nun angesichts rasant ansteigender Grundstückspreise für Neubebauungen beseitigt wurden. Kennzeichnend dafür ist der aufwendige Abbruch des mehrgeschossigen Rundfunk-Bunkers an der Masurenallee im Sommer 2000, bis dahin noch vom Sender Freies Berlin als Filmlager genutzt. Von hier aus hatte einst der Reichsrundfunk in den Bombennächten seine Propaganda durch den Äther geschickt. An dessen Stelle steht heute ein moderner Bürokomplex.

Abrißarbeiten am Rundfunk-Bunker, Sommer 2000.

Freigelegter Eingang des Fahrer-Bunkers der Reichskanzlei, 1999.

Im Ostteil der Stadt kamen mehrere Tiefbunker unter dem einstigen Mauerstreifen wieder zum Vorschein, darunter 1996/97 die Schutzanlagen für Joseph Goebbels und Albert Speer. Daß im einstigen Regierungsviertel des Dritten Reiches mit solchen Funden zu rechnen war, hatte man bereits bei der Munitionsbergung im Sommer 1990 festgestellt, als bei der Vorbereitung des Pink Floyd-Konzertes »The Wall« der sogenannte Fahrer-Bunker mit seinen NS-Wandbemalungen freigelegt wurde.

Diese Funde erwiesen sich schnell als »Stolpersteine der Vergangenheit«[5], die kontroverse und zuweilen heftige Debatten auslösten. Abbruchbefürworter befürchteten dort die Entstehung neonazistischer Kultstätten und verlangten eine schnelle Beseitigung. Geschichtsbewußtere Teilnehmer setzten sich in dieser Diskussion für den Erhalt dieser Relikte ein und wollten die Anlagen in die Liste der schützenswerten Bodendenkmäler aufnehmen lassen, zumal sich zu der nicht weit entfernt liegenden Gedenkstätte »Topographie des Terrors« auch ein historischer Bezug hätte herstellen lassen. In den Zeiten von »Political Correctness«, dazu noch im unmittelbaren Umfeld der Standorte des künftigen Holocaust-Mahnmals und des millionenschweren Neubaus auf dem Gelände des ehemaligen Reichssicherheitshauptamtes gelegen, werden diese letzten Bunkeranlagen allerdings kaum eine Chance haben, erhalten zu bleiben. Warum auch sollten sie für die kommenden Generationen gerettet werden, wenn diesen Überresten doch mittlerweile das qualitative Niveau von »Küchenabfall« bescheinigt wird?[6]

Nach dem Ende des Kalten Krieges schien man auch die für den Zivilschutz reaktivierten Bunker nicht mehr zu benötigen. Mit dem 11. September 2001 änderte sich dies jedoch auf dramatische Weise. Nach den Flugzeug-Attentaten auf das World Trade Center in New York und das Pentagon in Washington begann eine Neubewertung der Schutzmöglichkeiten in Ballungsräumen. Jetzt erinnerte man sich sogar wieder der 23 noch funktionsfähigen Berliner Bunker.[7]

Diesen Ereignissen folgten zwei Kriege, bei denen Bunker ebenfalls eine Rolle spielten. In Afghanistan tobte im Herbst 2001 im Zusammenhang mit der Zerschlagung des Taliban-Regimes ein wochenlanger Kampf um das Höhlensystem von Tora Bora, im Irak versuchte im Frühjahr 2003 die US-Luftwaffe mit Spezialbomben die Bunker von Saddam Hussein zu zerstören. Daß sie über Waffen mit außergewöhnlicher Durchschlagskraft verfügen, hatten die US-Truppen bereits im ersten Golf-Krieg unter Beweis gestellt. Am Morgen des 14. Februar 1991 wurde der einige Kilometer vom Stadtzentrum entfernte Al-Amariya-Bunker in Bagdad von zwei »Cruise Missiles« getroffen. Die erste schlug ein Loch in die zwei Meter dicke Betondecke, der zweite Treffer entfachte einen Feuersturm in der Zivilschutzanlage, »über 400 Frauen und Kinder verglühten«.[8]

Eine ähnliche Katastrophe hatte sich – fast auf den Tag genau 46 Jahre zuvor – auch in Berlin ereignet. Bei einem massiven Tagesangriff der Amerikaner am 3. Februar 1945 durchschlugen drei Bomben die Decke des U-Bahnhofs Memeler Straße (heute U-Bhf. Weberwiese) und töteten mehrere hundert Zivilisten, hauptsächlich Frauen, Kinder und Alte. Die U-Bahnwaggons, in denen ein Großteil der Menschen auf das Ende des Angriffs wartete, wurden durch die Detonationen in den Bahnsteigtrögen regelrecht zusammengefaltet.[9]

Diese jüngsten Ereignisse des Weltgeschehens verdeutlichen einmal mehr, wie wichtig es ist, sich solcher Schrecken bewußt zu bleiben und die Bunker als Mahnung dafür zu begreifen, daß es in einem Krieg niemals hundertprozentigen Schutz geben kann, wie dick der Beton auch immer sein mag. Die verbliebenen Zeugnisse des Zweiten Weltkrieges sollten also die Gefahren von neuen Kriegen verdeutlichen als auch an den Luftkrieg erinnern.

»Wer die Geschichte nicht kennt, ist dazu verurteilt, sie zu wiederholen« – diese Worte stammen vom Kosmopoliten und Philosophen George Santayana. In diesem Sinne versteht auch der Verein »Berliner Unterwelten« seine Aufgabe bei der Erforschung dieses bisher wenig beachteten Themenkomplexes aus der NS-Zeit. Unverständlicherweise ist das Thema »Verbunkerung von Großstädten« lange Zeit vernachlässigt worden, obwohl allein der Aufwand, der betrieben wurde, um Abertausende von Luftschutzanlagen in Deutschland sowie in den von den Nationalsozialisten okkupierten Staaten binnen kürzester Zeit zu errichten, Grund genug wäre, diesem Phänomen genauer nachzugehen. Mit einer gewissen Berechtigung spricht der Historiker Michael Foedrowitz von dem »größten zweckgebundenen Bauprojekt der Menschheitsgeschichte«[10], auch wenn sich Superlative in diesem Zusammenhang eigentlich verbieten.

Die Mitglieder unseres Autorenteams sind frei von Begeisterung für die vielen verbauten und später wieder zertrümmerten Kubikmeter Stahlbeton. Vielmehr geht es uns um den Versuch einer Bestandsaufnahme und einer historischen Einordnung dieser Bauwerke. Dabei hat jeder seinen ganz individuellen Annäherungsprozeß an das Thema hinter sich. Bei unseren Recherchen stellte sich bald heraus, daß keine zusammenhängenden Dokumentenbestände über die Bunkeranlagen Berlins mehr vorhanden sind. Viel ist in den Kriegs- und Nachkriegswirren verlorengegangen, anderes wurde von den Besatzungsmächten mitgenommen. Zwar liegen mittlerweile wesentliche Bestände des beim Berliner Bunkerbau federführenden »Generalbauinspektors für die Reichshauptstadt« (GBI) im Bundesarchiv Berlin-Lichterfelde;[11] doch die Akten der »Baugruppe Langer«, die für die Ausführung vieler Schutzbauten zuständig war, finden sich nur im Moskauer Sonderarchiv.[12] Die Dokumente der »Baugruppe Stachowitz« wiederum können im Berliner Landesarchiv studiert werden.[13] Um die angekohlten Überreste der Bunkerakten des einstigen Reichsluftfahrtministeriums einzusehen, muß man wiederum ins Freiburger Militärarchiv des Bundesarchivs reisen.[14] Weitere wichtige Bestände, zum Bau der Berliner Flaktürme etwa, liegen in Paris, London und Washington.[15]

Leider scheinen wichtige Stücke des Puzzles gänzlich zu fehlen. So sind die heute greifbaren Informationen immer noch unzureichend, um alle ehemaligen Bunkerstandorte in

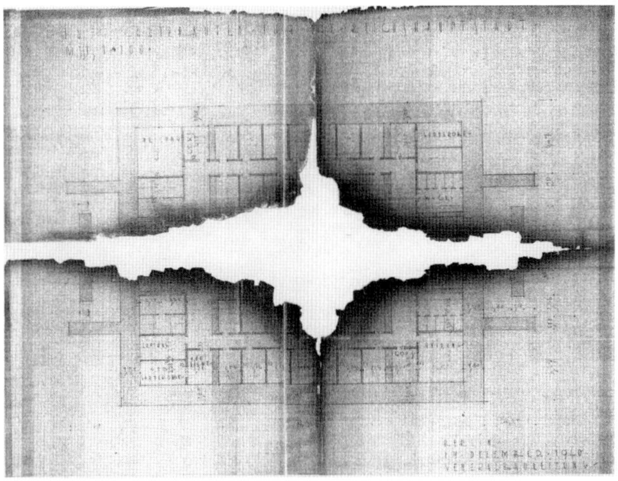

Von den Alliierten vor der Verbrennung geretteter Bunkerplan.

Berlin rekonstruieren zu können. Öfters helfen hier die Erinnerungen von Zeitzeugen weiter, so widersprüchlich sie manchmal auch sein mögen. Als ich beispielsweise von einer älteren Dame zu einer mir bis dahin unbekannten mehrgeschossigen Luftschutzanlage an der Brunnenstraße in Berlin-Mitte geführt wurde, gab es vor Ort keinerlei Hinweise mehr auf einen Bunker, so daß ich einige Zweifel anmeldete. Daraufhin führte sie mich in ein nahegelegenes Café, wo sie weitere ältere Herrschaften auf den früheren Bunker ansprach. Als sich die alten Leute darüber zu streiten beginnen, ob die Anlage nun zwei oder drei Tiefebenen gehabt habe, denke ich nur: »Glückstreffer! Diesen Bunker hat es also wirklich gegeben.«

Erste Medienberichte über meine Bunkerforschungen führten mich mit anderen Interessierten zusammen. So meldete sich 1995 nach einem Fernsehbericht mein heutiger Ko-Autor Reiner Janick, der sich gleichfalls seit längerem mit dem Thema beschäftigte. Schnell entwickelte sich eine fruchtbare Zusammenarbeit, die dann zwei Jahre später mit der Gründung des Vereins »Berliner Unterwelten« eine neue Dimension bekam. Im Frühjahr 1998, als gerade in Berlin-Mitte immer neue Reste von NS-Bunkern ausgegraben wurden, gelang es dem Verein, eine öffentliche Debatte über den Umgang mit den unliebsamen Bodenfunden zu entfachen.[16]

Wir gerieten dabei schnell mit der Mehrheitsmeinung im Berliner Abgeordnetenhaus aneinander. Von einer Diskussionsveranstaltung unseres Vereins in der Akademie der Künste berichtete die Frankfurter Rundschau: »›Zuschütten!‹, hieß es von dort unisono, der Bunker des NS-Propagandaministers ebenso wie die Fundamente seiner nur wenige Meter entfernten Villa seien nicht erhaltenswert. Der Bunker gebe nichts her für das Verständnis der NS-Zeit, erklärte die Leiterin der ›Topographie des Terrors‹, Gabriele Camphausen. Als ›banalen Gebrauchsgegenstand ohne exemplarische Bedeutung‹ bezeichnete Eckhard Klausa von der Senatsverwaltung für Kultur den Schutzraum des einstigen Gauleiters von Berlin.«[17]

Unter der Hand wurden wir als »Bunkerküsser und Betonromantiker« abgetan. Berlins oberster Denkmalschützer Helmut Engel hielt uns entgegen, es sei wichtiger, »das Menetekel an der Wand« zu verstehen als nur den einzelnen Ort, denn schließlich, »was bringt ein Bunker außer dem gruseligen Erlebnis einer tropfenden Betondecke?«[18]

Wir ließen uns jedoch nicht entmutigen, sondern versuchten für den jungen Verein, feste Räume für eine Ausstellung zu finden. Zu unserer Überraschung wurden wir schnell fündig. Im U-Bahnhof Gesundbrunnen stießen wir hinter einer unscheinbaren grünen Stahltür auf ein Labyrinth von Schutzräumen, angefüllt mit Schutt und ohne Stromversorgung, aber mit noch fast vollständig erhaltenen historischen Wandbeschriftungen. Es gelang uns, einen Mietvertrag abzuschließen, und nach über 10 000 von vielen Vereinsmitgliedern ehrenamtlich geleisteten Arbeitsstunden sind nicht nur Müll und Dreck entsorgt, das Ungeziefer bekämpft und die Elektrik rekonstruiert, sondern auch originale Einrichtungsgegenstände herbeigeschafft und eine komplette Ausstellung aufgebaut worden.[19] Die Bemühungen des Vereins wurden im Sommer 1999 dadurch belohnt, daß unser Gesundbrunnen-Bunker den Denkmalschutz-Status erhielt.[20] In Berlin gibt es nur wenige Orte mit vergleichbarer zeitgeschichtlicher Authentizität.

Seit einiger Zeit findet das Thema der Luftschutzanlagen auch in der offiziellen Wissenschaft erkennbar mehr Aufmerksamkeit. Unter dem Titel »Bunker in Städten und Landschaften« veranstaltete im September 1999 die Universität Oldenburg zusammen mit der Johannes-a-Lasco-Bibliothek in Emden ein

Flakturm Humboldthain: Reste des einstigen Munitionsaufzuges für den Geschützturm IV, 1999.

Gesprengte Hauptstützen am zentralen Treppenhaus im Erdgeschoß.

Unterirdischer See in der ehemaligen Munitionskammer des Geschützturms III.

Reste der Wandbeschriftungen im östlichen Eingang.

Gesprengte und verschüttete südliche Haupteinfahrt für Lkw. Flakturm Humboldthain, 1999.

dreitägiges internationales Symposium, auf dem Historiker, Architekten, Ausstellungsmacher und Künstler ihre Sicht auf die »Erinnerungsorte aus Beton«[21] vortrugen. Auch verschiedene Initiativen, die sich in ihren Heimatstädten für den Erhalt von abrißbedrohten Bunkeranlagen und ihre Umnutzung einsetzten, kamen zu Wort.

Unübersehbar blieb eine Kluft zwischen den Bunkertheoretikern (den »Denkenden«) und den lokalen Rechercheuren und Praktikern (den »Grabenden«). Während die einen ihren Zugang zum Thema übers Studium gefunden haben, sind die anderen von ihren persönlichen Erlebnissen an diesen verlorenen Orten stark geprägt.[22] Daher blieben Konflikte unter den Seminarteilnehmern nicht ganz aus. Deutlich wurde, daß beide Parteien künftig mehr Verständnis füreinander aufbringen müßten. In jedem Fall aber bot das Symposium einen Rahmen für den überfälligen Dialog beider Gruppierungen und trug dazu bei, das Bunker-Thema gesellschaftsfähiger zu machen.

In das öffentliche Bewußtsein gelangte es dann 2002 durch das Buch von Jörg Friedrich »Der Brand – Deutschland im Bombenkrieg«.[23] Der in Berlin lebende Autor beschäftigt sich darin auch mit den Auswirkungen des jahrelangen, verheerenden Bombenkriegs auf die Psyche der Deutschen. Nach seiner Auffassung hätte der Krieg auch auf eine andere Weise zu Ende gebracht werden können als mit der Vernichtung der zivilen Wohngebiete in den Großstädten. Das Ergebnis sei eine »Bunkermentalität« in Deutschland. Viele seien mental bis heute nicht wirklich aus ihren Luftschutzkellern hervorgekrochen.[24]

Im März 2003 lief in deutschen Kinos der Film »Bunker – Die letzten Tage« der Regisseure Martina Reuter und Gavin Hodge an.[25] Darin schildern Zeitzeugen die Atmosphäre, die in den letzten Kriegstagen in den Bunkern geherrscht hat, verbunden mit einer optischen Bestandsaufnahme der heutigen Situation. Bei den Recherchen für den Film stieß das Team um Hodge und Reuter auf ein bisher unbekanntes Vorläuferprojekt, das sich – wenngleich aus einer ganz anderen Sichtwarte heraus – ebenfalls mit dem Thema beschäftigte. Im Jahre 1941 erhielt Leni Riefenstahls Produktionsgesellschaft den Auftrag, einen Propagandafilm über den Bunkerbau in Berlin zu drehen. Aus historischen Dokumenten geht hervor, daß der Film weitgehend fertiggestellt worden ist, aber nie in die Kinos gelangte.[26]

Die Bedeutung von Zeitzeugen zur Belebung der ansonsten leeren Räume aus Stahlbeton haben auch wir im Verein in den letzten Jahren immer wieder erfahren können. Deshalb wird auch bei all unseren Veranstaltungen stets darum gebeten, Erlebnisse zu schildern und Dokumente bereitzustellen. Gleich im ersten Jahr besuchte eine ältere Dame unsere Ausstellung im Gesundbrunnen-Bunker. Zunächst irrte sie ein wenig durch die labyrinthartigen Räume, bis sie schließlich fragte, wo denn der ehemalige Sanitätsraum sei. Aus der Handtasche zog sie dann etwas unsicher ihre Geburtsurkunde, ausgestellt am 22. April 1945. Sie wolle einmal ihren Geburtsort kennenlernen. Viele Begegnungen mit älteren Menschen folgten, so daß unser Archiv inzwischen Dutzende von Zeitzeugenberichten umfaßt.

So läßt sich erahnen, welche Dramen, welche Tragödien sich in diesen Wänden abgespielt haben. Deutlich wird dabei, daß ohne die »bombensicheren Bauten« die Zahl der Luftkriegsopfer von etwa einer halben Million Menschen in Deutschland (in Berlin etwa 35 000 Tote) wohl um ein Vielfaches höher gelegen hätte.[27] Geblieben sind die Bunker als Monumente zur Mahnung an hoffentlich nie wiederkehrende Ereignisse.

Für die Autoren
Dietmar Arnold, im Juli 2003

I Illusion der Sicherheit – Die Planungs- und Bauphase 1933–1941

Bereits Jahre vor dem Krieg wurde die Bevölkerung eingestimmt, Titel einer Broschüre von 1938.

1 Propagandakampagnen und Luftschutzprogramme

Für die nationalsozialistische Bewegung ist das Thema Luftschutz schon vor der Machtübernahme im Januar 1933 von besonderer Bedeutung. Zur Propaganda gegen den Versailler Vertrag, der es nach dem Ersten Weltkrieg Deutschland verbot, eine eigene Luftwaffe zu unterhalten[1], gehörte das Szenario einer gefährlichen »Luftbedrohung« des Deutschen Reiches, das in seiner europäischen Mittellage von seinen Feinden umzingelt sei.

So heißt es in einer weitverbreiteten NS-»Aufklärungsschrift für alle« aus dem Jahre 1931: »Deutschland!! Schläfst Du?? Luftgefahr droht! In 1 Stunde! Flieger! Bomben! Giftgas! Über Berlin!«[2] Die Schrift enthält zwölf Weisungen, wie sich das deutsche Volk auf das kommende Ungemach vorbereiten könne. Dazu gehört unter anderem die Schaffung »vorzüglicher Unterkünfte« für den Schutz der Zivilbevölkerung. Gesicherte Räume sollen auch in allen Neubauten geschaffen werden.[3] Ab 1933 wird die Propagierung des Luftschutzes dann zu einer staatlichen Angelegenheit, zum Unterrichtsstoff in der Schule und zum Thema für die Jugendverbände.[4] Der Begriff »Bunker« im Sinne des betonierten Schutzstandes taucht dabei eher selten auf,[5] vorrangig spricht man von Luftschutzräumen.[6]

Nachdem im Ersten Weltkrieg die Frontlinien schnell festgefahren waren, gingen die Militärstrategen bald zu einer anderen Art der Kriegsführung über, nämlich zu Luftangriffen auf die rückwärtigen Stellungen und Industrieanlagen sowie die Verkehrszentren.[7] Zwar untersagt bereits die Haager Konvention von 1907 in Artikel 25, »unverteidigte Städte, Dörfer, Wohnstätten oder Gebäude, mit welchen Mitteln es auch sei, anzugreifen«[8], doch nachdem sich im Stellungskrieg an der Front keine wirklichen Erfolge mehr erzielen ließen, rückte schnell das nur aus der Luft erreichbare Hinterland des Gegners ins Blickfeld der Strategen. Briten, Franzosen und Deutsche begannen nach den jeweils vorhandenen Möglichkeiten mit der Bombardierung gegnerischer Städte, die an Heftigkeit immer mehr zunahmen.[9] In Deutschland waren vor allem Essen und Köln betroffen, in Großbritannien London. Für das Frühjahr 1919 plante die Royal Air Force sogar Giftgasangriffe auf weit im Hinterland liegende deutsche Städte, darunter auch Berlin, denen dann aber das Kriegsende im November 1918 zuvorkam.[10] Die Zahl der Luftkriegstoten im Ersten Weltkrieg blieb vergleichsweise niedrig – aber die weitere Richtung war vorgegeben.

Einband einer Luftschutzbroschüre 1933.

Dieses Ehrenmal in einer Flakkaserne in Lankwitz war Vorlage für das erste Logo des Reichsluftschutzbundes.

Das wußten auch die Militärstrategen in Deutschland, die frühzeitig eine Heimatschutzbewegung aufbauten, um sich für künftige Auseinandersetzungen zu wappnen. Neben Lehrmaterial und Flugschriften gab es bald auch entsprechende Propaganda-Romane, gewissermaßen politisch-literarische Science-Fiction des Dritten Reiches. In »Deutschland – Freiwild?«, 1933 erschienen, soll das deutsche Heimatgebiet aufgrund seiner »Ohnmacht und Schutzlosigkeit« seitens böswilliger Kräfte des Auslandes mit Bombenangriffen überzogen werden. Doch durch das rechtzeitige Anlegen von Schutzbauten und die Mobilisierung der Massen kann das Schlimmste dann noch abgewendet werden.[11] Auch in dem Roman »Bomben auf Kohlenstadt« aus dem Jahr 1935 geht es um den Angriff feindlicher Bomber auf eine deutsche Industriestadt.[12] Hier warnt ein wachsamer Förster in der Pfalz rechtzeitig vor den anfliegenden Bombergeschwadern.

Es bleibt nicht bei der geistigen Aufrüstung. Unmittelbar nach der Machtübernahme schaffen die Nationalsozialisten umfassende Strukturen für die Luftrüstung und die Luftverteidigung. Die erste Organisation, die dem Luftschutz unmittelbar dienen soll, ist der am 29. April 1933 gegründete Reichsluftschutzbund (RLB).[13] Die bis dahin bestehenden privaten Luftschutzverbände[14] werden faktisch aufgelöst und mit dem RLB gleichgeschaltet, der sich ganz in den Dienst der »völkischen« Bewegung stellt.[15]

Bei Kriegsausbruch 1939 verfügt der RLB reichsweit über 13,5 Millionen Mitglieder und ist damit zu dieser Zeit die größte nichtstaatliche Organisation der Welt. Darunter befinden sich etwa 820 000 Amtsträger und rund 28 000 Luftschutzlehrer, die in nicht weniger als 3 800 Luftschutzschulen unterrichten.[16] Der RLB gibt

Montage von Bunker-Hinweisschildern in Kreuzberg, 1935.

zudem die Zeitschrift »Die Sirene« heraus, die das deutsche Volk »wachrütteln und in Alarmbereitschaft« versetzen soll.[17]

Zeitgleich zum Reichsluftschutzbund wird unter der Leitung Kurt Knipfers, des Chefs der Abteilung Ziviler Luftschutz im Reichsluftfahrtministerium (RLM), die Reichsanstalt der Luftwaffe für Luftschutz gegründet. Hier sollen sämtliche Erkenntnisse des Luftschutzes zusammengefaßt werden, um entsprechende Bestimmungen für den Bau von Luftschutzanlagen auszuarbeiten. Die Anstalt ist auch zuständig für die Patentierung sämtlicher Luftschutzutensilien, von der Alarmsirene bis hin zur sogenannten Volksgasmaske.

Im April 1934 erhält Berlin als erste deutsche Stadt ein umfassendes Luftschutzprogramm, das die »Errichtung öffentlicher Sammelschutzräume in vorhandenen städtischen,

Provisorische Konstruktion für eine Alarmsirene, 1935.

Die Sirene, Illustrierte des Reichsluftschutzbundes, 1939.

staats- und reichseigenen Gebäuden« vorsieht, wofür 6,3 Millionen Reichsmark (RM) zur Verfügung gestellt werden.[18] Die Auswahl der Lage der Schutzräume erfolgt dann unter Mitwirkung der Schutzpolizei. Vorgesehen sind zunächst 2 866 behelfsmäßige Sammelschutzräume für 107 336 Personen.[19] 90 Prozent davon stehen unter städtischer Verantwortung. Für 1,9 Millionen RM sollen zudem mehrere Bunker errichtet werden, die man zu diesem Zeitpunkt noch »Eisenbeton-Unterstände« nennt.[20] In einer Kosten-Nutzen-Analyse ermittelt die zentrale Tiefbauverwaltung Berlins jedoch, daß für einen einzelnen Schutzplatz im »Eisenbeton-Unterstand« rund 300 RM aufgewendet werden müssen, der Platz im Sammelschutzraum dagegen nur rund 40 RM kostet. Da die Finanzlage Berlins äußerst angespannt ist, jedoch die Vorgabe erteilt worden ist, insgesamt 325 000 Schutzplätze zu schaffen, entscheiden sich die Verantwortlichen gegen den Bau von Bunkern.

Gut ein Jahr später, am 26. Juni 1935, wird ein für das ganze Deutsche Reich gültiges Luftschutzgesetz verabschiedet. Es sieht eine Luftschutzpflicht vor, wonach »alle Angehörigen der Betriebe und Bewohner von Gebäuden« zur Teilnahme an Luftschutzübungen, zur Dachbodenentrümpelung, ggf. zur Verdunklung sowie zur »Herrichtung von Schutzräumen« und zum »Aufsuchen dieser Räume im Falle des Alarms« verpflichtet werden.[21] Verweigerungen dieser »Pflichten« gelten »als offene Auflehnung gegen den Staat« und können fortan mit erheblichen Geldbußen oder sogar mit Gefängnisstrafe geahndet werden.[22]

Das neue Gesetz enthält noch keine eindeutigen Vorschriften über die Einrichtung von Luftschutzanlagen. Trotzdem werden bei allen staatlichen Neubauten in Berlin bereits umfangreiche Schutzräume, die man vorläufig noch als »Luftschutzkeller« bezeichnet, mit eingeplant. Prominenteste Beispiele sind die Schutzanlagen des Reichsluftfahrtministeriums unter dem Vorplatz Leipziger/Ecke Wilhelmstraße mit einer Deckenstärke von 80 Zentimetern, oder auch der »Luftschutzkeller« unter dem neuen Saalanbau im Garten der Alten Reichskanzlei,[23] der ausschließlich Hitler und seinem Stab vorbehalten ist.[24] Hier betragen die Wandstärken bereits 1,20 Meter, die der Decke sogar 1,60 Meter.[25] Unter dem Flughafen Tempelhof testet man bei der Errichtung der neuen Schutzräume zugleich die stahlarme Bauweise und führt zur Aufnahme der berechneten Lasten die Decken und Wände als Gewölbekonstruktion aus. Sie gelten zu dieser Zeit noch als »bombensicher«.

Gasschleuseneinrichtung in einer Befehlsstelle.

Verschiedene Stahlbaumodelle im Schutzbau, Ausstellung 1936.

Die Einrichtung von Schutzräumen wird steuerlich begünstigt, da man hofft, über den Weg der Freiwilligkeit genügend private Unterkünfte zu erhalten. Nach zwei Jahren ergibt eine Zwischenbilanz jedoch, daß bei vielen Neubauten, vor allem in kleineren Städten, auf entsprechende Luftschutzkeller verzichtet worden ist. Das hat zur Folge, daß man das Gesetz mit entsprechenden Durchführungsverordnungen 1937 noch einmal verschärft. Nun-

Verdunkelungsübung am Potsdamer Platz, 1935.

mehr wird der Einbau von sicheren Schutzräumen zur Pflicht. Stahlbetonbunker aber bleiben als »Sonderbauten« vorerst eine Ausnahme.[26] Sie werden nur in Einzelfällen errichtet, so in Berlin-Adlershof, wo die Deutsche Versuchsanstalt für Luftfahrt den Bau eines oberirdischen Luftschutzturmes für etwa 600 Personen beantragt. Dabei wird streng darauf geachtet, daß »sämtliche Außenflächen einen Farbanstrich erhalten, der sich der Umgebung des Turmes bei Beobachtung aus der Luft anpaßt«.[27] Etwa zur gleichen Zeit läßt auch die Carl Flohr AG an der heutigen Otisstraße in Borsigwalde einen nach oben spitz zulaufenden Luftschutzturm der sogenannten Bauart Winkel für seine Werksangehörigen erstellen. Die projektilförmige Gestalt soll das Aufschlagen von Bomben im Dachbereich verhindern.[28]

Beim Bau der Neuen Reichskanzlei 1937/38 werden die großen Bunkeranlagen tief in die Erde eingelassen und dienen zum Teil als Fundamentblöcke für Hitlers Prestigebau. Die Stahlbetondecke weist hier bereits eine Stärke von 1,70 Metern auf.[29]

Auch Hermann Göring, 1934/35 zunächst Reichsluftfahrtminister (RLM), dann Oberbefehlshaber der Luftwaffe und ab 1938 Generalfeldmarschall, sorgt frühzeitig für den Bau von »Schutzraumanlagen« für sich, und zwar sowohl in seinem privaten Anwesen Carinhall in der Schorfheide als auch an seinen zwei Berliner Dienstsitzen.[30] Die drei Bunker, die als »Sonderauftrag RLM-Chef ZL« in den Akten geführt werden, versteckt man allerdings dezent in einem Großauftrag über 10 Millionen RM an die Firma Luz-Bau GmbH. Göring wußte offenbar, was von seiner Luftabwehr zu halten war.

Zur organisatorischen Straffung der Luftverteidigung wird das gesamte deutsche Reich nach dem »Anschluß« Österreichs 1938 in sogenannte Luftgaukommandos (LGK) einge-

Luftschutzübung an der Frankfurter Allee, 1938.

Minuten später ist es ein gespenstisch verlassener Ort.

teilt, die direkt dem Reichsluftfahrtministerium unterstellt sind. Als ein »Luftschutzort I. Ordnung«[31] gehört Berlin dem Luftgaukommando III an, das außerdem noch die Städte Brandenburg, Magdeburg und Stettin umfaßt.[32] Durch großangelegte, auf ganze Stadtbezirke ausgedehnte Luftschutzübungen erprobt man schon seit einiger Zeit das Zusammenspiel von städtischen Betrieben wie der BVG, den Behörden, dem Militär, der Technischen Nothilfe, dem Luftschutzbund und den Parteiorganisationen.[33] Während der jährlichen »Luftschutzwochen« werden sogar Modelle abgestürzter Flugzeuge auf prominenten Plätzen aufgestellt, »um ein möglichst reales Bild eines Tagesluftangriffs zu simulieren«.[34] Von den Übungen, bei denen in beabsichtigt eindrucksvoller Weise Bomber im Tiefflug über die Innenstadt donnern, wird sogar in den Wochenschauen berichtet, um die Bevölkerung noch besser auf einen kommenden Luftkrieg einzustimmen.

Bei Großübungen in den Jahren 1938 und 1939 stellt sich dann aber heraus, daß es viel zu wenig Schutzplätze gibt. Nur ein Teil der geplanten Unterkünfte ist bis dahin errichtet worden. Da den Verantwortlichen der Ernst der Lage angesichts des immer wahrscheinlicher werdenden Krieges bewußt wird, ergeht am 17. August 1939 die Weisung, in den bestehenden Gebäuden wenigstens behelfsmäßige Luftschutzräume einzurichten.[35] Die Bauverwaltung und der Generalbauinspektor werden verpflichtet, das bisher Versäumte eiligst nachzuholen.

Die Volksgasmaske: »Na warte, gleich kommst du dran. Dann kannste wenigstens nicht mehr in der Nase popeln!« (Zeitgenössische Karikatur)

In der Woche nach Kriegsbeginn gibt es einen zentralen Rapport zum Stand des Luftschutzbaus. Die Zahlen, die dabei am 6. September 1939 auf den Tisch kommen, sind mehr als ernüchternd.[36] Bis zu diesem Zeitpunkt sind gerade einmal 2125 Luftschutzanlagen für insgesamt 86564 Personen fertiggestellt, obwohl bereits fünf Jahre zuvor beschlossen worden war, für über 100000 Berliner sichere Unterkünfte zu errichten. Weitere 535 Luftschutzanlagen für 68879 Personen befinden sich seit dem 29. August 1939 offiziell im Bau. Ihre Fertigstellung wird allerdings einige Zeit in Anspruch nehmen.

Zur Aufbesserung der Statistik werden noch 12926 mögliche Schutzplätze aus sogenannten Neugestaltungsrohbauten gemeldet. In der Summe soll es nach Fertigstellung aller Schutzanlagen Plätze für 186069 Menschen geben – das sind 4,43 Prozent der rund 4,2 Millionen Einwohner Berlins.

Noch ärger sieht es bei der Infrastruktur der Luftschutzorganisation aus. Gerade erst die Hälfte der geplanten 94 Befehlsstellen ist Anfang September 1939 fertiggestellt, an 16 von 18 Rettungsstellen wird noch gebaut. Für den Sicherheits- und Hilfsdienst (SHD), das Bodenpersonal des Luftschutzes sozusagen, fehlen zudem 24 Anlagen für 855 Einsatzkräfte.[37]

Die Berliner Behörden geraten derart unter Druck, daß alle nur erdenklichen unterirdischen Anlagen jetzt für den Luftschutz vorgesehen werden, darunter der Verbindungstunnel zur Siegessäule am Großen Stern und der westliche Straßentunnelrohbau (900 Schutzplätze) am geplanten Achsenkreuz unter der Charlottenburger Chaussee. Reserveflächen werden auch in den Unterkellerungen der Großbauten entdeckt, wie etwa am Flughafen Tempelhof (jetzt auf 12700 Plätze aufgestockt) und im Rohbau der Wehrtechnischen Fakultät (140 zusätzliche Schutzplätze). Daß die hier ausgewiesenen 1510 Plätze mitten im Gru-

»Luftschutzwochen« am Alexanderplatz mit Symbolen der Bedrohung, 1939.

newald bei Fliegeralarm kaum von Schutzsuchenden erreicht werden können, stört offenbar niemanden.[38]

Im Verlauf des September 1939 wird die Schutzpolizei beauftragt, in den jeweiligen Revieren nach geeigneten Räumen zu suchen und dabei auch vor Kirchen nicht haltzumachen. Wieder regnet es Erfolgszahlen, diesmal für 4168 Personen. Allerdings halten die Angaben der Prüfung durch einen beauftragten Architekten nicht stand: Neun Objekte sind für den Ausbau zum Schutzraum völlig ungeeignet.[39] Dagegen erweisen sich 16 von 17 geprüften Objekten im U-Bahnnetz der BVG als verwendungsfähig. Nach ihrer Umrüstung könnten sie weiteren 27000 Personen Platz bieten.[40] Doch für den Ausbau fehlt es der BVG an Personal und auch an Transportkapazitäten.[41] Am 20. November 1939 wird bei einer Beratung im Oberkommando der Schutzpolizei eingeschätzt, daß »nach Fertigstellung aller zur Zeit im Bau befindlichen Luftschutzräume die Gesamtplanungen mit etwa 60 %« erfüllt werden können.[42] Völlig zurückgeblieben ist auch der Bau von Schutzräumen in den Schulen, wo noch Unterkünfte für 170000 Kinder fehlen.

Um diesen Mißstand zu beheben, erfolgt eine Umstrukturierung und Neuorganisation des gesamten Luftschutzbaus, jetzt im Verant-

Luftschutzübung mit simulierten Toten, 1938.

Vorbildliche Einrichtung von Luftschutzräumen, Werbeprospekt 1938.

wortungsbereich des Generalbauinspektors. Von den bisherigen Baustäben bleiben nur die beiden von Langer und Stachowitz bestehen, während die Stäbe von Pückel, Voss, Böhmer und Petrick aufgelöst und der Leitung von Langer unterstellt werden.[43]

Die Beschleunigung des Baugeschehens soll unter anderem dadurch erreicht werden, daß man fortan genormte Bunkertypen errichtet und Standardlösungen verwendet. Durch ein »Fließsystem« hofft man beispielsweise, den Rohbau einer Rettungsstelle innerhalb von 14 Tagen aus Stahlbeton erstellen zu können.[44] Außerdem werden die Kräfte regional gebündelt. Vordringlich gilt es, die Schutzgebiete Nordwest und Südwest[45] auszubauen, da von hier die angreifenden Verbände erwartet werden. Zwischen Industrie- und Wohngebieten sollen dabei 500 Meter breite Pufferzonen eingehalten werden, da die Luftkriegsstrategen annehmen, daß bei Angriffen auf die Industrieareale die Wohngebiete verschont bleiben.[46] Eine Annahme, die spätestens mit den ersten Flächenbombardements auf Berlin im Januar 1943 zur Farce wird.

I Illusion der Sicherheit – Die Planungs- und Bauphase 1933–1941

Baustelle eines Hochbunkers in der Spandauer Stadtrandstraße, 1942.

2 Normung in der Bunkerwelt

Das erste Kriegsjahr verläuft in Berlin ziemlich ruhig. Bis zum 25. August 1940 gibt es lediglich siebenmal Fliegeralarm, wobei es jedoch zu keinem wirklichen Angriff kommt. Aus den Schächten der Bomber rieseln ausschließlich Flugblätter auf die Stadt hinunter.[1] Erste britische Bomben fallen dann in der Nacht vom 25. auf den 26. August 1940, als Antwort auf einen deutschen Luftangriff auf London zwei Tage zuvor. Drei Tage später fordert ein Angriff zwölf Menschenleben – die ersten Opfer unter der Berliner Zivilbevölkerung. Ab dem 6. September 1940 folgen bis zum Monatsende regelmäßige Nachtangriffe. Dabei werden unter anderem das Brandenburger Tor und das Charlottenburger Schloß getroffen. In der Nacht zum 24. September fliegt nach einem Volltreffer sogar ein Gasometer mit großem Getöse auseinander, der »gesamte Angriff forderte 22 Tote, 83 Verletzte und 781 Obdachlose«.[2]

Zwei Tage später, am 26. September 1940, werden der Oberste Befehlshaber der Wehrmacht, Wilhelm Keitel, und der Reichsminister für Bewaffnung und Munition, Fritz Todt, in die Neue Reichskanzlei bestellt. Thema sind die unzureichenden Luftschutzmaßnahmen für die Reichshauptstadt. Hitler verlangt energisch, daß »in ganz großem Umfange« neue Luftschutzräume in Berlin entstehen sollen. »Es dürfte bei uns nicht so kommen wie bei den Engländern, daß erst das Volk murrt; bei uns müsse die Führung handeln, bevor das Volk unzufrieden ist«, notiert Todt.[3] Hitler weist an, »den Generalbauinspektor für die Reichshauptstadt, Professor Speer, mit besonderen Vollmachten auszurüsten«. Eine Kommission soll gebildet werden, die »die Erfahrung des Westwalls durch Dr. Todt auswertet« und Vorschläge erarbeitet, um »beschleunigt jeden brauchbaren Keller zu sichern und herzurichten«.[4] Für Laubenkolonien, die überhaupt keine Kellerräume als Schutz vorweisen können, sollen »einfache Unterstände aus Beton errichtet werden, mit kleinen Familienkammern«, und zwar so beschaffen, daß auch die Möglichkeit besteht, darin zu schlafen.[5]

Diese Vorgaben können als Grundstein für das künftige Bunkerbauprogramm in Berlin

Werbung für Abdeckungen von Notausgängen, 1940.

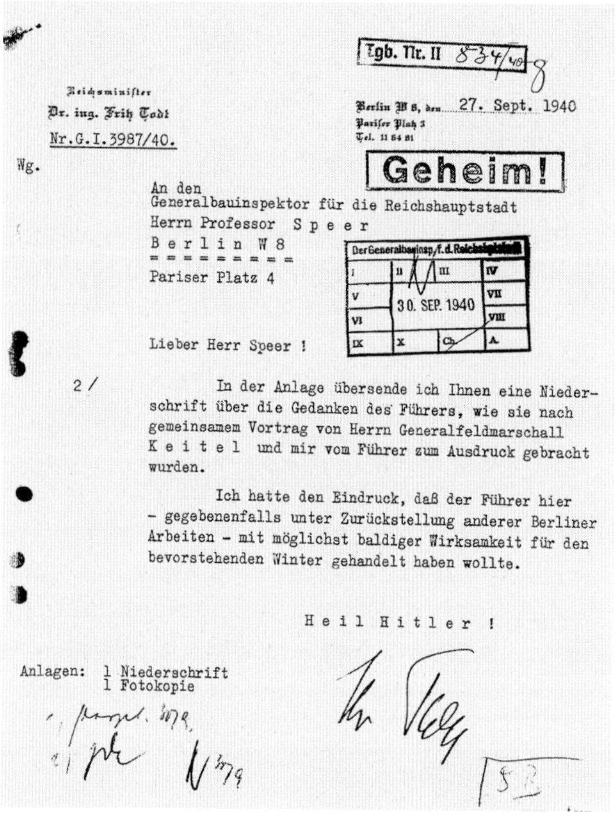

Tgb. Nr. II 834/40

Reichsminister
Dr. ing. Fritz Todt
Nr.G.I.3987/40.

Berlin W 8, den 27. Sept. 1940
Pariser Platz 3
Tel. 11 64 81

Wg.

Geheim!

An den
Generalbauinspektor für die Reichshauptstadt
Herrn Professor S p e e r
B e r l i n W 8
Pariser Platz 4

Der Generalbauinsp. f. d. Reichshauptstadt
30. SEP. 1940

Lieber Herr Speer !

2/ In der Anlage übersende ich Ihnen eine Niederschrift über die Gedanken des Führers, wie sie nach gemeinsamem Vortrag von Herrn Generalfeldmarschall K e i t e l und mir vom Führer zum Ausdruck gebracht wurden.

Ich hatte den Eindruck, daß der Führer hier – gegebenenfalls unter Zurückstellung anderer Berliner Arbeiten – mit möglichst baldiger Wirksamkeit für den bevorstehenden Winter gehandelt haben wollte.

H e i l H i t l e r !

Anlagen: 1 Niederschrift
1 Fotokopie

Schreiben von Todt an Speer zum Bunkerbauprogramm.

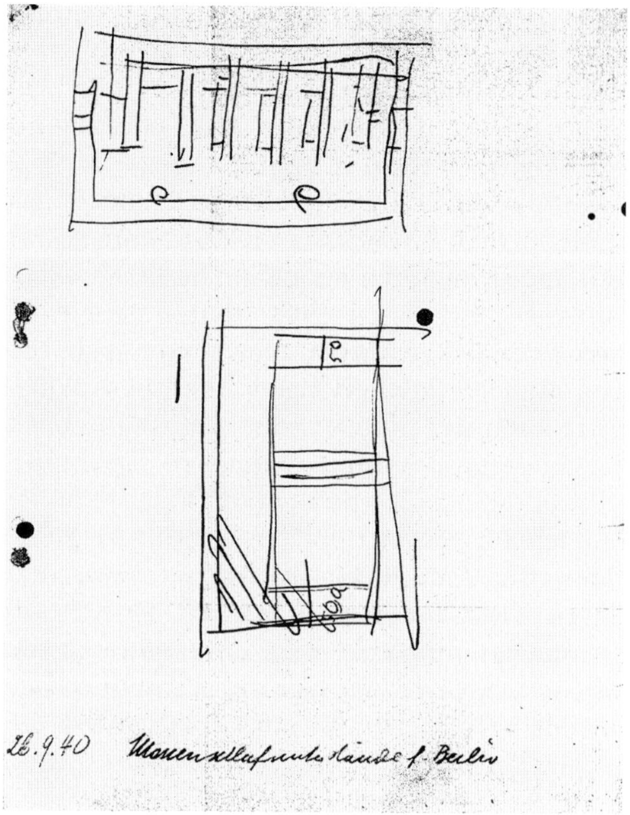

Handskizze Adolf Hitlers für die Bunkeraufteilung.

angesehen werden. Hitler erstellt eigenhändig eine Skizze, wie er sich die neuen »Massenschlafunterkünfte für Berlin« vorstellt. Das Innere der rechteckigen Bauten soll durch Zwischenwände in mehrere offene Nischen für Betten unterteilt werden, die Stärke der Wände einen halben Meter, der Decken etwa einen Meter betragen. In größeren Vorräumen an den Schmalseiten, wo auch die Zugänge gedacht sind, deutet Hitler einen Aufenthaltsraum mit Tischen und Hockern an.[6] Schon am nächsten Tag läßt Todt die Skizzen nebst der »Niederschrift über die Gedanken des Führers« per Kurier an Speer zustellen.[7] Versehen ist die Depesche mit der Anmerkung, daß Hitler hier »gegebenenfalls unter Zurückstellung anderer Berliner Arbeiten – mit möglichst baldiger Wirksamkeit für den bevorstehenden Winter – gehandelt haben« will.

Speer braucht drei Tage, um sich auf die neue Situation einzustellen und die Strukturen beim GBI neu zu ordnen. Als erstes läßt er sich eine persönlich von Hitler unterschriebene Anordnung und Vollmacht ausstellen, um auch für mögliche Konflikte mit Hermann Göring gewappnet zu sein, der sich als allein zuständiger Minister in Sachen Luftschutz bisher nicht in diese Dinge hat hineinreden lassen.

Hitlers Schreiben entspricht einer Art Blankoscheck. Speer erhält dabei die Zusage, daß ihm alle »notwendigen Bauarbeiter, Baustoffe und die erforderlichen Transportmittel bereitzustellen« sind und, was noch wichtiger ist, »die vom Generalbauinspektor getroffenen Entscheidungen sind endgültig«. Zugleich wird er beauftragt, »Luftschutzsonderbauten mit Schlafgelegenheit für je bis zu 100 Personen in einer noch zu bestimmenden Anzahl neu zu erstellen«.[8] Der neue Auftrag muß dem jungen Architekten in anderer Hinsicht jedoch sehr fragwürdig vorkommen, da sich das Bunkerbauprogramm nur auf Kosten seiner Umbaupläne für Berlin in die neue Reichshauptstadt »Germania« realisieren läßt.[9] Nun soll er banale Betonbauten planen und glaubt – nicht zu Unrecht – weite Teile seines geplanten Lebenswerkes gefährdet. Daher wohl ist in seinen Memoiren kaum etwas über diese Ereignisse zu finden.[10]

Kaum hat Speer die Vollmachten seines Führers in der Hand, trifft er am 30. September 1940 auch schon seine erste Entscheidung. Nach dem Vorbild eines Befehls von Hitler, der den Großteil der Bunkerräume unter der Neuen Reichskanzlei höchst öffentlichkeitswirksam zur nächtlichen Unterbringung von Kindern freigibt und diese dafür aus allen Stadtteilen Berlins demonstrativ mit Bussen zur Übernachtung dorthin bringen läßt,[11] sollen nun auch andere Ministerien und Verwaltungseinrichtungen ihre Schutzräume für Mütter und Kinder öffnen.[12] Drei Wochen später können in sechzehn Ministerien und öffentlichen Bauten im Rahmen der »Aktion Mutter und Kind« 3 199 zusätzliche Schutzplätze für Kinder und 311 Plätze für Mütter gemeldet werden.[13]

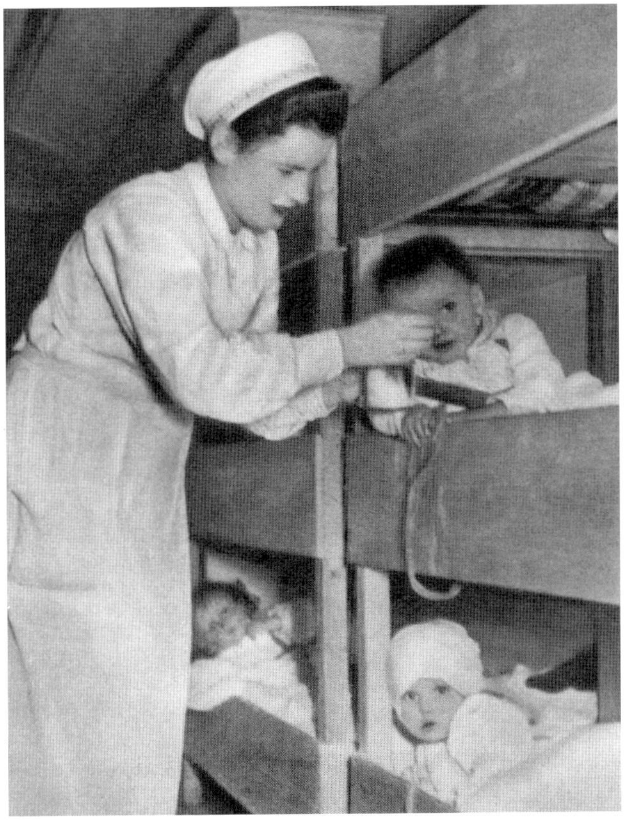

Einsatz einer Schwester der NS-Volkswohlfahrt, 1940.

Armierungsarbeiten für einen Tiefbunker in der Dorfstraße, heute Alt-Tempelhof, 1940.

Gleichzeitig sucht Speer nach einer Möglichkeit, den Bunkerbau weiterzudelegieren, um sich auch künftig noch mit den Umgestaltungsplänen befassen zu können.[14] Daher überträgt er am 1. Oktober alle entsprechenden Befugnisse an zwei seiner wichtigsten Mitarbeiter im GBI, Walter Brugmann und Gerhard Fränk, von ihm hochgeschätzte Organisationstalente.[15]

Nach außen allerdings behält Speer alle Fäden in der Hand und fordert zusätzlich 35 000

Bauarbeiter beim Reichsarbeitsminister an.[16] Todt erklärt sich bereit, die erforderlichen Bau- und Treibstoffe zu liefern, die allein beim Baueisen vorerst auf 45 000 Tonnen veranschlagt werden. Bei den Arbeitskräften sieht es jedoch schwieriger aus, weshalb sich Speer außerdem noch um die Zuteilung von 30 000 Kriegsgefangenen bemüht, die vor allem zu Erdarbeiten eingesetzt werden sollen. Gleichzeitig fordert er, daß die eine Million Kriegsgefangenen in Deutschland »nach Baufach- und Steinfacharbeitern ausgekämmt« werden und seinem Programm unverzüglich bereitzustellen sind.[17] Parallel dazu werden Fremdarbeiter in den verbündeten und besetzten Ländern angeworben, wobei man vor allem auf »Italiener, Kroaten, Belgier und Flamen« zurückgreift. Trotz vielfältiger Bemühungen gelingt es allerdings nur, maximal 20 000 Menschen für den Bunker- und Luftschutzbau zu mobilisieren, so daß zeitweilig auch Baubataillone des Heeres und der Luftwaffe zur Unterstützung herangezogen werden müssen.[18]

Die Dimension des ganzen Vorhabens wird aus einem Schreiben Gerhard Fränks an Speers Referenten Wilhelm Nagel deutlich.[19] So sollen »für zunächst 200 000 Personen Sonderbauten (Bunker)« erstellt werden.[20] Benötigt werden 600 000 Kubikmeter Kies, der Bedarf an Lastwagen wird auf 2 000 Züge geschätzt, 600 Tonnen Benzin und 400 Tonnen Diesel stellt die Shell AG pro Monat bereit. »Wir müssen alles zusammenkratzen, um die 2 000 to Lastwagen zu stellen«, heißt es weiter. Auf Weisung Hitlers soll »die ganze Aktion innerhalb von drei Monaten abgeschlossen sein«, wofür nicht nur die Neugestaltungsmaßnahmen für Berlin, sondern auch andere kriegswichtige Bauvorhaben zurückstehen müssen.

Am 10. Oktober 1940 folgt eine weitere Anordnung Hitlers, in der die für Berlin vorgesehenen Luftschutzmaßnahmen nun auf das gesamte Deutsche Reich ausgedehnt werden sollen.[21] Deutlich fließen die bisher gemachten Luftkriegserfahrungen als auch die gewonnenen Forschungsergebnisse in die neuen Vorgaben mit ein.[22] Danach sind alle künftigen Luftschutzräume von nun an bombensicher zu bauen und bereits bestehende Anlagen nachträglich »auf Bombensicherheit zu verstärken«. Genutzt werden sollen vorrangig Baulücken, so daß »die bombensicheren Luftschutzräume als Untergeschoß der später zu errichtenden Neubauten« genutzt werden können.[23]

Drei Tage später sorgt Görings Reichsluftfahrtsministerium für die Verbreitung dieser Anordnung, die als das sogenannte »Führer-Sofortprogramm« in die Geschichte eingeht, und legt auch die Städte fest, denen dafür Reichsmittel zur Verfügung gestellt werden. Im Luftgaukommando III sind das neben Berlin zunächst Brandenburg, Magdeburg und Stet-

Loren für den Materialtransport an der Bunkerbaustelle Stadtrandstraße in Spandau, 1942.

tin, Potsdam kommt erst ein halbes Jahr später dazu.[24]

Aus den drei Monaten, von denen Fränk noch knapp eine Woche vorher schreibt, scheint aber nichts mehr zu werden, da die in Deutschland vorhandenen Baukapazitäten nun auf vorerst 61, später sogar auf insgesamt 86 Städte verteilt werden müssen. Auf einer Tagung am 17. Oktober, zu der rund 400 Bürgermeister und hohe Kommunalbeamte nach Berlin geladen werden, um die Umsetzung des Sofortprogramms schnellstens in Gang zu bringen, heißt es denn in der Eröffnungsrede nur noch, daß die ersten Bunker in drei Monaten stehen müssen.[25]

Zwei Tage nach dieser Konferenz werden für den Bereich der Reichshauptstadt bereits 676 erteilte Bauaufträge für bis dahin festgelegte Bunkerstandorte gemeldet,[26] was für einen entsprechenden zeitlichen Vorlauf in dieser Sache spricht. Anfang November ist man dann bei 800, einen Monat später sogar bei 861 Standorten angelangt, wobei zwischen 300 und 400 Bunker in Grünflächen liegen sollen.[27] Hier müssen besonders die städtebaulichen Gesichtspunkte berücksichtigt werden, damit die Bunkeranlagen nicht »schmale Grünflächen blockieren oder in anderer Weise störend« inmitten von Parks und Erholungsflächen liegen. Tief ins Erdreich eingelassene Bunker, durch entsprechende Anpflanzungen oder Anböschungen kaschiert, versprechen hier eine halbwegs akzeptable Lösung.[28]

Bei der Festlegung der Bunkerstandorte kommt es hin und wieder zu kleinen Pannen. So stellt die Chronik des GBI im März 1941 fest, »daß vom Oberbunkerbaurat [sic!] [Karl] Bonatz von der Generalbauleitung fleißig Standorte für etwa 250 Luftschutzbunker bestimmt worden waren, ohne daß nach Belangen der Neuplanungen gefragt worden wäre«.[29] Durch nachträgliche Abstimmungen in der Planung für Germania versucht man, bei

Verzierter Flachbunker auf dem Koppenplatz, 1941.

den bis dahin noch nicht begonnenen Schutzbauten kurzfristige Standortänderungen herbeizuführen, kommt aber letztendlich zu der Feststellung, nach dem Krieg doch »eine größere Anzahl von Bunkern« beseitigen zu müssen, da sie unter anderem »in zukünftigen Wasserflächen liegen«.[30] In der Regel sollen die Baustäbe vor Ort die Verhandlungen mit den Eigentümern künftiger Bunkergrundstücke übernehmen.[31] Für manche allerdings gibt es böse Überraschungen. Der Besitzer einer großen Gartenparzelle an der Gatower Straße in Spandau etwa findet bei seinem ersten Frühjahrsbesuch im Jahre 1941 statt seiner Gemüsebeete Arbeiter der »Baugruppe Langer« vor, die eifrig dabei sind, den Bunker Nr. 52/67 zu errichten. Der nachfolgende Rechtsstreit über die Höhe der Entschädigungssumme zieht sich noch bis zum Februar 1942 hin.[32]

Für Berlin entwickelt man beim GBI vorerst vier Serien genormter eingeschossiger Flachbunker, wobei zwischen schmalen und breiten Typen als auch »tiefliegende (mit Treppe)« und »herausragende (ohne Treppe)« unterschieden wird.[33] Die Normung soll eine schnellere Bauzeit gewährleisten. Hierdurch ergeben sich hinsichtlich der Wandstärken Unterschiede. Während die Deckenstärke bei allen Modellen 1,40 Meter beträgt, haben tiefliegende Bunker

Fremdarbeiter bei Stahlbiege- und Flechtarbeiten für den Bunkerbau, 1941.

Wandstärken von 1,80 Meter, die ebenerdigen Anlagen dagegen nur 1,10 Meter. Der Grund hierfür liegt in der Verdämmung der Druckwelle explodierender Sprengbomben bei Nahtreffern. Diese dringen beim Aufschlag meist einige Meter ins Erdreich ein, bevor sie detonieren. Somit entsteht unter Erdgleiche ein höherer Explosionsdruck, und die Wände von Tiefbunkern müssen dabei ganz anderen Belastungen standhalten als bei einer an der Oberfläche detonierenden Bombe, bei der sich die Druckwelle frei in alle Richtungen ausdehnen kann.

Insgesamt stehen den Berliner Bunkerarchitekten anfangs sechzehn verschiedene Varianten zur Verfügung. Die kleinsten sind für 48 Liegeplätze vorgesehen, die größten bieten 218 Schlafgelegenheiten. Allen Bunkertypen ist gemein, daß sie über zwei seitlich liegende Zugänge, separate Räume für die Belüftungssysteme und Kohleheizung, größere Aufenthaltsräume mit Notküche, Toiletten und Waschräumen sowie über eine unterschiedliche Anzahl kleiner, rund sechs Quadratmeter große Schlafkammern verfügen, in denen man zwei dreistöckige Betten aufstellt.

Bereits Mitte November 1940 machen sich ernsthafte Schwierigkeiten bemerkbar. Bis dahin können erst 15 000 Arbeitskräfte, darunter etwa 2 000 Kriegsgefangene, rekrutiert werden, vor allem fehlen Facharbeiter.[34] Speer läßt daher zusätzlich Pionierkompanien der Wehrmacht einsetzen und massiv Arbeitskräfte vor allem in dem mit Deutschland verbündeten Italien für die Bunkerbauten anwerben.[35] Die ersten »Fremdarbeiter« treffen bereits Ende Oktober 1940 in Berlin ein.[36] Als am Morgen des 13. November um 6.35 Uhr ein Zug mit »275 Maurern, 60 Zimmerern, 250 Bauhilfsarbeitern, 12 Barackenwärtern, 2 Köchen, 2 Hilfsköchen und zwei Dolmetschern« auf dem Anhalter Bahnhof ankommt,[37] werden die Italiener propagandawirksam zu einem ge-

Bunkerbaustelle Chausseestraße in Berlin-Mitte, August 1941.

meinsamen Frühstück im »Thomaskeller« des Hotels »Excelsior« eingeladen und dann mit Bussen der BVG zu den einzelnen Unterkünften gebracht, wo sie von nun an von der Deutschen Arbeitsfront (DAF) betreut werden. Da allerdings beginnt bereits der Ärger, denn ein großer Teil der Barackenlager ist noch gar nicht fertiggestellt.[38]

Zahlreiche Arbeiter werden kurzerhand in entkernten Abrißhäusern ohne Fenster und Türen untergebracht,[39] viele müssen zudem stundenlang zu Fuß zu ihren Bunkerbaustellen laufen, da die nötigen Transportfahrzeuge fehlen.[40] Selbst für den Ersatz von verschlissener Arbeitskleidung oder für Winterkleidung wird nur ungenügend gesorgt.[41] Vor allem aber gerät die unzureichende und mangelhafte Verpflegung durch die DAF zunehmend in die Kritik. Einen typischen Fall meldet die T. Sievers Bauunternehmung weiter: »Ein italienischer Maurer, mit dem Namen Paparella, brachte uns eines Tages das Essen in Zeitungspapier eingewickelt mit. Es gab hier Wirsingkohl. Dieser war ungewaschen verarbeitet worden, so daß in dem Essen viel Sand enthalten war. Außerdem waren die Kohlstrünke nicht klein geschnitten, sondern groß gelassen«.[42]

Die Situation eskaliert, als den Italienern der versprochene Heimaturlaub nicht genehmigt wird.[43] Im Mai 1941 kommt es auf verschiedenen Baustellen daraufhin sogar zu offenen Handgreiflichkeiten zwischen den »Gastarbeitern« und ihren deutschen Arbeitgebern. Bei der nächsten sich bietenden Gelegenheit kehren viele Italiener in ihre Heimat zurück. Dies führt nach und nach zum Verlust Tausender

Plakatanschlag zur Abwehr von Spionage, 1940.

Arbeitskräfte, die nun unter hohem organisatorischen Aufwand durch Kriegsgefangene oder Arbeitskräfte aus anderen verbündeten oder besetzten Ländern ersetzt werden müssen.[44] Bald gleicht das Bunkerbauprogramm einem »Turmbau zu Babel«. Für den Dezember 1940 meldet der GBI bereits elf, knapp ein Jahr später sogar siebzehn beteiligte Nationen,[45] und auf vielen Baustellen stellen die deutschen Arbeiter nur noch eine Minderheit dar.[46]

Unter diesen Umständen wie auch durch die hohe Zahl der eingesetzten Baufirmen ist es praktisch nicht möglich, alle Unterlagen einschließlich Plänen und Schriftverkehr über bombensichere »Bauwerke und Bauteile« geheimzuhalten. Daher bestimmt das Reichsluftfahrtministerium, daß allein Dokumente, die den Gesamtüberblick über das Bunkerbauprogramm ermöglichen, noch »nach der Verschlußsachenvorschrift zu behandeln sind«.[47] Der Presse bleibt es weitgehend verboten, über das Bunkerbauprogramm zu berichten. Im Dezember 1940 wird schließlich ein allgemeines Fotografierverbot erlassen, und die Bunkerbaustellen werden mit Schildern »Fotografieren und Betreten der Baustelle verboten!« versehen.[48]

Doch Spione, die sich für das Bunkerbauprogramm interessieren, haben es viel einfacher. Sie müssen nur im Berliner Telefonbuch nachschauen. Dort werden die meisten Fir-men aufgeführt, die hier mitwirken.[49] Auf Seite 1 262 etwa gibt die Firma Simon & Halfpaap Baugeschäft die Straßennamen und Telefonnummern all ihrer vier Bunkerbaustellen an, die Firma Arnold Kuthe verrät auf Seite 731 sogar ganz unverhohlen ihre Tätigkeit: »Bunkerbau Spandau Elsgrabenweg« und »Bunkerbau Siemensstadt Reisstraße«. Gleiches findet man beim Eintrag der Habermann & Guckes AG (Bunkerbau Köpenick, Mahlsdorfer Straße 105) – soviel zur Geheimhaltung.

Ein kurioser Vorschlag, Geheimagenten hier etwas entgegenzusetzen, stammt von Hitler selbst. Er erklärt sich mit der Einsichtnahme von Bunkerplänen durch ausländische Bauführer einverstanden, »weil sich dies doch nicht umgehen läßt«, fordert jedoch von Speer, »zur Tarnung und Verwirrung des Gegners eine große Anzahl von sehr großen und stark armierten und mit allen möglichen modernen Einrichtungen versehenen Bunkern zeichnen zu lassen und diese dem Gegner in die Hand zu spielen«[50].

Die völlig unzureichenden Transportkapazitäten lassen den Bunkerbau frühzeitig ins Stokken geraten. Allein für den »Zulauf an Baustoffen« benötigt man pro Tag rund 7 000 Ladetonnen auf Lastkraftwagen, 14 700 Tonnen mit der Bahn und 34 000 Tonnen auf Lastkähnen.[51] Zusätzlich müssen »eigens für den Luftschutzbau kilometerlange neue Entladegleisanlagen erstellt und große Sonderkommandos ständig bereitgehalten werden, die für das umgehende Abladen« von Eisen, Kies und Splitt zu sorgen haben.[52] Tatsächlich kommen täglich nur 11 800 Tonnen an – ein Verhältnis, das mit der zugesagten und dann nicht haltbaren Versorgung des Stalingrader Kessels im Winter 1942/43 durchaus vergleichbar ist. Der bis zum 1. April 1941 geplante Bauumfang wird so »auf rund ein Viertel vermindert«[53].

Auch mit den Lieferungen für die Ausstattung der Schutzanlagen kommt man nicht hinterher. Zum Beispiel treffen von den dem Luftgaukommando III zugeteilten 200 000 Luftschutzbetten[54] bis zum 14. November nur »2 250 Satz Betten mit 7 650 Liegestellen« in Berlin ein,[55] darunter eine erhebliche Anzahl von aus Westwall-Bunkern demontierten Betten, deren Zustand nicht sonderlich stabil zu sein scheint. Sie sind stark angerostet und müssen alle nochmals mit Ölfarbe gestrichen werden.[56]

Hinzu kommen erhebliche logistische Probleme. Zwar wird die Stadtfläche zur Koordination auf fünf Bauleitungen aufgeteilt, die knappen Baustoffe wiederum müssen sich bis zu sieben verschiedene Baustäbe beim GBI sowie eigene »LS-Baustäbe« des Luftgaukommandos III, der Berliner Verkehrsbetriebe und der Reichsbahn teilen.[57] Da können Konflikte nicht ausbleiben. Am 28. Mai 1941 wird dem Baustab Stachowitz mitgeteilt, daß auf dem Tempelhofer Verschiebebahnhof 19 Waggons mit Zementsäcken zur Entladung bereitstehen. »Es wurden sofort 23 Lastkraftwagen und 51 Entlademannschaften zum Bahnhof beordert. Dort mußte jedoch festgestellt werden, daß bereits 11 Waggons restlos entleert und die restlichen 8 Waggons angefangen waren. Die Entladung erfolgte unter Aufsicht von Herrn Olsen von der Baugruppe Langer, der vorgab, im Auftrag von Herrn Oberbaurat Moser zu handeln. Es dürfte sich erübrigen, festzustellen, daß der Zement auf meinen Baustellen dringend benötigt wird und daß durch derartige Raubrittermethoden die Organisation der Materiallieferung gestört und die Fortführung der Bauten aufs schwerste gefährdet

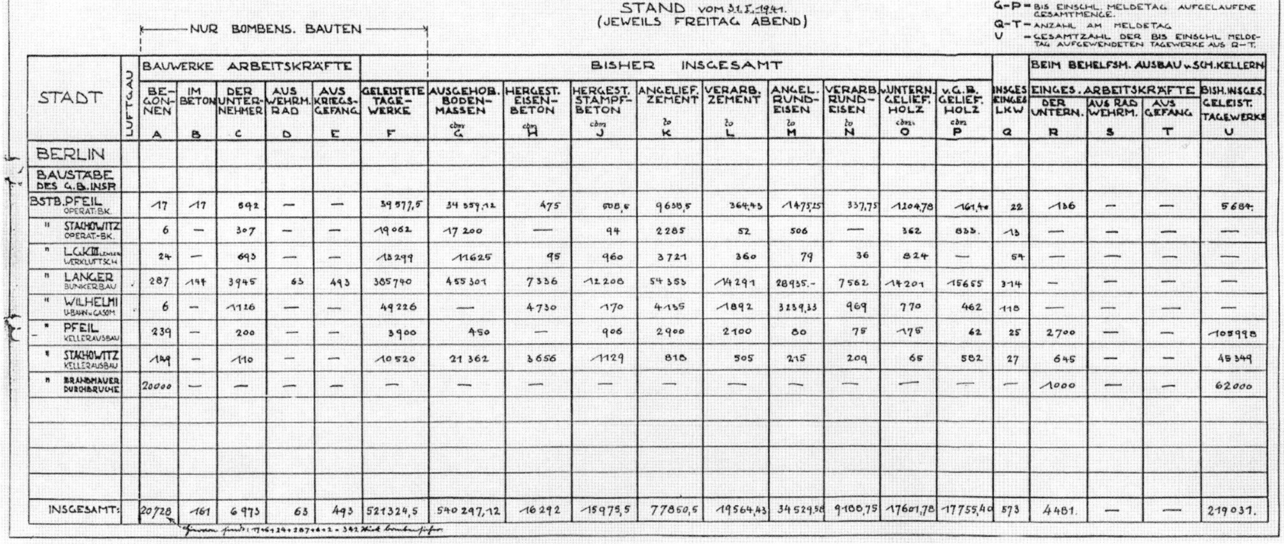

ZUR BEACHTUNG:
JE 3 EXEMPLARE EINREICHEN.

WOCHENMELDUNG
STAND vom 31.I.1941.
(JEWEILS FREITAG ABEND)

ERLÄUTERUNGEN:
A — AUCH DER INZWISCHEN FERTIG GESTELLTEN
B — IST ALSO IN A ENTHALTEN
C–E — ANZAHL AM MELDETAG
F — GESAMTZAHL DER BIS EINSCHL. MELDETAG AUFGEWENDETEN TAGEWERKE AUS C–E
G–P — BIS EINSCHL. MELDETAG AUFGELAUFENE GESAMTMENGE.
Q–T — ANZAHL AM MELDETAG
U — GESAMTZAHL DER BIS EINSCHL. MELDETAG AUFGEWENDETEN TAGEWERKE AUS R–T.

NUR BOMBENS. BAUTEN (A–F)

STADT	LUFTGAU	BAUWERKE: BEGONNEN A	BAUWERKE: IM BETON B	ARBEITSKRÄFTE: DER UNTERNEHMER C	ARBEITSKRÄFTE: AUS WEHRM. RAD D	ARBEITSKRÄFTE: AUS KRIEGSGEFANG. E	GELEISTETE TAGEWERKE F	BISHER INSGESAMT: AUSGEHOB. BODENMASSEN cbm G	HERGEST. EISENBETON cbm H	HERGEST. STAMPFBETON cbm J	ANGELIEF. ZEMENT to K	VERARB. ZEMENT to L	ANGEL. RUNDEISEN to M	VERARB. RUNDEISEN to N	v. UNTERN. GELIEF. HOLZ cbm O	v. G.B. GELIEF. HOLZ cbm P	INSGES. EINGES. LKW Q	BEIM BEHELFSM. AUSBAU v. SCH. KELLERN: EINGES. ARBEITSKRÄFTE DER UNTERN. R	AUS RAD WEHRM. S	AUS GEFANG. T	BISH. INSGES. GELEIST. TAGEWERKE U
BERLIN																					
BAUSTÄBE DES G.B.INSP.																					
BSTB. PFEIL OPERAT. BK.		17	17	592	—	—	39 577,5	34 559,12	475	508,6	9638,5	364,43	1475,25	337,75	1204,78	161,40	22	136	—	—	5684
" STACHOWITZ OPERAT.-BK.		6	—	307	—	—	19 062	17 200	—	94	2285	52	506	—	362	833.	13	—	—	—	—
" L.G.K.III [illegible] WERKLUFTSCH.		24	—	693	—	—	13 299	11625	95	960	3721	360	79	36	824	—	54	—	—	—	—
" LANGER BUNKERBAU		287	144	3945	63	493	385740	455 301	7336	12 208	54 353	14 291	28935.-	7562	14 201	15655	314	—	—	—	—
" WILHELMI U-BAHN u. GASOM.		6	—	1126	—	—	49 226	—	4730	170	4135	1892	3239,33	969	770	462	110	—	—	—	—
" PFEIL KELLERAUSBAU		239	—	200	—	—	3900	450	—	906	2900	2100	80	75	175	62	25	2700	—	—	105998
" STACHOWITZ KELLERAUSBAU		149	—	110	—	—	10 520	21 362	3656	1129	818	505	215	209	65	582	27	645	—	—	45 349
" BRANDMAUER DURCHBRÜCHE		20000	—	—	—	—	—	—	—	—	—	—	—	—	—	—	—	1000	—	—	62000
INSGESAMT:		20728	161	6973	63	493	521324,5	540 297,12	16 292	15975,5	77850,5	19564,43	34529,58	9100,75	17601,78	17755,40	573	4481.	—	—	219037.

[illegible]: 17+6+24+287+4+2 = 342 [illegible]

Wochenmeldung der einzelnen Baugruppen im Berliner Luftschutzbau, 1941.

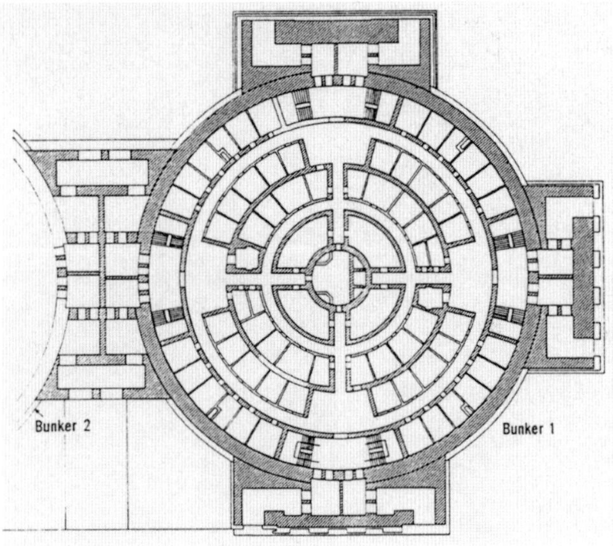

Erdgeschoßplan eines Gasometer-Bunkers in der Sellerstraße.

wird«, gibt der zuständige Bauleiter den Vorgang sehr deutlich zu Protokoll.[58]

Unter solchen Voraussetzungen kann aus den Planungen vom Oktober 1940, innerhalb eines halben Jahres für knapp 200 000 Menschen Bunkeranlagen sowie »bombensichere Luftschutzräume für rund sieben Bahnhöfe« zu schaffen,[59] kaum noch etwas werden. Bereits im Dezember werden daher die Baustellen der Flachbunker von 498 auf 365 reduziert, vier der vorerst begonnenen 27 Operationsbunker (projektiert sind sogar 34 OP-Bunker) in Krankenhäusern zurückgestellt.[60] Dafür werden die Arbeiten schwerpunktmäßig auf drei große Tiefbunker in ungenutzten U-Bahntunneln und drei zum Bunkerausbau vorgesehene alte Gasometer konzentriert, die der Oberbürgermeister Berlins für Luftschutzzwecke zur Verfügung gestellt hat.[61] Hierfür zeichnet der »Baustab Wilhelmi« des GBI verantwortlich. Die Baustellen der Tunnelbunker befinden sich am Hermannplatz in Neukölln, an der Dresdener Straße zwischen Kreuzberg und Mitte sowie an der Neuen Friedrichstraße (heute Littenstraße) in Mitte. Allen sechs Anlagen ist zu eigen, daß sie speziell als sogenannte Schlafbunker für »Mutter und Kind« eingerichtet werden. »Die Kinder aus den benachbarten Häusern sollen nach Fertigstellung der Bunker in Begleitung ihrer Mütter allabendlich in den Luftschutzbunkern Aufenthalt nehmen und dort bis zum anderen Morgen verbleiben. Es handelt sich also um eine Benutzung der LS-Bunker, welche Nacht für Nacht, unabhängig von einem Fliegeralarm stattfindet«, heißt es dazu in den Akten.[62]

Die Gasometerbunker, von denen einer an der Fichtestraße in Kreuzberg, die beiden anderen als Doppelbunker an der Sellerstraße in Wedding hergerichtet werden, sind deutschlandweit die größten Schutzbauten innerhalb des »Führer-Sofortprogramms«.[63] Jede Anlage enthält rund 750 Räume mit annähernd 6 500 Betten, verteilt auf sechs Etagen. Die Ausstattung ist vergleichsweise komfortabel. Bis zu drei Fahrstühle pro Bunker, ein eigenes Notstromaggregat und eine große Heizungsanlage, eine gut ausgestattete Sanitätsstelle, Gepäckräume sowie mehrere Notküchen in den einzelnen Geschossen zählen zur Grundausstattung. Im Untergeschoß ist sogar ein Trakt mit Gefängniszellen vorgesehen, der bei Alarm mit inhaftierten Personen aus den umliegenden

Selbstleuchtendes Schild, das zur besseren Orientierung an Bunkern für Mutter und Kind angebracht war.

Polizeirevieren belegt werden soll. Geschützt werden die runden Bauten durch eine 3,20 Meter starke Abschlußdecke aus Stahlbeton, womit sie als absolut bombensicher gelten.

Während der Bauzeit kann man die alte Hülle des Gasometers zugleich auch als Schalung verwenden, was die Kosten reduziert, außerdem fallen diese Bunker so im Stadtbild kaum auf. Ähnliche Pläne vom Herbst 1941, in die während der »Reichskristallnacht« 1938 ausgebrannte Synagoge an der Fasanenstraße einen Hochbunker für 3 000 Personen einzubauen und die Ruine als äußere Fassade stehenzulassen, werden nicht realisiert.[64]

Aufgrund ihrer eindrucksvollen Größe sind die Großbunker in den Gasometern die Vorzeigeobjekte, wenn sich hochrangige Persönlichkeiten über den Stand des Berliner Bunkerbauprogramms informieren wollen. So führt man am 13. Mai 1941 auch Generalfeldmarschall Milch zur Baustelle Sellerstraße.[65] In seiner Begleitung befinden sich Inspekteur Kurt Knipfer vom Reichsluftfahrtministerium und Berlins kommissarischer Oberbürgermeister Ludwig Steeg. Fränk präsentiert die Leistungen des Baustabes Speer, der bereits »zwei Millionen Tagewerk geleistet und etwa 400 000 cbm

Wandbeschriftung mit der Aufteilung der über 700 Räume im riesigen Gasometer-Bunker Fichtestraße.

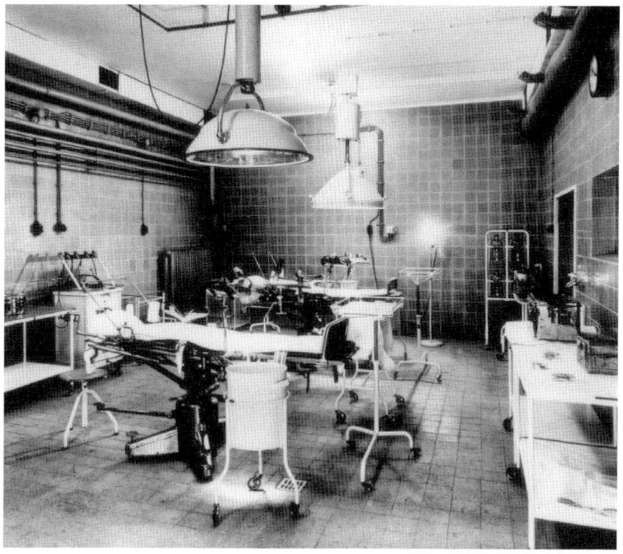
OP-Saal im Bunker des Auguste-Viktoria-Krankenhauses, 1942.

Beton« verbaut habe. Die Chronik des GBI berichtet, daß Milch sich dabei Fränk gegenüber »sehr anerkennend über die Maßnahmen des Baustabes Speer« äußert und sehr zufrieden sei, »daß die Arbeiten einen erfreulichen Fortgang nehmen«.[66] Was die Chronik allerdings verschweigt, berichtet Fränk in einem Anschreiben Speer einen Tag später: »Er [Milch] sagte mir dann noch vertraulich, daß ihm die ganze Organisation des Luftschutzes, soweit es sich um die Maßnahmen des Polizeipräsidenten, des örtlichen Luftschutzleiters handelt, keineswegs gefallen hätte. Berlin sei hinter den übrigen Städten, die er besichtigt habe, weit zurück.«[67]

Drei Monate später kommt es zu einem erneuten Treffen von Milch und Fränk, bei dem über die realen Zahlen gesprochen wird, ungeachtet der zwischenzeitlich veröffentlichten Propagandameldungen. Danach gibt es bei den befestigten Kellerräumen folgenden Stand: 35 650 Keller für rund 1 Million Menschen seien baulich trümmersicher vorhanden. Weitere 30 000 Keller für rund 887 000 Personen gelten als behelfsmäßig trümmersicher. Der Ausbau von 83 800 Kellern für 2,5 Millionen

Sonderbunker der Dänischen und Spanischen Gesandtschaft, 1952. Heute befindet sich hier das Café am Neuen See.

Bunkerzugang der Vatikanischen Botschaft, Päpstliche Nuntiatur, 1997. Zeitweilig als Fahrradkeller genutzt.

Menschen stehe noch aus.[68] Von den nach dem Stand vom 10. März 1941 geplanten 316 Luftschutzbunkern für die Bevölkerung, die insgesamt 90 090 Personen schützen sollen,[69] sind nur 58 Anlagen für 8 700 Personen fertiggestellt, 258 befinden sich noch im Bau. Hinzu kommen die Baustellen von sieben »Bunkern für Reichsminister und Botschafter« sowie elf vollendete und 20 begonnene Anlagen für den Werkluftschutz mit zusammen 10 750 Plätzen. Von hier genannten 37 Operationsbunkern meldet man 25 als »im Bau befindlich« und lediglich zwölf als fertiggestellt.

Wen wundert es bei diesem Rückstand daher noch, daß die gleichzeitig errichteten Sonderanlagen »für eine Reihe ausländischer Missionen sowie für eine Reihe von Persönlichkeiten und Dienststellen« bei der Berliner Bevölkerung zunehmenden Unmut hervorrufen. Selbst in den Reichsministerien wuchern Gerüchte über luxuriöse Sonderausstattungen der Schutzanlagen für die NS-Nomenklatur. Diese gelangen auch bis zu Hitler, weshalb er (den hierfür eigentlich nicht zuständigen) Reichsminister Fritz Todt im Frühjahr 1941 zu einer Stellungnahme auffordert. Der Minister bekräftigt darin seine Ablehnung, »über das unerlässliche Maß hinaus Arbeitskräfte zur Ausstattung von Bunkern anzusetzen. Ein Bunker ist ein Luftschutzraum und kein Salon.« Todt zielt damit sehr deutlich auf die von Göring, Ribbentrop und anderen ranghohen NS-Größen geäußerten Sonderwünsche zum Ausbau von Bunkern, die sogar »Putz und Stuck an den Decken« beinhalten.[70]

Speer, dessen Dienststelle gerade Entwürfe für zwei Sonderbunker von Reichsministern und einen für Botschafter ausarbeitet,[71] sieht sich ebenfalls gezwungen, die in Umlauf befindlichen Gerüchte zu dementieren, und sendet einige Monate später zur Rechtfertigung eine Liste mit zehn prominenten Persönlichkeiten, die Bunker erhalten haben, an

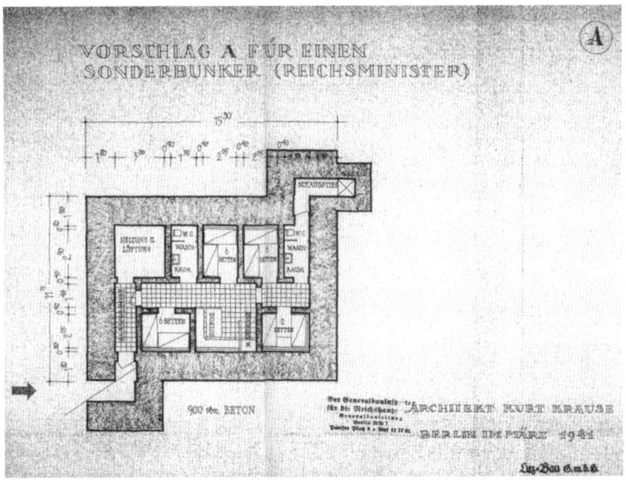

Entwurf für einen Ministerbunker, 1941.

Goebbels. Darin heißt es abwiegelnd, »daß die Prominentenbunker nur 2,1 % der gesamten verarbeiteten Betonmenge ausmacht. Also ein verhältnismäßig geringer Prozentsatz.«[72]

Hitler behält sich fortan die Auswahl der Prominenz selbst vor und erteilt Speer persönlich den Befehl, wer in welchem Umfange und mit welcher Priorität durch Schutzbauten zu belohnen sei. Bei einem Vortrag Speers in der Reichskanzlei sieht Hitler »die Liste der zunächst geförderten Bunker« durch und gibt dann an Speer weiter, »daß die drei Bunker für die italienische, japanische und russische Botschaft langsam betrieben werden könnten. Weitere Bunker für andere Gesandtschaften sollten nicht direkt abgelehnt werden, es sollten derartige Anträge hinhaltend behandelt werden.«[73]

Bis September 1941 werden für Reichsminister und Reichsleiter »auf ausdrückliche Weisung des Führers im ganzen 16 Bunker begonnen«.[74] Ein geplanter Bunker für die Reichstagsabgeordneten wird von Hitler dagegen abgelehnt. Das »aus Stimmungsgründen untragbare« Bemühen einiger Staatssekretäre, Hitler den Bunkerbau allgemein auch für diese anordnen zu lassen, scheitert ebenso wie zum Beispiel das Anliegen der Staatsschauspielerin Olga Tschechowa, einen privaten »Sonderbunker« zu erhalten.[75] Speer befürchtet, »daß diese Angelegenheit in Groß-Glienicke, wo sich zahlreiche Schauspielerinnen und Angehörige des Films befinden«, zu viele Nachahmer finden könnte.

Einer der vielen Flachbunker Berlins, hier am Massiner Weg in Neukölln, 1952.

Um den Rückstand beim Bunkerbau aufzuholen und die knapper werdenden Baustoffe effektiver einzusetzen, setzt Albert Speer zunehmend auf »oberirdische Luftschutzbauten mit größerem Fassungsvermögen«[76]. Schon Anfang April 1941 wird eine neue Richtung im Bunkerbau festgelegt.[77] So sollen »aus wirtschaftlichen Gründen« künftig keine in der Erde liegenden Bunker mehr, sondern statt

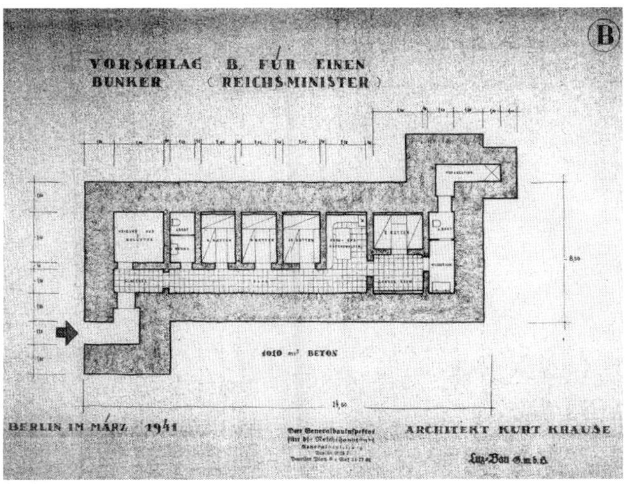

Alternativer Entwurf für einen größeren Ministerbunker, 1941.

Flachbunker Boschweg in Neukölln.

Hochbunker Typ M 500, 1942.

dessen dreigeschossige Hochbunker mit »je 500 Personen Fassungsvermögen« errichtet werden.[78] Von den bis dahin gängigen eingeschossigen Flachbunkertypen nimmt man aufgrund des unverhältnismäßig hohen Materialaufwandes und des architektonisch und städtebaulich »unerfreulichen äußeren Bildes« endgültig Abstand.[79]

Der nun favorisierte Hochbunker vom Typ M 500 ähnelt vom Grundriß her drei übereinandergestapelten großen Flachbunkern, nimmt damit aber bei gleicher Kapazität deutlich weniger Fläche in Anspruch.[80] Bisher hat man bei hohem Schutzplatzbedarf einfach zwei Flachbunker nebeneinandergestellt. An der Heinersdorfer Straße in Pankow errichtet man drei dieser Anlagen in Reihe, östlich und westlich des Diedersdorfer Weges in Marienfelde finden sich sogar sechs Stück in unmittelbarer Nachbarschaft. Mit dem 500er Typ lassen sich bei gleicher Schutzplatzzahl zwei Abschlußdecken nebst gesamter technischer Erschließung für zwei Flachbunker einsparen. Die ersten fünf neuen Bunker werden in Spandau, Lankwitz, Buckow, Niederschöneweide und Reinickendorf errichtet, 35 weitere sollen folgen.[81]

Parallel dazu entwickeln die Architekten beim Generalbauinspektor drei weitere genormte Typenbunker mit vier und sogar fünf Geschossen. Deren Entwurf und Ausarbeitung übernimmt Karl Bonatz. Während die Drei- und Viergeschosser noch als reine »Schlafbunker für 600 und 1 400 Personen« konzipiert sind, werden die fünfetagigen Schutzbauten als »Sitzbunker für die Reichsbahn zu 1 200 und 4 500 Personen« geplant und sollen sich gut ins Stadtbild einpassen.[82] Mit der Errichtung der ersten viergeschossigen Schlafbunker, die nach der geplanten ursprünglichen Bettenzahl den Typennamen M 1 200 erhalten, beginnt man Ende Juli 1941 in Spandau (Falkenhagener Chaussee), Johannisthal (Roon-/ Ecke Friedrichstraße, heute Lindhorstweg bzw. Haeckelstraße) und Mahlsdorf (Kieler Straße).[83]

Aus Kostengründen sieht man von einer Verkleidung der Betonkörper mit Klinkern oder Steinen erst einmal ab. Ihre endgültige äußere Gestalt sollen die Bauten erst »nach dem Kriege erhalten«. Damit das Äußere der Hochbunker nicht allzu abschreckend wirkt und »die unangenehme Zementhaut und die Spuren der Schalbretter verschwinden«, werden Außenflächen durch Putzaufspritzen etwas aufgerauht. Zudem verziert man Sockel, Gesimse und Konsolen sowie die Umrahmung

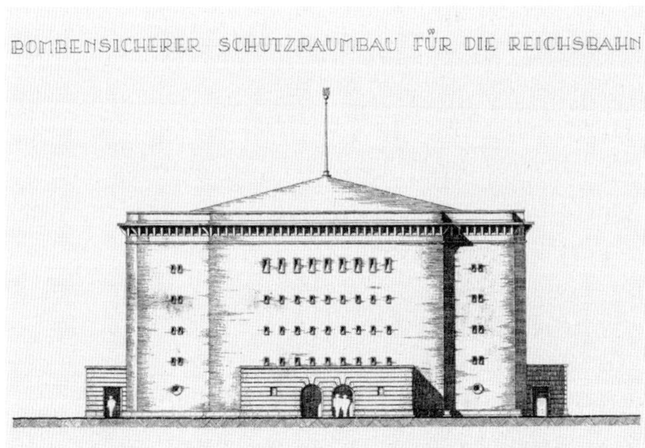

Typenbau für den Schlesischen Bahnhof und Bahnhof Friedrichstraße, heute Reinhardtstraße. Planung Karl Bonatz, 1940.

Gärtneridylle am Hochbunker Typ M 1200, Dregerhoffstraße in Köpenick, 1943.

der Lüftungsschlitze mit Schmucklinien, so daß die neuen Hochbunker im Gegensatz zu den Flachbunkern mit relativ geringem Aufwand auch optisch etwas hermachen.

Um die Baukosten weiter zu drücken, setzen die Technologen auf wiederkehrende Konstruktionselemente, die mit einfachen Verfahren herzustellen sind.[84] So werden für die Armierung der Decken und Wände spezielle Typenmatten entwickelt, die man auf zentralen Biegeplätzen schnell und in großen Mengen auf Vorrat maschinell herstellen kann. Aufwendige Holzverschalungen beim Bau von Zwischendecken und bombensicheren Abschlußdecken spart man durch Anwendung neupatentierter Fertigbetonteile und spezieller Spannbetonträger ein. Diese sogenannten Hoyerbalken müssen hierzu nur dicht an dicht auf die tragenden Wände aufgelegt werden, dann kann man die Armierung montieren und die Decke betonieren – fertig. Zudem verhindert diese Konstruktion das Abplatzen von Deckenteilen bei Bombentreffern.[85]

Eigentlich ist es nicht weiter erstaunlich, daß sich die Nationalsozialisten die Bunker für ihre propagandistischen Zwecke zunutze machen. Protzige, markante Ereignisse werden im Dritten Reich gerne aufwendig inszeniert – man denke nur an die Filme von Leni Riefenstahl wie »Triumph des Willens« oder ihren Olympiafilm von 1936. Bunker sind denn auch erstmals in Fritz Hepplers im Juli 1939 gedrehten Propagandafilm »Der Westwall« zu sehen, der »die Überlegenheit und Wesensverschiedenheit der deutschen Befestigungsanlagen gegenüber der französischen Maginotlinie« herausstellen soll.[86]

Am 13. April 1941 bittet Speer den Regisseur Dr. Arnold Fanck zu sich und beauftragt ihn »mit der gesamten Bearbeitung der Baufilme des GBI, soweit sie die Reichshauptstadt betreffen. Hierzu gehören auch die Kriegsaufgaben wie Bunkerbau, Wiederherstellung der Fliegerschäden usw.«[87] Aus diesem ersten Treffen entwickelt sich ein bis heute wenig bekanntes Projekt. Speer beauftragt, vermutlich noch im Herbst 1941, die Firma Riefenstahl Film-AG mit der Herstellung eines Dokumentarfilms unter dem Titel: »Der Luftschutzbunkerbau in Berlin. Durchführung im Rahmen des Luftschutz-Führerprogrammes durch den Generalbauinspektor für die Reichshauptstadt Berlin, Baustab Speer«. Der Film ist in zwei Fassungen »als Lehrfilm für Technische Hochschulen« sowie als »Kulturfilm für ein größeres Publikum« gedacht. Wesentliche Teile des Dokumentarstreifens werden Ende Mai bis Anfang Juni 1942 abgedreht, als Drehorte sind die neuen Hochbunkertypen in Spandau, Johannisthal und am Bahnhof Schöneweide, die Gasometerbunker Müllerstraße sowie der Operationsbunker im Augusta-Hospital des Deutschen Roten Kreuzes in der Scharnhorststraße nachweisbar. Dazu kommen einige Aufnahmen in Werkluftschutzbunkern der Firma Borsig in Tegel, in Siemensstadt und am Wannsee sowie im »Bunker für die Fahrgäste der Reichsbahn« am Anhalter Bahnhof.

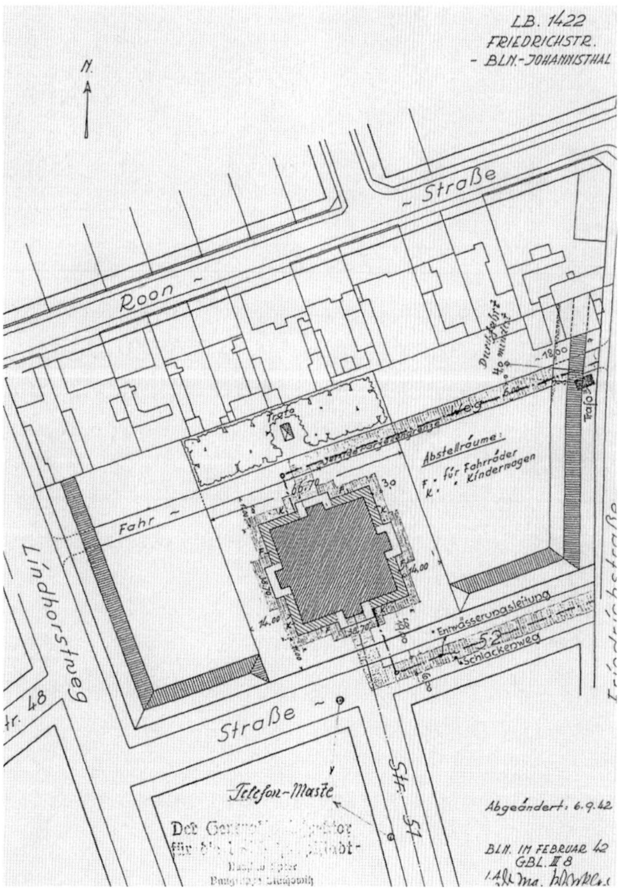

Plan Hochbunker M 1200, Roonstraße in Johannisthal, 1942.

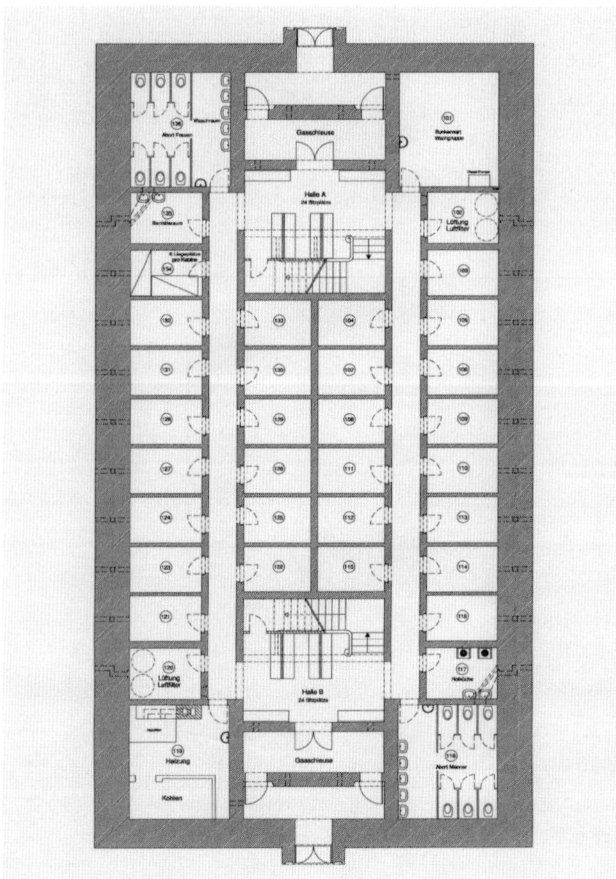

Grundriß eines M 500 Bunkers, Lübarser Straße in Wittenau.

M 500 im Bau, Oranienburger Straße in Reinickendorf, 1941.

Baustelle eines M 500, Stadtrandstraße in Spandau, 1942.

Anhand des überlieferten Drehbuches ist die Botschaft seitens des Auftraggebers klar und deutlich: Wir kümmern uns um die Sicherheit der Berliner! Das versucht man am Beispiel des Hochbunkers Johannisthal mit seinen 1 400 Liegeplätzen für die Zivilbevölkerung mit einigen Zahlenangaben zu belegen. »Dessen Betonmenge von 12 700 cbm entspricht dem umbauten Raum eines Wohnhauses mit 3 Wohngeschossen und Dachbodengeschoß von rd. 11 m Tiefe rd. 12 m Gesamthöhe bei rd. 100 m Gesamtlänge.« Und wenn man »die bei den Bauarbeiten verwendeten Rundeisen hintereinanderreihen würde, ergäbe das eine direkte Linie von Berlin nach Linz, über 720 km« – eine Statistik von allerdings recht zweifelhaftem Erkenntnisgewinn.

Das weitere Schicksal des Films ist ungewiß. Nachweisbar ist, daß insgesamt 17 366 Meter Film zu einer Rohfassung von 3 500 Metern zusammengeschnitten werden. Diese wird vorläufig teilweise auch vertont und am 27. März 1942 in Anwesenheit führender Vertreter des GBI und der LS-Bunker-Baugruppen Langer und Pfeil in den Räumlichkeiten der Riefenstahl Film GmbH uraufgeführt. Das Projekt stellt man vermutlich nie fertig, im Frühjahr 1943 wird es vorläufig als »nicht kriegswichtig« zurückgestellt. Einige Kopien des Bunkerfilms befinden sich zu diesem Zeitpunkt aber bereits im Umlauf, zum einen bei den beauftragten Baufirmen und beim GBI, dann im Filmarchiv der Riefenstahl GmbH. Dieses wird nach dem Zweiten Weltkrieg von den Alliierten beschlagnahmt, womit sich die Spuren des Projektes schließlich verlieren.[88]

Trotz der in Berlin geringen Fortschritte befiehlt Hitler schon am 9. Mai 1941 den Bau einer »2. Welle« von Bunkern, die sich durch noch stärkere Decken und Wände sowie ein erheblich gesteigertes Fassungsvermögen von ihren Vorgängern unterscheiden sollen. Von den hier reichsweit geplanten Schutzplätzen für fast eine halbe Million Menschen sollen allein 100 000 Plätze auf Berlin entfallen, die man bis Juli 1942 fertigzustellen beabsichtigt.[89] Die Arbeiten an den Berliner Bunkern der nunmehrigen »1. Welle« laufen ungeachtet dessen weiter. Noch glaubt man, diese bis Mitte Juli 1941 fertigstellen zu können, doch der Abzug von Fachkräften und Transportmitteln für den Feldzug gegen die Sowjetunion fordert seinen Tribut. Im September ist man bereits zehn Wochen im Verzug,[90] vor allem beim Innenausbau fehlen die nötigen Spezialisten. Zusätzlich werden die Arbeiten durch Treibstoffmangel behindert, da die Zuteilung auf ein Drittel der benötigten Menge gedrosselt wird.[91]

Schließlich läßt Speer durchrechnen, daß mit den neu festgelegten Wand-, Decken- und Sohlenstärken von 2,50 Metern »mit der gleichen Betonmenge nur etwa die Hälfte der Bunker errichtet werden« können, und bittet darum, auf die neuen Vorschriften in Berlin zu verzichten, damit »die bisherigen Bunker in den Augen der Bevölkerung nicht entwertet werden«.[92] Am 19. November 1941 kann Speer dem Generalinspekteur der Luftwaffe, Erhard Milch, auf dessen Anfrage vorläufig mitteilen, »daß nun 237 Bunker mit 59 989 Liegestellen fertiggestellt, 53 Bunker mit 21 000 Liegestellen im Bau und 100 Bunker mit rd. 94 000 Liegestellen geplant sind.«[93] Doch mit Einbruch des Winters verschlimmert sich die Versorgungslage im Dezember 1941 erheblich. Man überlegt daher, den Bunkerbau auf ein Minimum herunterzufahren. So schätzt Fritz Todt die prekäre Lage recht realistisch ein: »Wenn einerseits die Treibstofflage so ungünstig bleibt wie zur Zeit, bleibt der Bau von großen Luftschutzräumen, ob wir wollen oder nicht, noch mehr hängen. Wir werden uns also auf

Nicht fertiggestellter M 500 Hochbunker in der Tellpromenade (heute Gotthardstraße, Reinickendorf.

Polnische Zwangsarbeiter auf der Bunkerbaustelle Oranienburger Straße in Wittenau, 1941.

das Herrichten der Keller konzentrieren müssen.«[94]

Zeitgleich lassen allerdings die Bombenangriffe auf Berlin erheblich nach. Zwar startet noch im August und September 1941 die Royal Air Force eine neue Angriffsreihe auf die Reichshauptstadt. Bei einem schweren Nachtangriff kommen hierbei in der Nacht zum 8. September eine Luftmine, 135 Spreng- und rund 2000 Brandbomben sowie zahlreiche Brandblättchen zum Abwurf. 36 Flakgranaten explodieren nicht in der Luft, sondern detonieren erst am Boden. Drei britische Bomber werden abgeschossen. Insgesamt meldet man in der ganzen Stadt 240 Schadensstellen, 164 Verletzte und 29 Tote.[95] Die Angriffsserie wird aber aufgrund zu hoher Flugzeugverluste noch im September vom »Bomber Command« abgebrochen. Von August 1940 bis Dezember 1941 registriert man in Berlin »448 Luftkriegstote, über 1000 Verletzte und 20000 Obdachlose«[96] – noch kein Vergleich zu den Großangriffen, die folgen werden.

Der Rückgang der Luftangriffe, vor allem aber die Folgen der sogenannten »Winterkatastrophe« der Wehrmacht vor Moskau 1941/42, zwingen zu »einer außerordentlich einschneidenden Verminderung der Baumaßnahmen im Luftschutz«. Die Planer beim GBI schließen eine »Inangriffnahme weiterer Bauvorhaben« völlig aus, bereits begonnene Bauten will man »naturgemäß zu günstigerer Zeit« fortsetzen. »Es bleibt daher abzuwarten«, heißt es in einer Einschätzung, »ob beziehungsweise wann die Bauvorhaben der sogenannten 2. Welle in Angriff genommen werden können.«[97] Als Folge werden im Frühjahr 1942 die meisten Bunkerbaustellen in Berlin stillgelegt.

I Illusion der Sicherheit – Die Planungs- und Bauphase 1933–1941

Heraufziehendes Unheil über der Idylle im Volkspark Friedrichshain, Sommer 1942.

3 Wahnsinn wächst in den Himmel – Die Flaktürme Berlins

Nachdem bei den ersten Bombenangriffen auf Berlin Anfang September 1940 deutlich wird, daß man den angreifenden Verbänden wenig entgegenzusetzen hat, erteilt Hitler am 9. September 1940, also noch zwei Wochen vor dem Beschluß zum Bau von Zivilschutzbunkern, die Anordnung, »in Berlin an mehreren Stellen in großen Parks und Anlagen [...] Flaktürme zu errichten, auf denen jeweils mehrere ortsfeste leichte und schwere Flak-Rohre, Kommandogeräte und Scheinwerfer eingebaut werden sollen«.[1]

Zunächst werden Standorte für drei Türme im Tiergarten und für jeweils einen Turm in den Volksparks Humboldthain, Friedrichshain und Hasenheide vorgesehen. Gedacht ist an eine Bewaffnung mit doppelläufiger 10,5 cm Schiffsflak sowie mehreren 3,7 cm und 2 cm Geschützen. Für die Besatzung der Türme plant man im Innern »bombensichere Unterkünfte« ein.[2] An Speer ergeht die Anweisung, sich um die architektonische Gestaltung der Türme zu kümmern.

Bei einem Treffen mit dem Generalbauinspektor konkretisiert Hitler eine Woche später anhand von mehreren Skizzen, wie er sich die Ausgestaltung der neuen »Luftwehrtürme für Berlin« vorstellt.[3] Wenige Tage danach werden am 20. September 1940 bei einer Besprechung im Reichsluftfahrtministerium die militärischen Erfordernisse erörtert. Dabei informiert General Kurt Steudemann von der Inspektion der Flak-Artillerie die übrigen Militärs, daß Generalbauinspektor Speer die Verantwortung für »den Bau der Flaktürme an Dr. Todt abgegeben habe«. Der Berliner Chefplaner scheint sich – wie beim Bunkerbauprogramm – einer unliebsamen Aufgabe entledigen zu wollen, was einige Verwirrung auslöst. Nach einigem Hin und Her einigt man sich schließlich darauf, daß Todt für die technische Konstruktion und die Ausführung zuständig, Speer dagegen »für die architektonische Durchbildung, die Wahl der Standorte und die Einordnung in Parkanlagen verantwortlich« sein soll.[4]

Hauptergebnis dieser Besprechung ist die Festlegung der äußeren Form der Flaktürme

Handskizzen Adolf Hitlers für Flaktürme, 1940.

aufgrund der militärischen Erfordernisse. So soll jeder Flakturm »aus vier miteinander verbundenen Einzeltürmen bestehen, in deren Mitte mit einer Radiusentfernung von 35 m ein Turm zur Aufnahme des Kommandogerätes angeordnet ist«. Damit betragen die Außenabmaße etwa 60 mal 60 Meter, zudem wird eine Höhe von mindestens 25 Metern festgelegt, »damit die Türme die Bäume des Tiergartens überragen«.[5] Letztlich geht es also um eine klassische Flakbatterie, die mit erheblichen Mühen und Kosten künstlich in die Höhe gehoben wird.

Da beim Feuern der Geschütze erhebliche Rauchentwicklung entsteht, die das Anpeilen angreifender Bomberverbände behindern könnte, wird für jeden Flakturm ein zusätzlicher Kommando- oder Leitturm (Befehlsstand I) vorgesehen, dessen Entfernung zum Geschützturm mindestens 300 Meter betragen soll.[6] Die Besatzung des Kommandoturms wird auf »rund 100 Mann und sechs Offiziere«, die der Geschütztürme, die zudem »bombensichere Munitionsräume mit Paternosteraufzügen, Küche, Vorratsräume, Speiseräume, Geschäftsräume usw.« aufnehmen müssen, auf 166 Mann einschließlich der Offiziere festgelegt. An die Nutzung der großen Innenräume für den zivilen Luftschutz denkt man zu diesem Zeitpunkt noch nicht.

Am Ende der Beratung holt Speers Vertreter Hentzen noch einen Plan mit den bereits eingetragenen Standorten hervor und verweist darauf, daß die Standorte der Flaktürme auch mit der »Germania«-Planung abgestimmt werden müssen. Die Türme sollen »möglichst in

Bau des Gefechtsturms Friedrichshain, 1941.

Flakturm Zoo mit den ersten Geschützen, 1941.

Beziehung zu Gebäuden oder Straßenachsen gebracht werden, um ihnen eine monumentale Bindung zu geben«.[7]

Militärtechnische Details werden dann eine weitere Woche später in der Inspektion der Flakartillerie beraten. Im Ergebnis dessen wird festgelegt, daß die Türme vorerst mit einfacher 10,5 cm Schiffsflak zu bestücken seien, da die vorgesehenen doppelläufigen Kanonen nicht vorrätig sind. Größere Doppelgeschütze wären zwar in der Entwicklung, könnten aber erst in anderthalb Jahren geliefert werden. Außerdem wird entschieden, auf den »Batterietürmen« die Plattformen der schweren Geschütze alle auf gleicher Höhe mit dem in der Mitte liegenden Befehlsstand II anzuordnen, um »das Feuer der vier Geschütze im Wirkungsbereich von 360° auf ein Ziel zusammenfassen zu können«. Die leichten Flakgeschütze zur Nahverteidigung sollen auf einer tiefergelegenen Plattform angeordnet werden, »um die Schußfreiheit der schweren Waffen nicht zu beeinträchtigen«. Das Gewicht eines schweren Geschützes wird mit 30 Tonnen veranschlagt, hinzu kommt durch die Rückstoßkraft der Kanonen noch eine zusätzliche Belastung von rund 25 Tonnen, so daß die Fundamente entsprechend stark auszufertigen sind.[8]

Während die drei vorgesehenen Flakturmpaare im Friedrichshain, Humboldthain und in der Hasenheide städtebaulich nur geringe Schwierigkeiten bereiten, wird schnell deutlich, daß bei drei Turm-Paaren mit je einem Batterie- und Kommandoturm von der Parkanlage des Tiergartens nicht mehr viel übrigbleiben würde. »Es wird für den Generalbauinspektor eine schwer zu lösende Aufgabe sein, die [Türme] mit den bestehenden und geplanten Denkmälern im Tiergarten in harmonischen Einklang zu bringen«.[9] Daher regt General Steudemann an, auf das dritte Turmpaar im Tiergarten zu verzichten.[10]

Am 1. Oktober scheinen die Fragen der architektonischen Gestaltung geklärt. Todt teilt mit, daß er als Generalinspektor für das deutsche Straßenwesen die Verantwortung für »die

Ausführung der Luftwehrtürme« übernehme. Mit der architektonischen Ausführung beauftragt Todt im Einvernehmen mit dem Generalbauinspektor für die Reichshauptstadt den Architekten Friedrich Tamms, einen alten Studienkollegen von Speer, der sich beim Bau der Reichsautobahnen unter Todt bereits einen Namen gemacht hat.[11] Bei der Wahl von Tamms handelt es sich um eine naheliegende Entscheidung. Durch seine guten Verbindungen zu Speer und Todt kann der gerade 37jährige Architekt schon im Vorfeld vermitteln und so mögliche Probleme zwischen den Dienststellen vermeiden helfen.[12]

Letztendlich verbleiben die Planungen der Flaktürme in Berlin aber in der Hand von Speer, da Todt als neuer Reichsminister für Bewaffnung und Munition für den gesamten Rüstungsausbau zuständig wird. »In diesen Tagen läuft der Bau eines Flakturmes [am Zoo] an, der von der Abteilung Rüstungsausbau durchgeführt wird. Der GB-Bau hat entschieden, daß der Bau des Flakturmes arbeitsmäßig in die von der Organisation Speer durchgeführten Luftschutzmaßnahmen einbezogen wird, d.h., die Zuführung der Arbeitskräfte erfolgt in derselben Weise wie bei den von der Organisation Speer betreuten Luftschutzmaßnahmen«,[13] heißt es hierzu in einem Schreiben von Todt im Oktober 1940.

Noch während die Materialtransporte heranrollen – täglich werden 1 600 Tonnen Baustoffe mit der Bahn und 500 Tonnen mit dem Schiff geliefert[14] – und das Fundament vorbereitet wird, ist Tamms damit beschäftigt, weitere Einzelheiten für den ersten Flak- und

Aufbau der 72 Tonnen schweren Aufzugsabdeckung, 1941.

Treppenhaus im Flakturm Zoo, 1941.

Modell eines mit Naturstein verkleideten Gefechtsturms.

Kommandoturm im Tiergarten festzulegen. Dabei bereitet ihm offensichtlich die unmittelbare Nachbarschaft des Zoologischen Gartens einige Sorgen. In einem Schreiben weist er Speer darauf hin, »daß durch den Mündungsknall der Geschütze aufgrund der Erfahrungen, die bei der Luftwaffe mit Tieren gemacht wurden, zu erwarten sei, daß die Tiere des Zoos so leiden würden, daß sie voraussichtlich nach und nach eingehen würden«. Der Tierfreund Tamms wird jedoch dahingehend beruhigt, daß die Verlegung des Zoos ohnehin in Planung sei und der Geschützdonner der Flaktürme also nur dazu beitragen könne, das Umzugsvorhaben zu beschleunigen.[15]

Erst am 25. Oktober legt Tamms dann detaillierte Pläne und ein erstes Modell für die endgültige Gestaltung der Bunker vor. Demnach sollen die Türme äußerlich eine repräsentative Fassade erhalten und zugleich als Ehrenmale für die Luftwaffe gestaltet werden. Speer erklärt sich im wesentlichen einverstanden, wünscht aber »eine weitere Durchbildung im Detail«. Ihm sei der Mitteleingang »noch zu unruhig«, die Pilaster sollten fortfallen, und »die unter dem Hauptsims vorgesehene Platte für Inschriften muß kleiner werden«, läßt er Tamms wissen. Aufgrund der geplanten ausladenden Verkleidung der Stahlbetontürme mit Ziegelmauerwerk und Sandsteinquadern müssen beide Architekten feststellen, daß die bereits in Bau befindliche Eisenbeton-Grundplatte wahrscheinlich zu klein geraten ist und nachträglich vergrößert werden muß.[16]

Die äußere Gestaltung der Flaktürme ist Speer ein besonderes Anliegen, da sie sich ja in die »Germania«-Planung einfügen sollen. Anfang März 1941 hat Tamms nach mehreren Überarbeitungen der Entwürfe neue Großmodelle erstellen lassen, dazu verschiedene Detailzeichnungen. Speer erklärt sich nun »mit der architektonischen Durchbildung voll einverstanden«. Ungeklärt ist allein noch die Frage des Materials für die Steinverblendung über dem Granitsockel. Hierfür sollen französischer Kalkstein oder deutscher Sandstein in Verbindung mit »holländischen Backsteinen« verwendet werden. Speer legt dabei »größten

Nachrichtenturm bei Tremmen im Havelland.

Das Ortungsgerät zur Erfassung von Flugzeugverbänden, der sogenannte Würzburgriese.

Der Würzburgriese mit Kommandogeräten auf dem Leitturm Friedrichshain

Wert darauf [...], die Steinmetzarbeiten noch während des Krieges anfertigen und sogar weitestgehend versetzen zu lassen«.[17] Im Sommer des Jahres erteilt Tamms den Auftrag an die Werksteinbrüche, und kurz darauf erhält der Flakturm Zoo auf seiner südlichen Außenwand ein Stück seiner vorgesehenen Nachkriegsverkleidung. Die Kriegswichtigkeit dieser Baumaßnahme ist allerdings zu bezweifeln.

Hitler werden die fertigen Modelle zu seinem Geburtstag am 20. April 1941 präsentiert. Speer persönlich stellt sie vor. Der »Führer«

Zeichnung vom Turmbereich des Flakturms Zoo.

zeigt sich beeindruckt, schlägt allerdings noch vor, daß an allen vier Seiten »über den Eingängen zum Flakturm große Tafeln zur Anbringung der Namen großer Fliegerhelden« vorgesehen werden.[18] Die Entwürfe dazu reicht Tamms wenige Tage später nach.

Dem Bau der Flaktürme räumt man zu Lasten des Bunkerbauprogramms absoluten Vorrang ein.[19] Das Vorhaben erhält daher die höchste »Dringlichkeitsstufe 0« bei der Bewertung der Kriegswichtigkeit.[20] Auf einer Anhöhe bei Tremmen im Havelland, etwa 40 Kilometer westlich von Berlin, errichtet man zudem 1941 für 500 000 RM einen Nachrichtenturm, auf dem das erste deutsche Panorama-Gerät mit einer Reichweite von rund 300 Kilometern installiert wird. Diese Einrichtung dient zur Früherkennung anfliegender Bomberverbände und ist zur Übermittlung der Meßdaten über eine direkte Kabelverbindung mit dem Gefechtsstand der 1. Flakdivision, der im Leitturm Zoo untergebracht wird, verbunden.[21]

Während am Zoo die ersten Decken der Zwischengeschosse betoniert werden, konkretisiert man Mitte Januar 1941 bereits die Standorte des Flak- und Leitturms II im Volkspark Friedrichshain. Auch hier finden die Germania-Planungen Berücksichtigung: »Beide Türme werden in Beziehung gebracht zur geplanten Ost-West-Achse, die dem Zuge der Straße am Friedrichshain folgt«.[22] Speer behält sich die endgültige Genehmigung für die Gestaltung vor.

Parallel dazu wird entschieden, aus städtebaulichen Gründen kein weiteres Flakturmpaar im Tiergarten zu errichten. Um trotzdem die erforderliche Feuerkraft zu erreichen, kommt man im Ministerium für Bewaffnung und Munition auf die absonderliche Idee, die vier Türme des Reichstages als Flakstellung aus -zubauen. Hierfür sollen die Sandsteinfiguren abgenommen und die Kuppel des Reichstages in Einzelteile zerlegt werden (»die später gegebenenfalls wieder ordnungsgemäß zusammengesetzt werden können«), um freies Schußfeld zu erhalten. Dieses Vorhaben will man bis zum 1. August abgeschlossen haben, es scheitert aber offensichtlich am Einspruch des Generalbauinspektors.[23]

Die endgültige Lage für das dritte Flakturmpaar im Humboldthain wird bei einem Vororttermin am 19. Juni 1941 festgelegt. Den Leitturm sieht man an der Gustav-Meyer-Allee auf der Südseite des Volksparks im kleinen Rosengarten vor. »Um den altmodischen Rosengarten, in dessen Mitte eine Plastik steht, ist es nicht sonderlich schade«, läßt man bei der Standortwahl im Büro des Generalbauinspektors lapidar verlauten.[24]

Der geplante vierte Flakturm im Volkspark Hasenheide in Tempelhof wird nicht mehr in Angriff genommen. Aufgrund immer wieder aufkommender kritischer Stimmen über eine angebliche Bevorzugung Berlins beim Bau der Flakfestungen ordnet Hitler im Februar 1942 an, das vierte Flakturmpaar in Hamburg auf dem Heiliggeistfeld zu errichten.[25] Insgesamt erhält Hamburg zwei Flakturmpaare. Zu einem dritten kommt es entgegen der ursprüngli-

Besatzung vor dem Flakturm Friedrichshain, 1942.

chen Planungen nicht mehr, da es nach dem »Hamburger Feuersturm« infolge eines Großangriffs im Juli 1943 in den Augen der Planer dort nicht mehr viel zu schützen gibt. Bremen bleibt trotz mehrmaliger Anforderung ohne vergleichbare Luftverteidigungsanlagen, dafür erhält Wien drei modifizierte Flaktürme, von denen das letzte Turmpaar allerdings erst im Januar 1945 einsatzbereit ist.[26]

Die Berliner Flaktürme werden in Rekordzeiten errichtet. Knapp vier Wochen benötigt man für die Planung der Zootürme, deren Betonierungsarbeiten bereits im Oktober 1940 anlaufen und im April 1941 abgeschlossen werden. Mit dem Flakturmpaar Friedrichshain ist man von April bis Oktober 1941 beschäftigt; die Anlagen im Humboldthain werden als letztes Berliner Turmpaar von Oktober 1941 bis April 1942 erbaut. »Die Baustelle für den Flakturm war hell erleuchtet abends. Es wurde Tag und Nacht gebaut. Wir wußten dann immer, daß Alarm kommt, wenn die das Licht ausgeschaltet haben, also schon bevor die offiziellen Warnungen über Rundfunk oder über Sirene kamen«, erinnert sich ein Anwohner. In den Frostmonaten wird sogar bei teilweise bis zu minus 23 Grad betoniert. Hitler interessiert sich nach Abschluß der Arbeiten besonders für die beim Betonieren in großer Kälte gemachten Erfahrungen und will wissen, ob »der Beton tatsächlich die gleichen Eigenschaften hat wie ein bei normalen Temperaturen abgebundener Beton«.[27] Offensichtlich denkt er bereits an neue Bauten in Rußland. Mit Befriedigung nimmt er zur Kenntnis, daß die Flaktürme im Humboldthain denen am Zoo und im Friedrichshain um nichts nachstehen.

Geschützbedienung des Flakturms Friedrichshain, 1942.

Unglaublich große Mengen an Stahlbeton sind in jedem einzelnen Turm mit seinen sechs Vollgeschossen verbaut worden: 80 000 Kubikmeter Betonmasse flossen allein in den Geschützturm am Zoo, der Leitturm im Tiergarten verschlang knapp 20 000 Kubikmeter. Am Friedrichshain, dessen Wände und Decken teilweise noch stärker ausgeführt wurden, benötigte man zusammen sogar 120 000 m^3, davon fast 80% für den Geschützturm.[28] Hinzu kamen noch etwa 10 000 Tonnen Baustahl.

Die Baukosten werden allein für den Geschützturm Zoo mit rund 45 Millionen Reichsmark angegeben, »eine Summe, die für den Bau von bombensicheren Luftschutzplätzen für 180 000 Personen gereicht hätte«.[29] Bisher allerdings sind keine originalen Dokumente, aus denen die genauen Baukosten ersichtlich wären, in den Archiven entdeckt worden, die vorhandenen Quellen dazu erweisen sich als sehr widersprüchlich. So wird in einer britischen Untersuchung aus der Nachkriegszeit allein für die Flaktürme Tiergarten (Zoo) die unglaubliche Summe von 60 Millionen RM genannt, wobei noch nicht einmal die Flakausrüstung eingerechnet ist.[30] In einem Schreiben an das Luftwaffenverwaltungsamt aus dem Jahre 1944 wiederum werden die für die Flaktürme in Berlin, Hamburg und Wien veranschlagten Baukosten mit insgesamt 210 Millionen RM angegeben.[31]

Vor allem die großen Baufirmen partizipieren vom Turmbau. Die Philipp Holzmann AG und die Dyckerhoff & Widmann KG teilen sich

Waffenausstattung eines Flakturms, 12,8 cm Geschütze.

2,0 cm Einzelflak.

2,0 cm Vierlingsflak.

den Geschützturm am Tiergarten, der zugehörige Leitturm wird in Zusammenarbeit der beiden großen Berliner Baufirmen Habermann & Guckes AG sowie der Gottlieb Tesch GmbH hochgezogen. Die Siemens Apparate und Maschinenbau GmbH installiert die gesamte Technik und Elektrik in beiden Zootürmen.[32] Die Firmen scheinen sich zu bewähren, ziehen von einer Turmbaustelle zu nächsten und kommen sogar noch in Hamburg zum Einsatz. Und sie haben gut zu tun. Die Außenabmaße der Stahlbetonmonstren betragen 70,5 auf 70,5 Meter bei rund 42 Metern Höhe für die Geschütztürme, die etwas kleineren Leittürme bringen es bei gleicher Höhe immerhin noch auf stattliche 56 mal 26,5 Meter. Die Stärken der Abschlußdecken liegen bei 3,5 Metern (Humboldthain), die Wandstärken bei 2,5 Metern im Erdgeschoß und 2 Metern bei den übrigen Etagen.

Militärisches Kernstück der Geschütztürme sind die speziell dafür entwickelten Flakgeschütze, die zu den wirkungsvollsten des Zweiten Weltkrieges gerechnet werden.[33] Hitler verfolgt höchstpersönlich die Aufstellung der im Sommer 1942 angelieferten Kanonen und »nimmt mit Befriedigung die Meldung entgegen, daß der erste Flakturm in Berlin mit vier 12,8 cm Doppelflak schußbereit ist«[34].

Die Zwillingsgeschütze, die bei Hanomag in Hannover gefertigt worden sind, gelten als besonders präzise. Riesige Elektromotoren, in der Fachsprache auch Richtmaschinen genannt, steuern die Doppelrohre nach den vom Leitturm über dicke Kabelstränge durchgegebenen Werten vollautomatisch aus. Nur die 26 kg schweren Geschosse müssen noch manuell auf die Ladevorrichtung gelegt werden, der Ladevorgang und die Zündereinstellung der Granaten selbst erfolgt ebenfalls elektrisch-automatisch. Die maximale Schußhöhe beträgt 14 800 Meter – somit können auch sehr hoch anfliegende Bomberverbände erreicht werden.

Auf dem Dach werden die Granaten entnommen ...

Die Feuerkraft einer Flakturmbatterie besteht aus vier Zwillingsgeschützen, also insgesamt acht Rohren, mit einer Feuergeschwindigkeit von zehn bis zwölf Schuß je Rohr in der Minute.[35] Beim sogenannten Salventakt-Schießverfahren detonieren acht abgefeuerte Geschosse gleichzeitig in einem Luftraum mit Seitenlängen von etwa 250 Metern, den sogenannten Fenstern. Bomber, die in ein solches Fenster geraten, werden mit hoher Sicherheit auch getroffen. Das Abwehrfeuer der schweren Turmflak in Berlin hat zur Folge, daß die Alliierten die Reichshauptstadt fortan in bedeutend größerer Höhe angreifen müssen. Dadurch läßt aber die Treffergenauigkeit bei den Bombenabwürfen stark nach.[36] Insgesamt scheint die Flak nicht besonders rentabel gewesen zu sein. Nach Ermittlungen des Generalquartiermeisters der Luftwaffe sind für den Abschuß eines einzigen angreifenden Flugzeuges im Durchschnitt »4940 Schuß der leichten Flak zu je 7,50 RM und 3343 Schuß der schweren 8,8 cm Flak zu 80 RM, also 267440 RM« insgesamt verbraucht worden.[37] Das Verhältnis bei den wesentlich teureren 12,8 cm Geschossen wird vermutlich ähnlich gelegen haben.

Der Granatennachschub zu den Geschützen erfolgt über spezielle paternosterähnliche Aufzüge, die von den Munitionskammern im Erdgeschoß direkt auf die Geschützplattformen führen. Die Aufzugsöffnungen sind gegen Volltreffer mit 72 Tonnen schweren Panzerkuppeln geschützt, die beim Zoo-Bunker im Juli 1941 mittels einer besonderen Schwerlasthebevorrichtung nach oben befördert werden müssen.[38] Diese Aufzüge werden allerdings nie während eines Angriffs in Funktion gesetzt, da die riesigen Verschlußklappen an den Entnahmevorrichtungen während eines Angriffs zum Schutz gegen Treffer immer geschlossen bleiben müssen.

Für die Beförderung von Personen verfügen die Leittürme über je zwei, die Geschütztürme sogar drei Lastenaufzüge, die bis zu 25 Menschen gleichzeitig befördern können. Das sind allerdings sehr geringe Kapazitäten, wenn man bedenkt, daß in den Flaktürmen normalerweise rund 30000 Menschen (8000 im Leit-

... die in der Munitionskammer im Erdgeschoß in den Aufzug gestapelt wurden.

Reinigen der Geschütze auf dem Flakturm Friedrichshain.

turm, 22 000 im Gefechtsturm) bei den Angriffen Schutz suchen.[39]

Die bombensicheren Räumlichkeiten werden nicht nur von der Bevölkerung geschätzt, sondern wecken zuweilen ganz andere Begehrlichkeiten. Im Mai 1941 gibt es den Vorstoß, den Flakturm am Zoo als Kühlhaus zu nutzen. In der Begründung heißt es, daß die Flaktürme als zusätzliche Schutzräume für die Zivilbevölkerung wohl nur im Notfall in Frage kommen, »da die Betonkonstruktion den Schall der auf den Türmen befindlichen Batterien sehr stark leitet. Die Flaktürme wären durch die Verwendung als Kühlräume für eine auch friedensmäßig nützliche Aufgabe eingeschaltet, wobei durch die Lagergebühren sogar eine gewisse Verzinsung der Anlagekosten möglich sein könnte.«[40]

Da die Räume im Zoo-Bunker im Gegensatz zu anderen Luftschutzanlagen trocken und vergleichsweise gut klimatisiert sind, zieht im Juni 1942 die Plankammer des Generalbauinspektors hier ein, denn die bisher genutzten Bunker in Plötzensee und Spandau waren so feucht, daß die Zeichenschränke »durchquollen« und die Pläne und Dokumente zum Teil schon »verfault und unbrauchbar« geworden sind.[41]

Von Beginn an werden zahlreiche Räume aber auch für wesentlich wertvollere Dinge vorgesehen. So sollen im Geschützturm am Zoo die Staatlichen Museen zu Berlin umfangreiche Lagerflächen für einige ihrer bedeutendsten Exponate erhalten. Aufgrund zusätzlicher militärischer Anforderungen seitens der Luftwaffe können hier im August 1941 jedoch nicht mehr alle eingeplanten Depotbereiche an die Museen vergeben werden, so daß als Ersatz eine komplette Etage im Leitturm Friedrichshain zugewiesen wird, deren Raumaufteilung die Museen sogar selbst festlegen dürfen.[42] Im Geschützturm Zoo erhalten das Kupferstichkabinett, die Abteilungen Vorder- und Ostasien, Ägypten, Amerika, Südsee, Indien, Afrika sowie die Vor- und Frühgeschichtliche Abteilung, zu der auch der legendäre Schatz des Priamos zählt, umfangreiche Unterstellmöglichkeiten. Hinzu kommen noch Lagerbereiche für das Zeughaus, die Nationalgalerie, die Kunstbibliothek, die Papyrussammlung wie auch für die Antikenabteilung.

Die Depoträume im Leitturm II am Friedrichshain belegt man vor allem mit größeren Bildern der Gemäldegalerie, des Kupferstichkabinetts und des Schloßmuseums. Eingelagert werden außerdem Exponate der Skulpturenabteilung, der Islamischen Abteilung sowie Teile der Ostasiatischen Abteilung.[43] Die Geschütztürme im Humboldthain sind zusätzlich für kriegswichtige Forschungen gedacht. Teile der ersten und dritten Etage werden Mitte 1943 unter dem Decknamen »Franz« von wissenschaftlichen Abteilungen der AEG und Telefunken bezogen, die hier am »Hertha«- und »Seeroseprogramm« arbeiten, Geheimprojekten zur Erforschung und zum Nachbau erbeuteter englischer und amerikanischer Funkmeß- und Ortungstechnik.[44]

In die vierte Etage des Zoo-Bunkers kommt ein Lazarett der Luftwaffe, das als das sicherste im ganzen Reich gilt und daher besonders gern von der Prominenz genutzt wird.[45] Die Verwundeten und Kranken bringt man mit einem Personenaufzug herauf. In den dortigen Röntgen- und Krankenräumen mit insgesamt 95 Betten arbeiten unter der Leitung von Görings Leibarzt Walter Hagedorn insgesamt 6 Ärzte, 20 Schwestern und 30 Hilfskräfte.[46]

Im Frühjahr 1943, nach der verlorenen Schlacht um Stalingrad, stattet Göring in Begleitung von Generalmajor Walter von Axthelm und einigen weiteren hochrangigen Gästen dem Zoo-Bunker einen seiner zahlreichen Besuche ab. Als oberster Dienstherr über die Flaktürme läßt er sich gern die Geschütze auf der Dachplattform des Bunkers vorführen. Hierfür werden allerdings recht merkwürdige Sicherheitsanweisungen erteilt, von denen ein junger Fotograf berichtet: »Während der Besichtigung durch den Herrn Reichsmarschall darf auf den Flaktürmen keine scharfe Munition geladen werden. Bei jeder Besichtigung von Flakstellungen ließ er sich vor allem Laden und Sichern vorführen, aber niemals mit scharfer, sondern nur mit Übungsmunition. Im übrigen pflegte er wie ein Schuljunge neugierig an den Geräten und Geschützen herumzuspielen.«[47]

Nach der Inspektion auf dem Dach schaut Göring noch im vierten Stock beim Reichskommissar für Norwegen, Josef Terboven, vor-

Handgefertigte Postkarte einer Flakturmbesatzung.

Der Oberbefehlshaber der Luftwaffe Hermann Göring läßt sich auf dem Zoo-Bunker die Technik erklären.

bei, der mit Blinddarmentzündung im Bunkerlazarett liegt. Fast immer trifft man auf prominente Kranke, auch die Testpilotin Hanna Reitsch und der Stuka-Oberstleutnant Hans-Ulrich Rudel lassen sich hier behandeln.[48] Beim Abschied aus dem Bunker besichtigt Göring schließlich noch die im Zoo-Bunker ausgestellten »Entwürfe für den Umbau des Bunkers nach dem Kriege zu einem Ehrenmal«, darunter Zeichnungen der an den Außenfassaden vorgesehenen Granitplatten, auf denen einmal »Schlachtenbilder in Reliefs und die Namen der Schlachtenorte zu sehen und zu lesen sein« sollen.

Hermann Göring ist recht häufig im Zoo-Bunker zu Gast. Am 7. November 1944 beispielsweise, während sich die Stadt immer mehr in ein Schlachtfeld verwandelt, von dem es keine Reliefs geben wird, besucht der Reichsmarschall den im Lazarett liegenden General der Flieger, Karl Bodenschatz. Dieser kuriert hier seine bei dem Attentat auf Hitler am 20. Juli erlittenen Verletzungen. Landwirtschaftsminister und »Reichsbauernführer« Walter Darré, der im Nachbarbett liegt, meint anschließend, »Göring sehe ohne sein Ritterkreuz und das Großkreuz fast nackt aus, sonst aber – sehr frisch und sehr vergnügt. ›Sie hätten ihn vor acht Wochen sehen sollen‹, sagt eine Krankenschwester zu Darré, ›da war er totenblaß, und da haben wir gedacht, er lebt keine paar Wochen mehr.‹«[49]

II Klappstuhlgeschwader und Heldenkeller – Die Nutzungsphase 1942–1945

Bekanntmachung von neuen Luftschutzmaßnahmen an einer Litfaßsäule in der Nähe des Gendarmenmarktes, 1943.

1 Überfüllte Zivilschutzbauten und Bunker für die Prominenz

Nur neunmal wird die Reichshauptstadt Berlin 1942 das Ziel britischer Bombergeschwader. Trotzdem kann sich Rosemarie Erdmann aus Lichtenberg noch gut an einige dieser Attacken erinnern, hat es doch dabei einen Volltreffer auf ihren Luftschutzbunker gegeben: »In der Nacht vom 29. zum 30. August riß uns wieder einmal die Sirene vom Dach des Kant-Gymnasiums an der Treskowallee abrupt aus dem Schlaf. Wie an vielen anderen Abenden seit 1941 ergriffen meine Mutter und ich unsere bereitstehenden Koffer und liefen zum Bunker am Triftweg« (der heutigen Ontarioseestraße).[1] Dieser faßte rund 400 Menschen. »Wie immer unterhielten sich die Bunkerinsassen leise über meist Belangloses oder dösten, wie ich, auf ihrem Hocker vor sich hin, und – wie immer – begann die Flak zu schießen. Doch plötzlich erschütterte eine Detonation nach der anderen den Bunker. Die Bomben schlugen ganz in unserer Nähe ein. Selbst der Bunker schien einen Treffer erhalten zu haben. Er schwankte äußerst bedrohlich, und Funken schlugen aus seiner Außenwand. Das Licht erlosch. Angst und Panik breiteten sich unter den Menschen aus. Frauen und Kinder, ich eingeschlossen, schrien verzweifelt und klammerten sich, haltsuchend, aneinander. Die schrecklichsten Gedanken schossen durch den Kopf. Alle bewegte nur die eine Frage: Wie sah es draußen aus, steht unser Haus noch, oder liegt es in Trümmern, finden wir alle unsere Angehörigen lebend wieder? Erst als sich nach einiger, uns endlos scheinender Zeit die Notbeleuchtung einschaltete, begannen sich die Menschen etwas zu beruhigen.«[2] In der Lagemeldung der Ordnungspolizei finden sich dazu einen Tag später zwei knappe Zeilen: »Eine Sprengbombe im Wäldchen östlich Luftschutzbunker am Triftweg detoniert. Bahnwärterhäuschen am Triftweg, Wohnhaus Treskowallee 35 und Eingangstür zum LSB leicht beschädigt.«[3]

Andere Städte trifft es im Jahre 1942 wesentlich härter als Berlin. In der Nacht zum 29. März brennt die militärisch bedeutungslose Altstadt von Lübeck ab, angesteckt von 25 000 britischen Brandbomben, die aus den Schächten von 234 Flugzeugen auf den historischen Stadtkern herunterregnen.[4] Unter der Feuerwalze sterben mehr als 300 Menschen. Am 30. April gelingt der Royal Air Force ihr erster Tausendbomber-Angriff auf Köln, der dort 480 Tote und rund 5 000 Verletzte fordert.[5] Aufgrund dieser Ereignisse ergehen im Juni des Jahres neue Richtlinien, wonach ein schneller und »vorläufiger Notausbau« bereits rohbaufertiger Luftschutzbunker angeordnet wird.[6]

Propaganda-Idylle im Aufenthaltsraum eines Flachbunkers.

In einer Bunkerküche, 1942.

Das bisher gültige Luftschutz-Bauprogramm wird erheblich abgespeckt. Trennwände und Türen für Einzelräume innerhalb der Bunker sollen nun entfallen, auf Innenputz, Wandverkleidungen oder Farbanstriche, darunter auch »Leuchtfolien oder Leuchtfarbenanstriche« ist vollständig zu verzichten. Die neuen Weisungen werden unmittelbar umgesetzt, wie noch heute in einem Raum im dritten Untergeschoß des Berliner Gesundbrunnen-Bunkers nachvollziehbar ist. Diesen hat man bereits zu drei Vierteln verputzt, dann sind die Arbeiten augenscheinlich abrupt abgebrochen worden, auch in den sich anschließenden Schutzräumen fehlt jeder Wandputz. Bei den maschinellen Einrichtungen und der technischen Ausstattung muß ebenfalls gespart werden. Personen- und Lastenaufzüge dürfen nur noch für »den späteren Einbau« eingeplant werden, elektrische Kochstellen und Warmwasseraufbereitungsanlagen, Lautsprecher und sogar die Waschbecken »entfallen«, abgesehen von einem einzigen Ausguß, ebenfalls vollständig. Nur auf die Hauptbelüftung kann man, »insbesondere auch im Hinblick auf die zu erwartende Überbelegung«, nicht verzichten.[7]

Der eklatante Mangel an bombensicheren Schutzplätzen zwingt die Planer, alle vorhandenen Möglichkeiten restlos auszuschöpfen. Durch das Aufstellen zusätzlicher Holzbänke in den »Schlafkabinen« und Gängen können, rein rechnerisch, mit einem Schlag die vorhandenen Kapazitäten verdoppelt werden. Beispielsweise erhält der gängige Flachbunkertyp 4 D nun zu seinen 218 Liegeplätzen 182 zusätzliche Sitzplätze, beim Typ 4 F (204 Liegeplätze) kommen 196 Sitzgelegenheiten hinzu.[8] In den »Liegebunkern« vom Typ M 1 200 verzichtet man auf Kochnischen und Abstellräume für Garderobe und Gepäck. Durch das Aufstellen zusätzlicher Holzbänke in den Fluren und in technischen Räumen der Stromversorgung, der Kohlelagerung und der Heizung können die Kapazitäten von 1 200 auf vorerst 1 422 Liegeplätze gesteigert und zusätzlich 506 Sitzplätze hinzugewonnen werden.[9] Schließlich begrenzt man sogar die Zahl der Liegeplätze auf ein Fünftel der »Belegungsziffer« und erhöht durch zusätzliche Sitzgelegenheiten das Fassungsvermögen auf 2 856 offizielle Schutzplätze.[10]

Die Verantwortlichen scheinen zu ahnen, daß es auch über der Reichshauptstadt nicht immer so ruhig bleiben würde. Nach einem »ausgedehnten Fliegerangriff« auf München am 20. September 1942 erteilt Hitler, der sich über die Folgen des Bombardements ausführlich Bericht erstatten läßt, den Auftrag, das »ursprüngliche Luftschutz-Sofortprogramm« wieder in vollem Umfang aufzunehmen.[11] Für die Organisation im Berliner Bunkerbau ist diese Entscheidung allerdings mit erheblichen Problemen verbunden. Hier sind erst im April 1942 achtzehn von vierzig Großbunker-Baustellen stillgelegt worden. Einzig die Hochbunker an der Marienfelder Chaussee in Buckow und an der Grünauer Straße in Schöneweide können zu diesem Zeitpunkt als »fertig übergeben«, der Tiefbunker Alexanderplatz als »rohbaufertig« gemeldet werden.[12] Bei den Hochbunkern Fürstenwalder Allee (Rahnsdorf), Kieler Straße (Mahlsdorf) oder

Geöffneter Mutter-und-Kind-Bunker, Humboldthain, 2001.

Luftschutzstollen aus Schleuderbeton (Humerohr) in Friedrichshain, 1998.

Hauptluftschacht auf dem Dach des Fichte-Bunkers, Kreuzberg.

Reichsbahn-Bunker, Reinhardtstraße

Überbauter Pallas-Bunker, Schöneberg.

Luftschutz-(Zombeck)-Turm, Revaler Straße.

Dreisprachige Wandbeschriftung im Werkluftschutzbunker Flotten-/Ecke Kopenhagener Straße in Reinickendorf, 1998.

Großfilter in einem Bunker des Flughafens Tempelhof, 1997.

Bei der Baufeldfreimachung wiederentdeckter Goebbels-Bunker in den ehemaligen Ministergärten, 1998.

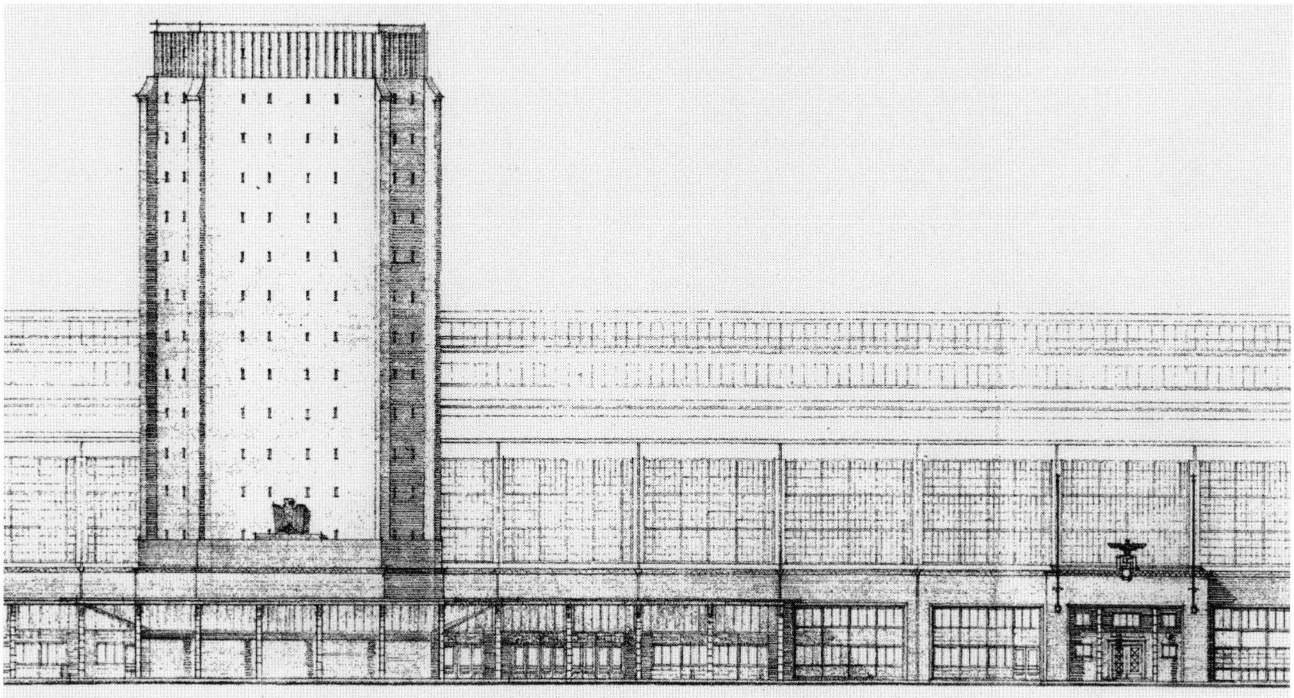

Nicht ausgeführter Entwurf eines 14-stöckigen Hochhausbunkers am Bahnhof Friedrichstraße, 1940.

Wilhelmsruher Damm (Reinickendorf) hat man gerade erst die Grundfundamente fertiggestellt, teilweise sind auch die Einschalungsarbeiten des ersten Geschosses begonnen. Nach der Stillegung waren von diesen Baustellen Tausende Tonnen an dort vorrätigen Baustoffen und Moniereisen unter erheblichen Anstrengungen zu den noch fertigzustellenden Anlagen abtransportiert worden. Die Baugruppe Reichsbahn etwa hatte für ihre drei »wichtigen« Hochbunker für Reisende am Schlesischen und Anhalter Bahnhof sowie für den Bahnhof Friedrichstraße an der Albrecht-/Ecke Karlstraße (heute Reinhardtstraße) 14 500 m^3 Kies, 3 650 m^3 Splitt und 5 400 Tonnen Zement von den stillgelegten Baustellen abgerufen.[13]

Nun aber soll der Baubetrieb in vollem Umfang an den alten Stellen wieder aufgenommen werden. Das ist logistisch einfach nicht zu schaffen. Immerhin können im Rahmen des Notausbauprogramms schon im Sommer 1942 einige stillgelegte Baustellen wieder aktiviert werden. Im September werden 214 Bunker als »übergeben« und 53 als »im Ausbau oder Notausbau begriffen« gemeldet. An dreizehn Bunkern laufen die Betonierungsarbeiten, die Zahl der stillgelegten Baustellen, die »jedoch noch fertigzustellen sind«, beträgt nur noch acht.[14] Insgesamt sollen also 288 Bunker 93 100 Personen schützen können, ohne allerdings die erhöhten Platzkapazitäten der Rationalisierungsmaßnahmen zu berücksichtigen. Auch die große Anzahl an Schutzplätzen in den Flaktürmen wird hier nicht vermerkt. Immerhin kommen die Luftschutzplaner der Reichshauptstadt beim Zusammenrechnen aller »trümmer-, splitter- und gassicheren« Schutzräume nun auf 3 679 500 Plätze, selbst wenn die wenigsten davon bombensicher sind, so daß offiziell »nur« noch ein Bedarf von rund 775 000 Personen zu decken ist.[15]

Da die ersten Großangriffe weit Schlimmeres erahnen lassen, beantragen weitere Institutionen Bunkeranlagen beim Generalbau-

Beschriftung im Eingang eines Flachbunkers.

inspektor, darunter im November 1942 auch die Schwedische Gesandtschaft.[16] Aufgrund der engen Versorgungslage erklären sich die Schweden sogar damit einverstanden, »die erforderlichen Arbeitskräfte, das Eisen, die Treibstoffe, die Innenbaustoffe usw. selbst zu stellen«.[17] Schließlich wird die Angelegenheit Hitler selbst vorgetragen, der sich einverstanden erklärt, und keine zwei Wochen später können die Baumaßnahmen beginnen.

Nahezu zeitgleich können die Typenbunker der Reichsbahn an der Albrechtstraße und am Schlesischen Bahnhof übergeben werden. Sie enthalten nach der neuen Richtlinie nur noch 48 Bett-, dafür aber 3 088 Sitzplätze. Allerdings dürfen in den ersten Monaten nach der Abnahme nur 1 500 Menschen in die Anlage, da die Lüftung noch nicht funktionsbereit ist.[18] Weitere Sonder-Schutzbauten, deren Errichtung aufgrund des Materialbedarfs zu Lasten der Bunker für die Zivilbevölkerung gehen, werden vom Luftgaukommando III im Sommer 1942 in Auftrag gegeben, darunter zwei sechsgeschossige Hochbunker. Den ersten, entworfen vom Architekten und Professor an der TH Berlin, Eduard Jobst Siedler, erhält der Stab der »Luftflotte Reich« auf dem Gelände der Reichsluftschutzschule am Heckeshorn in Wannsee.[19] Den zweiten errichtet man auf dem Gelände der »Reichsanstalt der Luftwaffe für Luftschutz« an der Friesenstraße in Kreuzberg. Zusätzlich betreut der Baustab des LGK III diverse Bunkerbauten für den Werkluftschutz. In diesem Zusammenhang erhalten zum Beispiel die Firmen Rheinmetall und Borsig und die Alkett-Werke in Tegel oder die Firmen Stock und Fritz Werner in Marienfelde eigene, zum Teil mehrgeschossige Schutzbunker.[20] Schließlich wird noch mit dem Bau eines dreigeschossigen Bunkers für den Reichsrundfunk an der Masurenallee sowie mit den Planungen von drei Hotelbunkern für das »Adlon«, den »Kaiserhof« und das »Esplanade« begonnen.[21]

Reichsbahn-Bunker am Schlesischen Bahnhof.

Stabsbunker der ehemaligen Luftschutzschule Heckeshorn.

Rundfunk-Bunker in der Masurenallee.

Am 18. Januar 1943 beschließt Hitler auf einer Konferenz den Bau eines Prominentenbunkers für sich und sein Gefolge. »Da der Luftschutzbunker in der Reichskanzlei nur eine Deckenstärke von 1,6 m hat, ist im Garten sofort ein Bunker nach den neuen Abmessungen (3,5 m Decke, 3,5 – 4,0 m Seiten), aber mit denselben inwendigen Abmessungen wie der jetzt vorhandene Führer-Bunker zu bauen. Piepenburg soll die Baudurchführung übernehmen«, ist im Protokoll zu lesen.[22] Hitler dürfte bei seiner Entscheidung unter dem Eindruck von zwei größeren Angriffen der Briten gestanden haben, die in den Nächten zum 17. und 18. Januar mit jeweils rund 200 Kampfflugzeugen die Reichshauptstadt anflogen. In der ersten Nacht fallen rund 370 Tonnen Bomben, dabei wird auch die Deutschlandhalle getroffen und brennt aus.[23] Gleichzeitig entscheidet Hitler, daß die Hotelbunker in Berlin »am vorgesehenen Platz, jedoch zweigeschossig« auszuführen sind, wobei das obere Geschoß für »öffentliche Luftschutzzwecke« vorgesehen wird. Die zuerst geplanten Wandstärken von 5,25 Metern hält er allerdings für »übertrieben«: »Es müßte eine Seitenstärke von 3,5 m genügen, [...] um Eisen zu sparen«.[24] Letztendlich erhalten nur die Hotels »Adlon« und »Kaiserhof« ihre Bunker, für das »Esplanade« fehlen offenbar die Kapazitäten.

Anfang Februar erklärt sich Hitler mit den Bunkerbauplänen für den neuen »Führer-Bunker« einverstanden. Zusätzlich verlangt er, »wie bei den Westwall-Bunkern«, das Einziehen zusätzlicher Stahlträger unter die Abschlußdecke, um bei Volltreffern das Abplatzen von Betonstücken im Innern zu verhindern.[25] Auch die übrigen Luftschutzanlagen der Reichskanzlei sollen unter Verzicht von Höhe und Nutzfläche verstärkt werden.

Während die Baugrube für den »Führer-Bunker« nach und nach auf eine beachtliche Tiefe von rund zehn Metern anwächst, kapituliert am 2. Februar 1943 die 6. Armee in Stalingrad, zweieinhalb Wochen später dann hält Goebbels seine berühmtberüchtigte Rede im Sportpalast und proklamiert den »Totalen Krieg«.

Verklinkerter Werkluftschutzbunker Flottenstraße.

Das Bomber Command läßt mit seiner Antwort nicht lange auf sich warten; schon am 1. März folgt der bis dahin schwerste Angriff auf Berlin, bei dem erstmals vorwiegend Brandbomben in Kombination mit sogenannten Wohnblockknackern, 1,8 Tonnen schweren Luftminen, zum Einsatz kommen. Diese detonieren sechs bis acht Meter über dem Erdboden und erzeugen dabei unvorstellbare Druckwellen, welche die Wohngebäude regelrecht »durchblasen«, Dächer abtragen, Fenster und Türen herausreißen sowie das Mobiliar zertrümmern. In der näheren Umgebung drücken diese »Superbomben« sogar ganze Häuser zusammen. In die derart geöffneten Wohnblocks rieseln unmittelbar danach Tausende von Stabbrandbomben, um einen Flächenbrand zu entfachen. Der Angriff fordert

Bergung einer Luftmine nahe dem Siemenswerk, 1943.

über 709 Tote und 64 909 Obdachlose, womit er »alle bisherigen Verluste seit Kriegsbeginn« übertrifft.[26]

Auch das Telefunkenwerk an der Goerzallee in Lichterfelde wird dabei schwer getroffen, die umliegenden Laubenkolonien verwüstet. Hier gibt es glücklicherweise keine Toten zu beklagen, da die Bewohner fast alle in den Flachbunkern an der Wismarer Straße und am Drei-Zinnen-Weg Schutz gesucht haben.[27]

Siebzehn weitere Angriffe auf die Reichshauptstadt folgen bis zum Juli, die Menschen müssen von nun an regelmäßig die ihnen zugeteilten Schutzanlagen aufsuchen. Erinnerungen daran finden sich in einer eindrucksvollen Sammlung von Zeitzeugenberichten, die das Heimatmuseum Lichtenberg zusammengetragen hat. Horst Götsch, der mit seiner Familie einen festen Platz in einem der sechs Flachbunker am Nachtalbenweg in der Stadtrandsiedlung Malchow (Weißensee) erhält, erzählt: »Erst als 1943 die Angriffe immer massiver und mit ganzen Geschwadern erfolgten, sind wir bei Alarm grundsätzlich in den Bunker gegangen [...]. Da wir nur etwa zehn bis fünfzehn Minuten vom Bunker entfernt wohnten, haben wir uns nicht wie andere Einwohner beim ersten Kuckuck-Ruf im Radio bzw. bei den ersten Meldungen, daß sich feindliche Fliegerverbände im Anflug auf Berlin befinden, auf den Weg zum Bunker gemacht, sondern erst beim Ertönen der Sirenen, die Fliegeralarm gaben. Meist haben wir uns abends schon mit unseren Sachen ins Bett gelegt. Unser Gepäck, das wir mit in den Bunker nahmen, lag stets griffbereit. Mutter hatte auch immer schon etwas zum Essen vorbereitet.

Obwohl wir nur eine kurze Wegstrecke zum Bunker hatten, kam es vor, daß wir ihn nicht mehr rechtzeitig erreichten. Dann brach die Hölle über uns los. Das laute Dröhnen der Bombenflugzeuge, die nun gespenstischen

Luftbild 1943: 1. Brandenburger Tor, 2. Bunkerbaustelle Hotel Adlon, 3. Neue Reichskanzlei, 4. Bunkerbaustelle »Führer-Bunker«, 5. Bunkerbaustelle Fahrer-Bunker, 6. Bunkerbaustelle Kaiserhof, 7. Kaufhaus Wertheim, Leipziger Platz, 8. Reichsluftfahrtministerium.

Warten auf den ersten »Kuckuck-Ruf«, die Ankündigung feindlicher Fliegerverbände.

Flakscheinwerfer, das Hämmern der Flak, vor allem aber das Pfeifen der Granatsplitter ringsum und die Detonationen der Einschläge ließen das Blut in den Adern gefrieren. Es gab nur noch eins für uns: Laufen, Hinwerfen, Laufen. Nur ein Gedanke bewegte uns: Hoffentlich schaffen wir es noch bis zum Bunker.

Im Bunker selbst fühlten wir uns sicher. Er war wirklich massiv gebaut. Nach dem Passieren der Gasschleuse mit mehreren Türen gelangte man zunächst in einen Raum. Von hier führte ein schmaler Gang um einen Innenkern rings um den Bunker. Von ihm gingen links und rechts die einzelnen Kabinen ab. Die Außenkabinen waren etwas größer als die Innenkabinen und verfügten über Lüftungsschlitze. Wir bekamen eine Außenkabine. In den Kabinen standen je nach Größe Doppelstock-, oder dreistöckige Betten. Die bereitgestellte Bettwäsche war blaukariert. Einige Hocker vervollständigten die Kabinenausstattung. Ein weiterer größerer Raum diente, wie der am Eingang, als Aufenthalt für all diejenigen, die keinen Kabinenplatz hatten. Hier standen nur Bänke und Stühle. Auch ein Waschraum und Toiletten waren vorhanden, außerdem ein Krankenzimmer und ein Isolierzimmer für Kinder mit ansteckenden Krankheiten. Selbst einige Kochplatten waren in den Aufenthaltsräumen vorhanden. Das kam uns sehr zugute, denn es kam später häufig vor, daß wir mehrere Tage im Bunker zubringen mußten.

Die einzelnen Kabinen waren abschließbar. Die Schlüssel verwaltete der Bunkerwart, der für Ruhe und Ordnung zu sorgen hatte und für die Wartung der Technik zuständig war. Er war auch offensichtlich für die Reinigung der Kabinen zuständig, denn ich kann mich nicht erinnern, daß wir oder die beiden anderen Familien, mit denen wir die Kabine geteilt hatten, saubergemacht haben.

Die Bunkertüren standen in der Regel offen. Nur bei besonders schweren Angriffen wurden

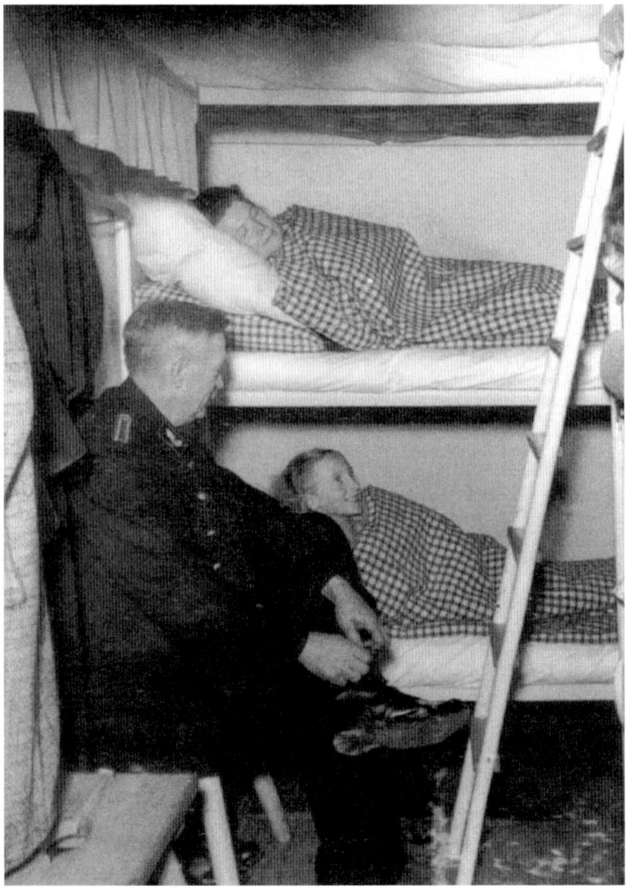

Kabine in einem Flachbunker, 1942.

Leuchtspuren von Flakgeschossen am Himmel über Berlin, 1943.

sie geschlossen. Jeder, der hier Schutz suchte, fand Zugang. Es waren zumeist die Einwohner der Umgebung, vornehmlich die Kleingartenbesitzer der angrenzenden Gartenanlage »Märchenland«. Fahrräder, Handwagen und Kinderwagen mußten vor dem Bunker abgestellt werden. Nicht selten kam es vor, daß nach dem Angriff von diesen nichts mehr vorhanden war. Bomben oder Druckwellen hatten alles durcheinandergewirbelt und zerstört. Eine Bombe war auch direkt auf unseren Bunker gefallen. Er hat geschwankt wie ein Schiff auf dem Wasser. Doch der Bunker hielt stand und wurde nicht beschädigt.«[28]

Nach dem Feuerorkan von Hamburg Ende Juli 1943 mit weit über 35 000 Toten fühlen sich die Berliner »wie an einem Kraterrand, fünf Minuten vor Ausbruch des Vulkans«[29]. Drei weitere Großangriffe der Royal Air Force zwischen dem 23. August und dem 4. September kosten 1 646 Einwohnern das Leben, fordern 3 409 Verletzte und machen fast 150 000 Menschen obdachlos.[30] Hierfür wurden 1 647 Bomber eingesetzt, die 2 320 Tonnen Spreng- und 1 912 Tonnen Brandbomben über Berlin abwarfen. Aber es sollte noch schlimmer kommen.

Am 18. November 1943 eröffnet das britische Bomber Command jene Schlacht, mit welcher der Krieg durch Bomber entschieden werden soll, die sogenannte »Battle of Berlin«. Deren Chef, Sir Arthur Harris, später auch

Offiziere und Nachrichtenhelferinnen ...

... in der Flugmeldekompanie Wilmersdorf, 1943.

als »Bomber-Harris« bekannt, beabsichtigt, durch Luftangriffe »in Deutschland ein derartiges Ausmaß an Zerstörungen« zu schaffen, daß eine Kapitulation unvermeidlich sei. Unverhüllt gibt Harris auch zu erkennen, daß diese »Flächenbombardement-Offensive nicht die Invasion vorbereiten, sondern diese letztendlich überflüssig machen« soll.[31] Eine Katastrophe von den Ausmaßen des Hamburger Feuersturms droht Berlin in den Nächten zwischen dem 22. und 24. November 1943.

Beim ersten Angriff werfen fast 700 Bomber innerhalb von 40 Minuten 2 464 Tonnen Spreng- und Brandbomben auf die Berliner Innenstadt, es droht ein sich selbst aufheizender Feuerorkan, der durch seine Hitze auch nicht betroffene Gebäude zum Brennen bringt und den gesamten Sauerstoff der Luft verbraucht, so daß er alle Menschen in unmittelbarer Nähe tötet. Doch zum Glück kommt es nicht dazu.

Rudolf Wolters, Chronist des Generalbauinspektors, erlebt auf dem Leitturm am Zoo zusammen mit Speer und Tamms diesen Angriff:[32] »Die ersten drei Bombentage haben wir gut hinter uns gebracht. Montag, 22. November, ging die Sache los. Mit Tamms war ich um 19.00 Uhr zu Heiß gegangen in die Potsdamer Straße am Potsdamer Platz. 19.30 Uhr, wir hatten gerade gegessen, kam Alarm. Obwohl es regnete und keiner ernstlich mit einem Großangriff rechnete, brachen wir sofort auf und fuhren zum Flakturm am Zoo, den Tamms gebaut hat. Mit Tamms Wagen kamen wir glatt durch und waren kurz vor 20.00 Uhr auf dem Befehlsturm, der nahe beim Geschützturm steht. Zunächst hoch auf den etwa 50 m hohen Umgang – das Meßgerät steht 10 m höher. Regen, stockfinster, kaum abzutasten die leichten Geschützstände oben auf dem Umgang. Noch ist alles ruhig. Da das erste Aufblitzen im Westen und Süden und bald darauf nacheinander zwei Kaskaden in nächster Entfernung,

Gefechtsstand der 1. Flakdivision im Leitturm Zoo.

schätzungsweise ein bis zwei Kilometer. Von oben ein grandioses Bild. Aus den niedrig hängenden Wolken ein Feuerregen in einer Ausdehnung von schätzungsweise 300 m im Quadrat je Kaskade. Es schwebt herab wie feurige Zungen, langsam tropft es aus der Wolkendecke. Sofort darauf die ersten schweren Einschläge. Die Silhouette der Stadt hebt sich immer mehr aus dem Dunkel. Die Einschläge kommen näher, und wir müssen uns zurückziehen. Eben kommt Speer den Turm herauf – wie immer ohne Hut, offener Mantel. Kurze Begrüßung. Durch die Schleuse geht er auf den Umgang, wird aber im nächsten Augenblick zurückgeschleudert vom Luftdruck eines schweren Einschlags.

Aus der Schleuse heraus sehen wir die Nacht taghell erleuchtet – eine Kaskade fällt auf die Türme und das Zoogebiet. Es wird ernst. Sofort danach schwerste Einschläge, schätzungsweise 20 Minuten lang. Der Turm zittert und bebt, trotz der 2 m starken Außenwände und der 3,50 m starken obersten Decke. Wir lehnen mit dem Rücken an der Treppenhauswand, die ständig vibriert. Unten in der Haupthalle brodelt eine große geflüchtete Menschenmasse. Der Dunst wird stärker durch den von Wänden und Decken fallenden Betonstaub.

Speer, der inzwischen im Gefechtsstand war, kommt wieder herauf. Verwundete werden von der Plattform heruntergetragen. Der Turm hat leichte Treffer bekommen. Etwas hat sich der Schwerpunkt der Angriffe verzogen. Wir können auf den Umgang und sehen ringsum alles erhellt. Überall brennt es. Wittenberg hat bereits angerufen: Das Munitionsministerium brennt. Alle Baracken, auch die Flakunterkünfte, brennen, der Zoologische Garten und Umgebung – überall Flammen. Gegen 21.30 Uhr gehen wir heraus. Speer voran, bleibt gleich mit seinem schweren Wagen stecken; umgestürzte Bäume, Trichter. Mit Tamms' Wagen weiter zum Munitionsministerium, dessen Baracken sämtlich brennen. Hier ist nichts mehr zu retten. Speer versucht noch einiges aus dem brennenden Bau herauszuholen. Wir müssen es aufgeben, Hitze und Qualm werden unerträglich. Ein gewaltiger Orkan gibt den Flammen immer mehr Auftrieb und Nahrung. In den nahen Stadtbahnbögen finden wir Wittenberg, Cliever und Männer, die hier Schutz gesucht haben.

Da hier nichts zu retten ist, zum Heereswaffenamt, das eben mit seinen acht Stockwerken zu brennen beginnt. Speer gibt den durcheinandergekommenen Wachmannschaften durch sein Beispiel zu verstehen, was zu tun ist. Wir beginnen oben zu räumen, Telefonapparate, Schreibmaschinen, Akten. Speer will nicht zu seiner brennenden Wohnung, von

Darstellung der Abwehr eines Nachtangriffes auf Berlin, 1942.

der eben gemeldet wird: ›Interessiert mich nicht, wenn sich einer drum kümmern will, meinetwegen, ich kann's nicht.‹

Mit Tamms zur benachbarten Lichtensteinallee. Reifenpanne. Reifenwechsel. Geht schnell, trotz Regen, Qualm und Sturm. Links und rechts der neuen Speerschen Wohnung brennen die Neubauten. Die neue Schweizer Gesandtschaft hat einen Volltreffer bekommen. Im Hause Speers Cliever und nur viel zu wenig Männer. Es wird geräumt. Bilder und die schönen kostbaren Möbel. Das Haus kann noch gerettet werden. Schon wieder Alarm. Zurück mit Tamms und seinem Wagen zum Turm. Ein paar Schutzsuchende werden mitgenommen. Kleiner Nachtangriff. Wieviel Uhr mag es gewesen sein? Vielleicht 22.00 Uhr. Nach einer halben Stunde Entwarnung. Heraus aus dem Turm.«

Hildegard Knef, die den ersten Angriff am 18. November noch im Hausluftschutzkeller verbringt, sucht wie viele andere Schutz im bombensicheren Geschützturm am Zoo und erlebt hier den Angriff aus einer etwas anderen Perspektive: »Beim nächsten Nachtangriff wollten wir nicht mehr in dem wackligen Keller von Nr. 6 sitzen und fuhren mit Taschen und Marken und Bombenscheinen zum Bahnhof Zoo, da war einer der wenigen großen Bunker, wir stellten uns in eine lange Reihe und warteten wie an einer Bushaltestelle, bei Voralarm wurde das große Tor geöffnet, und alle stürzten hinein. Wir saßen auf unseren Taschen, dämmriges Licht, das zuckend aus- und anging, Kinder, die schrien, ein alter Mann, der beim letzten Angriff seine Frau verloren hatte und uns immer wieder ein Foto von ihr zeigte, Flaksoldaten, die mit benagelten Schuhen die Gänge entlang schlidderten wie Kinder auf einem zugefrorenen Teich. Sprechen war verboten, die großen Luftklappen wurden geschlossen, draußen brannte es, und immer dieses sinnlose Geblubber der Flak

Schutzsuchende strömen in den Flakturm Humboldthain.

auf dem Bunkerdach – die hörte dann aber auch auf, eine Luftmine, die den Bahnhof getroffen hatte, fegte Flak und Soldaten vom Dach.«[33]

Aufgrund des schlechten Wetters rechneten viele Berliner am 22. November nur mit einem Störangriff, suchten aber dennoch die Bunkeranlagen auf, als die Sirenen zu heulen begannen. Auch der Schweizer Journalist Konrad Warner hat seine Erlebnisse im Zoo-Bunker festgehalten: »Durch ein breites Treppenhaus gelangten wir in die zweite der fünf Etagen. Wie in einer Kirche standen da Bankreihen, auf denen die Menschen saßen, die unterwegs vom Alarm überrascht worden waren. Wir stellten uns an einer Wand auf und harrten dem Kommenden. Man unterhielt sich zuerst lebhaft, stellte Mutmaßungen über den bevorstehenden Angriff an, aber da alle hofften, bald wieder ins Freie gelangen zu können, machte man sich keine großen Sorgen. [...] Soldaten regelten den Verkehr, verteilten die Menschen auf die Stockwerke und in die vielen Räumlichkeiten, elektrische Beleuchtung ermöglichte das Lesen oder Handarbeiten. Manche Leute hatten in kleineren Koffern ihre Wertsachen und wichtigsten Habseligkeiten mitgebracht. [...]

Gegen 8.00 Uhr mußte der Angriff begonnen haben. Man hörte von ferne die Abschüsse der Geschütze über unseren Köpfen. Zeitweise wuchs das gedämpfte Donnern an, und man ahnte, daß es sich doch um mehr als einen Störangriff handeln konnte. Da erfolgte plötzlich ein harter Aufschlag, das massive Gebäude wurde bis in die Grundfesten erschüttert. Irgendwo klirrte es metallisch und laut, das Licht verlöschte wie mit einem Wimpernschlag – dann herrschte Totenstille. Gleich dar-auf begannen die Geschütze wieder zu feuern, und man vermeinte, das Dröhnen von Flugzeugmotoren zu vernehmen. Die Menschen lösten sich aus ihrer Erstarrung und fingen wieder an zu sprechen. Aus der Dunkelheit leuchtete ab und zu eine Taschenlampe auf. Dann zündete jemand eine Kerze an. Sofort benutzten einige die Finsternis, um eine Zigarette in Brand zu stecken. Aber die feinen Nasen der Wachen merkten das gleich, und die Sünder mußten die Glut austreten. [...]

›Mein Gott, das war sicher ein Treffer‹, sagte jemand. ›Muß ein ganz schöner Angriff gewesen sein‹, sagte eine trockene Stimme aus dem Dunkeln. ›Bist du's oder bist du's nicht?‹ fragte eine Mädchenstimme, und gleich meldeten sich drei, vier Männer. Gelächter. Endlos zieht sich die Zeit in die Länge. Die Zeiger schleichen über das Zifferblatt. Nach einer Ewigkeit stellt man mit Hilfe eines Streichholzes fest, daß erst fünf Minuten vergangen sind.

Den Endalarm konnte man nicht hören, aber jeder merkte plötzlich, daß es soweit war. Langsam begannen die Kanäle abzufließen, im Schneckentempo gelangte man aus dem Raum heraus, durch den Korridor auf den Vorplatz, wohin sich auch die Menschen aus den anderen Räumen ergossen. [...]

Endlich hatten wir das Freie erreicht, aber wie sah es da aus! Die Bäume und Sträucher brannten, hinter dem Damm lohte die Flamme in voller Breite rot in das feuchte Gewölk hinauf. Schwarzer Rauch erfüllte die Luft und nahm jede Sicht. [...] Und nun begannen in der nächsten Umgebung Zeitzünder mit lautem Knall zu explodieren, einer hinter dem anderen, so daß die Menge wieder zurückflutete zu den Eingängen, wo es ein unbeschreibliches Gedränge gab. Der Luftdruck der krepierenden

Dicht besetzter öffentlicher Schutzraum.

Bergung von Verschütteten aus einem Hauskeller im Bezirk Kreuzberg, 1943.

Bomben war bis hierher zu spüren. Und jetzt kamen die Menschen an, mit ein, zwei Köfferchen, darunter viele aus Charlottenburg, die berichteten, daß dort alles brenne, ihre Häuser seien zerstört, der ganze Stadtteil vernichtet. Wie ich nachher feststellte, war dies übertrieben, aber inmitten des Feuermeeres konnte man glauben, die ganze Stadt brenne gleichzeitig.

Jetzt kamen Menschen aus dem Bunker, die von Toten und Verletzten unter der Bedienungsmannschaft der Geschütze berichteten. Ein Treffer war auf einem der Geschütztürme niedergegangen, als wir drinnen das Klirren hörten.«[34]

Die Verluste der drei besonders schweren Angriffe zwischen dem 22. und 26. November 1943 werden von der Ordnungspolizei mit 2 156 »Gefallenen« angegeben. »Von den Verschütteten wurden bisher 1 165 Personen lebend und 1 262 tot geborgen. Etwa 1 200 Personen werden noch vermißt.«[35] Fast 418 000 Berliner gelten als langfristig obdachlos, über 140 000 Wohnungen sind nicht mehr bewohnbar. Trotzdem kehren nur verhältnismäßig wenige der ausgebombten Menschen, etwa sieben Prozent, der Stadt den Rücken. Mitte Februar 1944 endet offiziell die »Luftschlacht um Berlin«, die von Harris wegen zu hoher Verluste an Bombern aufgrund des massiven Flakbeschusses und des Einsatzes der deutschen Nachtjäger erst einmal abgebrochen wird. Zu diesem Zeitpunkt »hocken Tausende von Obdachlosen in den Bunkeranlagen auf dem nackten Steinfußboden, den Koffer als Kopfkissen, und wissen nicht wohin«[36].

Im Hotel »Adlon« dagegen, das die schweren Novemberangriffe von 1943 ohne Schaden überstanden hat, existiert noch eine scheinbar heile Welt. Die Gäste können hier noch in Ruhe ihr Bier trinken oder an Tischen mit weißen Tischtüchern einen Wein genießen. Wer hier Zutritt erhält, zählt zu jener Gruppe von Menschen, »die unberührt von allem Elend dahinlebt, als sei sie auf der bedrohten Erde nur zu Gast. Seltsame, spannungsgeladene Atmosphäre. Seit es den Tiefbunker gibt, zu dem vom Hotel aus ein besonderer Gang führt, gilt das »Adlon« als bombensicher. Deshalb bekommt auch zur Gespensterstunde niemand den nervösen Blick und das gespannte Ohr. Hier ist man sicher, kann folglich in aller Ruhe seinen Rotwein trinken, ehe man sich, die ledernen Koffer in der Hand, unter eine neun Meter [in Wirklichkeit 3,50 Meter, dennoch absolut bombensicher; d.V.] dicke Betondecke in Fliegerdeckung begibt.«[37] Während die obere Etage den einfachen Hotelgästen und schutzsuchenden Passanten dient, sind die unteren Stockwerke ausländischen Diplomaten und prominenten Gästen vorbehalten und entsprechend luxuriös ausgestattet.[38]

Die ungenügende Bereitstellung von bombensicheren Schutzanlagen für die Zivilbevölkerung, die in der »Battle of Berlin« mehr als offensichtlich geworden ist, gerät immer mehr in die Kritik. So schreibt eine Berlinerin an ihren Bekannten: »10 Jahre wurde Luftschutz betrieben. Bis zum Erbrechen Laienhilfskurse mußte man machen, was wurde an Kraft und Zeit vergeudet in sinnloser Theorie. Die Praxis schaut ganz anders aus. Bunker, Bunker und tausendmal Bunker fehlen heute an allen Enden! Nichts weiter!«[39]

Wer nach Alarm nicht rechtzeitig die zumeist überfüllten Bunkeranlagen erreicht, steht vor verschlossenen Türen: »Oft kam es vor, daß bereits auf dem Weg [zum Hochbunker Zwieseler Straße in Karlshorst] die ersten Aufklärer am Himmel auftauchten und die ersten ›Christbäume‹ abgeworfen wurden. Wir beeilten uns auch deshalb, weil die Bunkertür unwiderruflich geschlossen wurde, wenn alle Plätze besetzt waren. Im Unterschied zu vielen anderen, die plötzlich vor verschlossener Tür standen, konnten wir immer unsere Kabine parterre im Seitengang belegen«, weiß Gerda Janisch zu berichten. Aufgrund des Mangels an Seife, Reinigungsmitteln und Waschmög-

Hochbunker M 500, Zwieseler Straße in Karlshorst, 2002.

Notversorgung für die Bombengeschädigten vor dem Brandenburger Tor, 1943.

lichkeiten lassen die hygienischen Bedingungen immer mehr zu wünschen übrig: »Die Bettstellen teilten wir uns mit einer Frau mit zwei Kleinkindern und einem Säugling. Alle Bunkerkabinen [...] waren voll belegt, in der Regel mit Familien von Wehrmachtsangehörigen. Die hygienischen Bedingungen waren recht unterschiedlich. Es gab Kabinen, in denen herrschte vorbildliche Ordnung und Sauberkeit, und es gab Kabinen mit Unrat, Wanzen und Flöhen. Die Insassen einer besonders verschmutzten Kabine, so erinnere ich mich, wurden sogar des Bunkers verwiesen. In unserer Kabine herrschten gute Bedingungen. Uns plagten keine Wanzen und Flöhe. Meine Mutter hat regelmäßig mit einer Ungezieferspritze unsere Strohsäcke und alle anderen

Gegenstände behandelt, so daß uns lediglich ein paar Schaben heimsuchten. Wir waren zwar weitgehend ›ungezieferfrei‹, hatten nun aber mit dem ständigen beißenden Geruch der Chemikalie zu kämpfen. Und frische Luft kam ja nur durch einen kleinen Mauerspalt herein.«[40]

Als besonderes Problem erweist sich bald der Diebstahl von Luftschutzgepäck, das eine begehrte Beute für Diebe wird, die sich das Gedränge und die Unübersichtlichkeit im Bunker zunutze machen oder sogar professionell vorgehen: »Meine Mutter hatte in ihrem Koffer auch den Goldschmuck meiner Oma aufbewahrt. Den Koffer ließ sie immer in der Kabine zurück, da diese ja von uns abgeschlossen wurde. Eines Tages war der Schmuck aus dem Koffer verschwunden. Er hätte uns das Hungern nach dem Krieg sicher etwas erleichtert«, hält Christa Langer über ihre Bunkererlebnisse fest.[41]

Die Großbunker waren etwas besser ausgestattet und »verfügten auch über einige Krankenzimmer, denn wir beobachteten oft, daß Rollstuhlfahrer und andere Versehrte von Rot-Kreuz-Schwestern in besondere Räume begleitet wurden. Wir hielten uns meist im großen

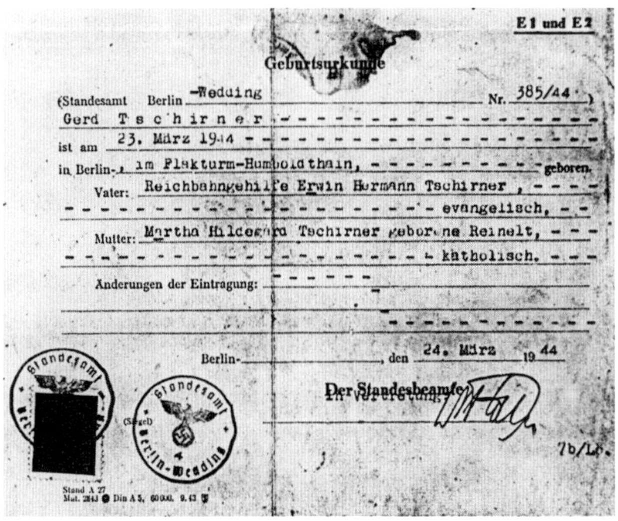
E1 und E2

Geburtsurkunde

(Standesamt Berlin-Wedding Nr. 385/44)

Gerd Tschirner

ist am 23. März 1944

in Berlin- im Flakturm-Humboldthain, geboren.

Vater: Reichbahngehilfe Erwin Hermann Tschirner, evangelisch,

Mutter: Martha Hildegard Tschirner geborene Reinelt, katholisch.

Änderungen der Eintragung:

Berlin-, den 24. März 1944

Der Standesbeamte
In Vertretung

(Siegel) Standesamt Berlin-Wedding

[redacted]

7b/Lb.

Stand A 27
Mat. 2843 Din A 5, 6000. 9.43

Geburtsurkunde eines Bunkerkindes, 1944.

Raum auf, wo Bänke an den Wänden als Sitzgelegenheiten standen. Viele Menschen brachten auch Stühle und Hocker mit in den Bunker.«[42]

Auch im Gesundbrunnen-Bunker herrschten ähnliche Verhältnisse. 2001 machte hier eine Zeitzeugin dem Verein ein schönes Geschenk. Sie brachte ihren Klapphocker vorbei, den sie seit Ende der Kriegszeit bei sich im Keller aufbewahrt hatte. Als Sechzehnjährige schleppten sie und auch ihre Freundinnen aufgrund des herrschenden Sitzplatzmangels ihre Hocker immer mit zum Bunker. Dort angelangt, wurden die Mädchen häufig als »Klappstuhlgeschwader« begrüßt.

Die Stimmungslage in den Bunkern erleben die Betroffenen höchst unterschiedlich. Während es in den einen eher gereizt und nervös zugeht, bilden sich in anderen vertraute Nachbarschaftsgemeinschaften. Im Hochbunker am Blockdammweg und anderswo aber hat es offenbar so etwas wie »Bunkersolidarität« gegeben. »Die Menschen haben sich gegenseitig geholfen und Trost zugesprochen«[43], erinnert sich ein Zeitzeuge. »Es hatte sich im Laufe der Zeit hier so etwas wie ein soziales Eigenleben herausgebildet. Man kannte sich schon beim Namen und war zufrieden, wenn man wieder neben Frau Meier zu sitzen kam, mit der man so gut reden konnte. Das war die Welt der Erwachsenen. Wir Kinder freuten uns ebenfalls aufeinander und vertrieben uns die Zeit mit kleinen Spielen. Viele Freundschaften wurden hier geschlossen. Es gab eine richtige ›Bunkergemeinschaft‹«, berichtet zum Beispiel Gertraud Zscharnt.[44]

Da die Bomber Krankenhäuser nicht länger aussparen, werden zumindest Schwangere an verschiedenen Stellen in der Stadt versorgt. So betreut im Tiefbunker Chausseestraße die Nationalsozialistische Volksfürsorge (NSV) eine Geburtenstation, die Charité betreibt sogar einen großen »Kreiß-Bunker« an der Invali-

Andrang in einer Luftschutz-Rettungsstelle, 1942.

denstraße. Im Flakturm Humboldthain versieht eine Hebamme Dienst, die hier eine »Notstation für Geburten« betreut. Die Geburtsurkunden tragen jeweils den Vermerk »in Berlin, im Flakturm Humboldthain geboren«. Einige der »Bunkergeborenen«, die vom Heimatmuseum Wedding 50 Jahre später im Zusammenhang mit einer Ausstellung und einer Publikationsserie ermittelt werden, besitzen noch ein Erinnerungsblatt, wie es die Mütter damals von der Hebamme kaufen konnten. Es zeigt eine Zeichnung der beiden Bunker im Hain, den Geschützturm und den Leitturm. Darunter steht ein handgeschriebener Text im Geiste der Zeit: »Deinen ersten Schrei tatest Du im Geschützturm Humboldthain, in einer schweren, aber großen Zeit.«[45]

Mit Zunahme der Bombardements werden die Bunker immer stärker in Anspruch genommen, zunehmender Platzmangel und nachlassende Organisation machen sich bemerkbar, immer öfter werden Schutzsuchende wegen Überfüllung abgewiesen. Dies erlebt auch Renate Rzesnitzek mehrfach: »Beim Ertönen der Sirenen haben wir uns in Marsch gesetzt. Meine Eltern trugen den Koffer mit den notwendigsten Unterlagen, ich einen kleinen Koffer mit meinen Lieblingsspielsachen. Meist erblickten wir schon auf dem Weg zum Bunker die ersten ›Christbäume‹ am Himmel. Am Bunkereingang stauten sich bereits die Menschen, die von allen Seiten geströmt kamen. Es gab Gedränge und Geschrei, und es kam nicht nur einmal vor, daß Mützen, Handschuhe oder andere Utensilien hierbei verlorengingen. Diese Sachen konnte man sich am nächsten Tag, meist etwas beschädigt, wieder beim Bunkerwart abholen. Im Bunker saßen wir dann und hofften, von den Bomben verschont zu werden.

Es kam auch vor, daß der Bunker am Alexanderplatz schon voll besetzt war, als wir ihn erreichten. In diesem Fall haben wir dann im U-Bahnschacht am Alexanderplatz Schutz gesucht. Wurden wir bereits auf dem Weg von den Bomben überrascht, suchten wir schnell einen der öffentlichen Luftschutzräume in einem Wohn- oder Fabrikgebäude auf.

Etwas hat sich aus dieser Zeit ganz besonders eingeprägt, etwas, das mir damals schreckliche Angst einflößte: Immer wenn die Rettungsmannschaften nach einem Angriff in den von Sprengbomben zerstörten Häusern nach Verschütteten und Überlebenden suchten und es dann hieß: ›Keine Klopfzeichen mehr – hier brauchen wir nicht weiterzusuchen‹, stellte ich mir die schrecklichsten Szenen vor, die sich hier abgespielt hatten. Seit dieser Zeit hatte ich panische Angst davor, verschüttet zu werden. Ich stellte mir vor, daß ich vielleicht nicht in der Lage wäre, Klopfzeichen zu geben, und deshalb nicht gerettet werden würde. Bei jedem Angriff mußten mich meine Eltern beruhigen und mich davon abhalten, aus dem Luftschutzraum zu fliehen. Noch viele Jahre nach dem Krieg konnte ich mich nicht allein in geschlossenen Räumen aufhalten.«[46]

Die chaotischen Verhältnisse bei der schnellen Belegung der Bunker nach dem Heulen der Sirenen schildert Ursula von Kardorff im

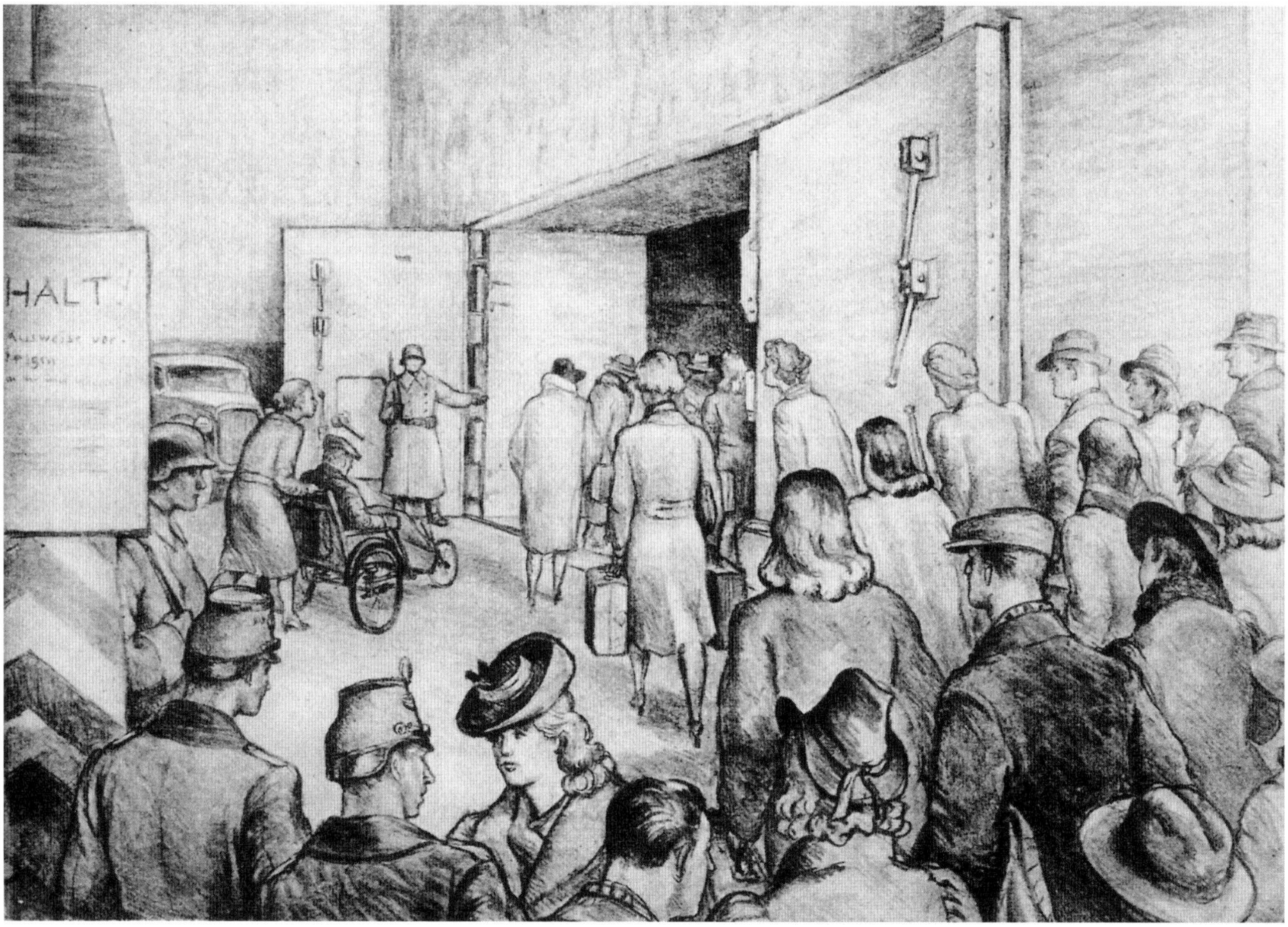

Darstellung einer »vorbildlichen« Einschleusung in den Flakturm Zoo, 1942.

Zusammenhang mit einem Angriff, den sie im Flakturm Zoo erlebt: »Gespenstisch. Eine Herde Menschentiere läuft, während die Flak schon zu schießen beginnt, im Dunkeln auf die Eingänge zu, die klein und viel zu eng sind. Taschenlampen gehen an, und alles schreit: ›Licht aus!‹ Dann schiebt und stößt und drängt das Volk hinein, wobei man sich wundert, daß es noch verhältnismäßig gut abgeht. Die Bunkerwände, massige Steinquader, wirken wie das Bühnenbild zur Gefängnisszene im ›Fidelio‹. Ein erleuchteter Lift fährt lautlos auf und ab, wahrscheinlich für die Kranken. Das ganze könnte Ernst Jünger in seinen ›Capriccios‹ erfunden haben. Schnauzende Polizisten und Unteroffiziere treiben die widerwillige Menge langsam die Treppen hinauf, um sie auf die verschiedenen Stockwerke zu verteilen. Eine Frau bekam Schreikrämpfe. Sie dachte, dort oben würde sie eher umkommen. [...]: ›Ich habe Mann und Sohn an der Front‹, rief sie kreischend, ›ich gehe nicht hinauf!‹ Schließlich wurde sie abgeführt.

In den Türmen sind Wendeltreppen. Hier sitzen die Liebespaare – Travestie eines Kostümfestes. Wenn die Batterien oben schießen, schwankt das Gebäude, und die Köpfe ducken sich gleichmäßig, als führe eine Sense über sie hin. Alles steht durcheinander. Verängstigte Reiche, müde Frauen, abgerissene Ausländer, die ihr Hab und Gut in riesigen Säcken mit sich schleppen, und Soldaten, die einen recht genierten Eindruck machen. Wenn hier eine Panik ausbricht, dann gnade uns Gott, dachte ich.«[47]

An anderer Stelle kommt es tatsächlich beim dichten Gedränge vor dem Bunker zu einer Panik mit tödlichen Folgen. Goebbels hält den Vorgang in seinem Tagebuch fest: »Leider hat sich vor dem großen Bunker am Hermannplatz durch das außerordentlich unvorsichtige und undisziplinierte Benehmen einer Frau eine Panik entwickelt, der an die dreißig Menschen

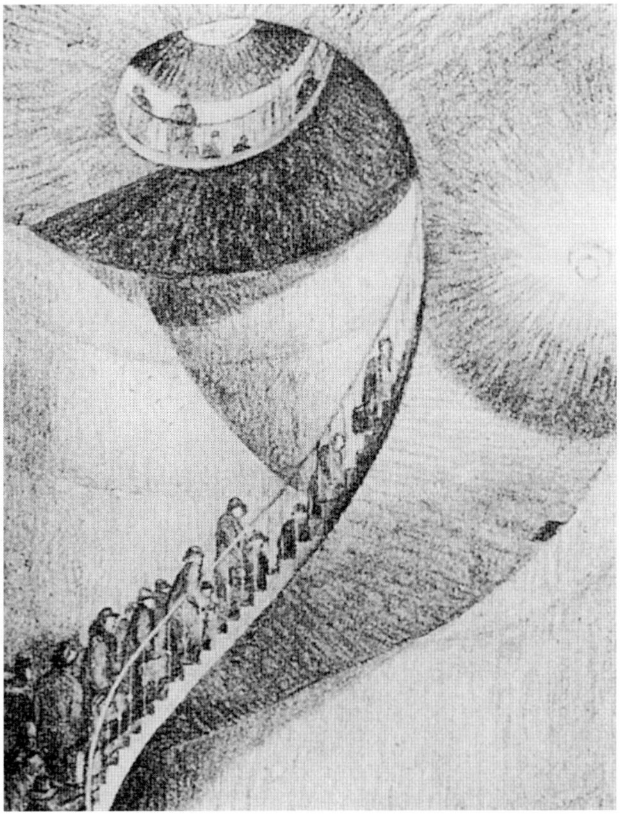

Zeitgenössische Zeichnung vom Andrang im Zoo-Bunker.

zum Opfer gefallen sind. Ich nehme diesen Vorgang zum Anlaß, die Frage der Besetzung der Bunker einer Prüfung zu unterziehen. Jedenfalls halte ich es für kaum erträglich, daß wir bei der Besetzung der Bunker von der Hysterie oder Nichthysterie einer Frau abhängig sind.«[48]

Die extreme Überbelegung führt vielerorts dazu, daß über die Belüftungsanlagen nicht mehr ausreichend Sauerstoff in die Schutzbauten gepumpt werden kann. Auch Klaus Bühn kann diese Ereignisse nicht mehr vergessen: »1944 waren wir dann wieder in Berlin. Am Tage haben wir bei Fliegeralarm nun auch den Hochbunker in Weißensee (am heutigen Sportforum) und den Flachbunker in der Siegfriedstraße/Ecke Gotlindestraße aufgesucht. In den Bunkern herrschte stets eine stickige Luft. Manche Menschen sind wegen Sauerstoffmangels zusammengebrochen. Es hielten sich stets mehr Menschen im Bunker auf, als eigentlich Plätze vorhanden waren. Besonders spürbar war das im Weißenseer Bunker. In seinen drei Etagen suchten Tausende von Menschen Schutz. Sauerstoff war äußerst knapp.«[49]

Wenn die elektrische Belüftung ausfällt, wird die Situation in Bunkern ohne Notstromaggregat mitunter kritisch. Dann müssen die Schutzlüfter mittels Schwungrädern manuell angetrieben werden und liefern »trotz immenser Anstrengungen der kurbelnden Männer und Jungen nur spärlich Sauerstoff und Strom«. Selbst Kerzen erlöschen schon nach wenigen Minuten, so verbraucht ist manchmal die Luft.[50]

Anders geht es dagegen bei den Prominenten zu. Wer es sich leisten kann oder über die entsprechenden Beziehungen verfügt, kommt durchaus komfortabel unter, so auch der berühmte Dirigent Furtwängler, der auf persönliche Anordnung Hitlers im Frühjahr 1944 einen eigenen bombensicheren Schutzraum unter seinem Wohnhaus erhält.[51] Für Goebbels, der bereits über drei bombensichere Anlagen in Berlin verfügt, kommt im Mai 1944 ein vierter Bunker für sich und seine Familie hinzu. Dieser allerdings wird auf seinem Landsitz am Bogensee bei Lanke im Norden von Berlin errichtet, obwohl dort kaum Bombengefahr besteht.[52] Auch das Auswärtige Amt in der Wilhelmstraße 75 erhält zusätzlich »zwei unterirdische Eisenbetonbunker«. In ihnen bringt man die Notfernsprechzentrale und die Chiffrierstelle Ribbentrops unter, der allerdings außenpolitisch nur noch wenig zu tun hat.[53]

Hitler hat bereits im Juli 1943 Speer aufgefordert, einen »Einheitsunterstand für prominente Persönlichkeiten« zu entwickeln, zu versehen mit zwei Aufenthaltsräumen, darunter einem für das Gefolge.[54] Dieser neue Bunkertyp soll auch für die wenigen noch in Berlin verbliebenen Gesandtschaften und Botschaften errichtet werden. Aufgrund der schwierigen Versorgungslage verzögern sich die Arbeiten jedoch erheblich. Hitler zeigt sich über die von Speer genannten Termine für die Gesandtschaftsbunker höchst unzufrieden und fordert eine Beschleunigung der Baumaßnahmen, wohl auch, um außenpolitisch zu zeigen, daß man durchaus noch der Lage gewachsen sei.[55] Speer läßt jedoch die Arbeiten an den Diplomatenbunkern auf ein Minimum hinunterfahren und verfügt sogar ein allgemeines Bauverbot, »um für die dringlichsten Maßnahmen zur Beseitigung von Fliegerschäden die notwendigen Arbeitskräfte und Baustoffe bereitstellen zu können«[56]. Martin Bormann, Leiter der Parteikanzlei und Sekretär des »Führers«, nutzt diese Angelegenheit sogleich, um Speer bei Hitler in Mißkredit zu bringen. In einem Brief droht er ganz unverhohlen, die »verantwortlichen Beamten augenblicklich wegen Zuwiderhandlung gegen einen Befehl des »Führers« durch die Staatspolizei verhaften und in ein KZ überführen« zu lassen, sollte nicht »augenblicklich der Fortgang der Bunkerbauten« angeordnet werden.[57]

Nicht nur die Missionsbunker werden umgehend fertiggestellt, auch die gesamte in Berlin vertretene NS-Nomenklatura verfügt Ende 1944 über bombensichere Bauwerke. Zwar sind bisher keine offiziellen Listen in den zugänglichen Archiven aufgetaucht, jedoch können nach derzeitigem Forschungsstand 45 Prominentenbunker nachgewiesen werden. Sämtliche Reichsminister, sogar der Reichssportführer von Tschammer und Osten wie auch die Reichsfrauenführerin Scholtz-Klink erhalten eigene Schutzbauten.[58]

Die neuen Bunker der Prominenz führen in der Bevölkerung abermals zu heftigen Protesten. Die Führung muß reagieren und lehnt nun weitere Bunkerwünsche von hochrangigen Persönlichkeiten ab. Prominente Schauspieler und Künstler werden auf die Unhalt-

Privatbunker von Reichsbankpräsident Schacht.

Privatbunker des Reichsministers für Kirchenfragen Kerrl.

Privatbunker von Großadmiral Dönitz.

barkeit ihrer Ansprüche hingewiesen, dennoch gelingt es einigen, sich private bombensichere Anlagen bauen zu lassen. So erhält beispielsweise Hitlers Leibarzt Dr. Morell noch Mitte 1944 seinen ganz individuellen Bunker,[59] genau wie die Militärelite mit Karl Dönitz, Wilhelm Keitel, Walther von Brauchitsch und General Friedrich Olbricht sowie SS-Chef Heinrich Himmler. Bedacht werden auch Reichsbankpräsident Hjalmar Schacht, Professor Ferdinand Sauerbruch oder der Kernforscher Manfred von Ardenne.

»1945 gibt es an fast jedem Tag zweimal Alarm: ›Einflug Hannover – Braunschweig‹ heißt die Vorformel, ehe das Rennen in den Bunker beginnt. Gehe jetzt meist in den Speer-Bunker[60], der sehr komfortabel ist, mit fließendem Wasser und vielen Abteilungen für die verschiedenen Büros. Mitunter taucht auch Speer selber auf, der einen bescheidenen und freundlichen Eindruck macht. Nichts Bonzenhaftes«,[61] vertraut Ursula von Kardorff ihrem Tagebuch an.

Andere Menschen stehen dagegen vor ihren Bunkern oft schon vor dem Heulen der Sirenen Schlange, wenn Nachrichten über bevorstehende Luftangriffe frühzeitig durchsickern, um noch einen der wenigen Bunkerplätze zu erwischen. In einem internen Stimmungsbericht der Wehrmacht vom Februar 1945 heißt es dazu: »Eine ausgesprochene Unsitte scheint sich infolge der Stromsperren eingebürgert zu haben. Es gibt neuerdings den ewigen ›Bunkergänger‹, zumeist weiblichen Geschlechts. Diese setzen sich sofort nach Ausschaltung des Stromes in Marsch und warten dann stundenlang vor einem Bunker. So standen vor dem LS-Bunker am Hermannplatz in Neukölln am 24. Februar zwischen 19.00 und 20.00 Uhr etwa 1 000 Menschen. Auf die Frage, ob Fliegeralarm in Aussicht sei, wurde von einigen geantwortet: ›Das gerade nicht, aber sicher ist sicher, und der Strom ist auch ausgeschaltet.‹«[62]

Im Frühjahr 1945 brechen die Organisationsstrukturen im Luftschutz fast völlig zusammen, was besonders bei den großen Bunkern zu Problemen führt. Bei Alarm stauen sich hier »Tausende von Menschen vor den Eingängen. Trotz solchen Andranges stand immer nur ein Polizeibeamter an der Tür des Turmes, so daß sich die Schutzsuchenden ohne jede Weisung rücksichtslos hineinquetschen. Während die Gänge verstopft sind, stehen Räume mit den Aufschriften ›Friseurstuben‹ usw. leer. Das Flak-Bedienungspersonal muß sich mit Gewalt hindurchzwängen. Nach Aufhebung des Alarms seien überhaupt keine Ordner zu sehen«, heißt es in dem Bericht einer Sondereinsatzgruppe der Wehrmacht.[63]

Opfer der mangelnden Organisation sind vor allem die Schwächsten, vornehmlich die Mütter mit ihren Kleinkindern, die sich lautstark beklagen, »daß sie oftmals nicht mehr in einen öffentlichen Bunker hineinkönnen, weil dieser angeblich überfüllt sei. Aber auch sonst seien sie stets im Nachteil, weil man sie ohne Rücksicht beiseite dränge, wobei die eigenen Volksgenossen manchmal noch schlimmer seien als die Ausländer.«[64]

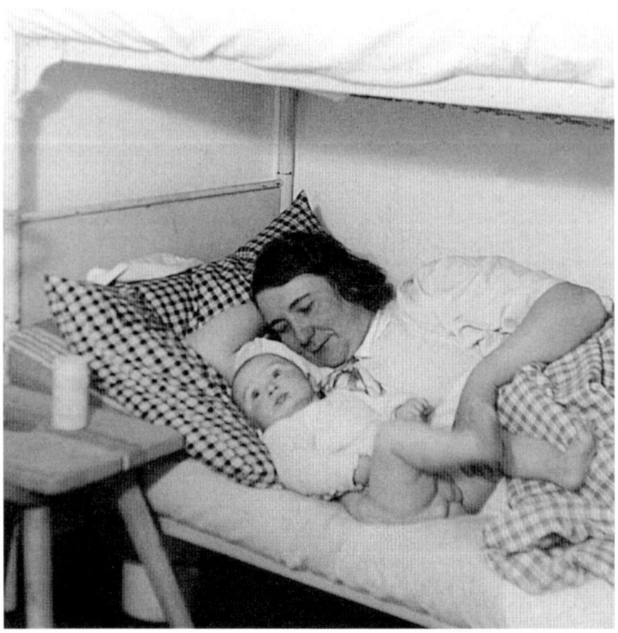

Für Mutter und Kind stand ein Bett zur Verfügung.

Wartungsarbeiten in der Zeit zwischen den Angriffen.

Immerhin – die Bunkeranlagen selbst halten den Angriffen stand. Während in einigen anderen Städten Decken oder Wände »bombensicherer« Schutzbauten durchschlagen werden, sind solche Fälle aus Berlin nicht bekannt. Der wohl einzige Fall, bei dem Menschen durch einen Direkttreffer auf ein bombensicheres Bauwerk zu Schaden kommen, ereignet sich bei einem Nachtangriff vom 12. Juni 1944. Hierbei wird einer der beiden Flachbunker auf dem Arkonaplatz in Mitte von einer Sprengbombe »von 1000 Libs (10 Zentner)« getroffen, die mitten auf der Abschlußdecke detoniert. Die Decke wird hierbei »etwa 75 cm tief eingerückt«. Durch innen absplitternde Betonstücke werden eine Person getötet, drei Personen schwer und acht leicht verletzt. Die 1,40 Meter starke Decke selbst wird allerdings nicht durchschlagen.[65] Auch der Hochbunker Karlshorst an der Fürstenbergallee (heute Sangeallee) erhält einen Sprengbombenvolltreffer. Die Einschlagstelle auf dem Dach weist einen

Durchmesser von 1,50 Metern bei einer Tiefe von 50 cm auf. Im Innern wird dadurch aber niemand getötet.[66]

Besonders gefährdet waren dagegen die Bedienungsmannschaften auf den Flaktürmen einschließlich der jungen Flakhelfer, die dort oben in einen Bombenteppich geraten konnten. Bei einem schweren Nachtangriff der Royal Air Force am 18. März 1945 wird beispielsweise der Flakturm Humboldthain von einer Sprengbombe getroffen. Dabei werden sechs Soldaten getötet und 25 Mann zum Teil schwer verwundet. In der nahegelegenen Hochstraße werden beim gleichen Angriff unzählige Personen in ihren Luftschutzkellern verschüttet und können nur noch tot geborgen werden. Auf dem ersten der beiden Gasometer-Bunker an der Müllerstraße gab es ebenfalls einen Volltreffer durch eine Sprengbombe, der dank der starken Decke jedoch ohne Folgen blieb.[67]

Die weiteren schweren Angriffe drücken die Stimmung in der Bevölkerung weiter nach unten. In ganzen Stadtteilen bricht die Versorgung zusammen. Das Ansehen der Luftwaffe sinkt auf den Nullpunkt. In einem Wehrmachtsbericht von Ende März 1945 heißt es: »Im ganzen habe die Luftwaffe doch versagt. Man wundert sich immer wieder, warum die Flak bei den Abendangriffen so wenig schieße. Früher habe man auf ein Flugzeug 100 Schuß abgegeben, heute sei es umgekehrt. Der Hinweis auf die Nachtjäger ruft in den LS-Räumen im allgemeinen nur Gelächter hervor. Ein sehr häufiges Gesprächsthema ist es jetzt, daß es zu wenig Bunker in Berlin gäbe. Und es werden im Zusammenhang hiermit schwere und erbitterte Vorwürfe gegen die zuständigen Stellen erhoben. Es wird vielfach geäußert, daß die Führung am Schicksal der breiten Masse doch sehr wenig interessiert sein müsse. Man habe Zeit genug gehabt, Bunker zu bauen, auch noch in späteren Jahren des Krieges.«[68]

Ein im Flakturm am Gesundbrunnen diensttuender politischer Leiter teilte mit, »daß die obersten Stockwerke, die nicht so sicher gelten, mit Ausländern belegt werden sollen. Es sei aber unmöglich, die Ausländer, die sich zwischen den Schutzsuchenden befänden, auszusortieren, zumal seitens der Volksgenossen nichts geschehe, um diese Absicht zu verwirklichen. Es würde teilweise sogar passiver Widerstand dagegen geleistet. Im Bunker hört man oft defätistische Äußerungen wie z. B.: Hoffentlich werde Stalin bald kommen, um dem ganzen Spuk ein Ende zu machen und die Parteimänner zu hängen. Die Täter seien im Gedränge nie zu ermitteln.«[69]

Zeitungsanzeige, 1943.

II Klappstuhlgeschwader und Heldenkeller – Die Nutzungsphase 1942–1945

Anwohner bauen einen Splitterschutzgraben vor ihrer Haustür, 1944.

2 Stollen unter Trümmern und Sand

Baumaterialien für neue Bunkeranlagen stehen ab November 1943 kaum noch zur Verfügung. Die Versäumnisse im Bunkerbau sind nicht mehr aufzuholen. Daher werden Überlegungen angestellt, auch in Berlin mit dem Bau von Luftschutzstollen zu beginnen, damit weitere Teile der Bevölkerung bombensicher untergebracht werden können. Der fehlende Beton soll nun durch entsprechend starke Erdüberdeckungen ausgeglichen werden.

Luftschutzstollen werden oft mit sogenannten gedeckten Splittergräben oder Luftschutzgängen aus Stahlbeton- und Eisenfertigteilen verwechselt.[1] Letztere sind bereits ab 1935 vorwiegend im Rahmen des Werkluftschutzes auf Industriearealen gebaut worden, bieten aber, von wenigen Ausnahmen abgesehen, keinen Schutz gegen Bombenvolltreffer.[2] Sie liegen nur knapp unter der Erdoberfläche und haben viel zu geringe Wand- und Deckenstärken.[3]

Eine Musteranlage von »Luftschutzgängen«, den Vorläufern späterer LS-Stollen, ist noch unter dem heutigen Polizeigelände und ehemaligen Areal der »Reichsanstalt der Luftwaffe für den Luftschutz« an der Friesenstraße/Jüterboger Straße in Kreuzberg erhalten.[4] Hier haben verschiedene Firmen aus der Luftschutzindustrie ihre Modelle zu einer unterirdischen »Schutzraumbau-Ausstellung« zusammengefügt. Wenn man die Stollenanlage über das östliche Zugangsbauwerk betritt, geht es zunächst durch eine Tunnelversion der Firma Humerohr GmbH aus 14 cm starkem Schleuderbeton.[5] Dann folgt ein Luftschutzraum aus Eisenbetonwerkstücken des Betonwerks Zeisig sowie ein 15 Meter langer Gang aus Stahllamellen der Ruhrstahl AG. An diesen schließen sich an: LSR-Pokal-Eisenrahmen-Stollen des Eisenwerks Rothe Erde GmbH, im Anschluß ein Stück aus Stahlspundbohlen der Hoechst AG Dortmund. Die nächsten Abschnitte aus Stahlspund- und Kastenspundwänden stammen von einer Berliner und einer Firma aus Peine, deren Namen bislang noch von Bauschutt verdeckt sind. Ergänzt wird die Anlage durch eine 18 Meter lange Röhre aus Stahlwellblech (System Dr. Schoßberger) der Firma Friedrich Michaelis aus Berlin mit den Vorschriften gemäß angelegten Aborten am Ende des Ganges. Offenkundig ist dieser »Friesen-Stollen« ein einzigartiges Werk der deutschen Luftschutz-Bauindustrie geblieben.[6] Der Verein »Berliner Unterwelten« ist seit einiger Zeit dabei, die Anlage zu beräumen, zu sichern und zu dokumentieren, verbunden mit der Absicht, mittelfristig Denkmalschutz für das Bauwerk zu erwirken.

Vorgefestigte Bauteile aus verzinktem Wellblech für den Bau von Luftschutzröhren.

Fertige Luftschutzröhre aus Schleuderbeton (Humerohr).

Die andernorts häufig anzutreffenden zickzackförmigen Splitter- oder Deckungsgräben[7] sind in Berlin bis Mitte 1942 kaum angelegt worden, obwohl es dafür bereits seit dem Dezember 1939 verbindliche Richtlinien vom Reichsluftfahrtministerium gab.[8] Erst ab 1943 beginnt man im Rahmen der ausgeweiteten Luftschutzmaßnahmen massiv damit, die Stadt flächendeckend mit diesen schnell und billig zu errichtenden Schutzmöglichkeiten auszustatten.[9] Zusätzlich werden viele der bis dahin noch offenen Splittergräben mit Brettern oder Betondielen abgedeckt und mit einer Sand-Lehmschicht übererdet, da sie sonst nur ungenügenden Schutz gegen herabregnende Splitter von Flakgranaten bieten, wie die ersten Kriegsjahre gezeigt haben. Zudem wird nunmehr eine doppelte Ziegelschicht in der Erdabdeckung vorgeschrieben, die das Durchschlagen der dünnen Schutzdecke durch die zu Tausenden abgeworfenen leichten Stabbrandbomben verhindern soll.[10] Gegen Volltreffer, aber auch Nahtreffer von schweren und mittleren Bomben bieten die LS-Deckungsgräben allerdings überhaupt keinen Schutz.

Über die unzureichenden bombensicheren Schutzmöglichkeiten in der Reichshauptstadt sind sich die Machthaber durchaus bewußt. So vertraut Goebbels im April 1944 seinem Tagebuch an: »Große Sorgen bereiten uns bei den Berliner Fabriken die Luftschutzeinrichtungen. Es ist natürlich gänzlich unmöglich, beispielsweise bei den Siemens-Werken, die ohnehin so zerstört sind, für etwa 60 000 Arbeiter Bunker zu bauen. Wir müssen uns hier schon mit Splittergräben behelfen. Allerdings reichen die bei weitem nicht aus, wenn ein weites industrielles Gebiet mit einem Bombenteppich belegt

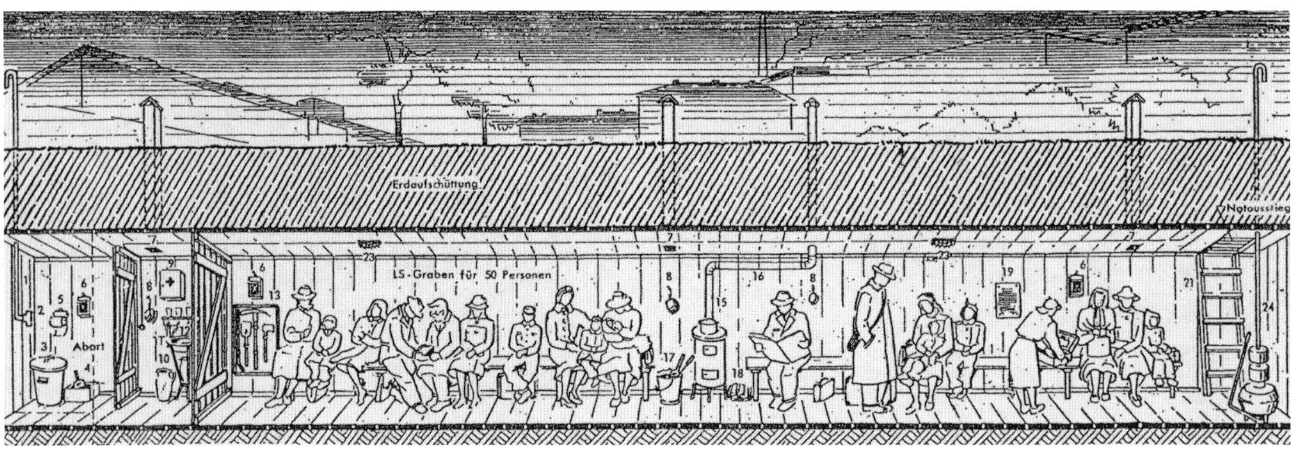

Zeitgenössische Darstellung eines belegten Luftschutzgrabens mit den notwendigen Ausrüstungsgegenständen.

Kegelbahn im Luftschutzstollen der Reichsluftschutzschule.

Gemauerte Luftschutzstollen, Viktoriapark Kreuzberg.

wird. Wir können hier unter Umständen sehr peinliche Überraschungen erleben.«[11]

Bereits im Jahr zuvor hatte er notiert: »Vor allem ist die Bevölkerung sehr ungehalten darüber, daß wir nicht in der Lage sind, ausreichend Bunkeranlagen herzurichten. Aber ich hoffe, daß durch die Umwandlung von Häuserruinen in feste Bunker diesem Übel etwas abgeholfen werden kann.«[12] Doch die Idee, Keller von Ruinen als »Bunker« herzurichten, die in anderen Städten seit 1942 umgesetzt wird, findet in Berlin zunächst keine Unterstützung.[13] Der Aufwand ist relativ groß, der Schutz vor Bomben ziemlich gering. Goebbels setzt sich als Gauleiter von Berlin im März 1944 noch einmal dafür ein, als er einsehen muß, daß sein eigenes Bunkerprogramm aufgrund der ständig zunehmenden Verknappung von Materialien und Arbeitskräften auf der Strecke bleibt und er trotzdem irgendwelche Erfolge vorweisen muß: »Wir müssen uns [...] damit behelfen, den fehlenden Luftschutzraum in den Häuserruinen zu ersetzen. Ich werde eine Menge dieser Ruinen sprengen lassen, soweit darunter die Kelleranlagen noch unversehrt sind, und hoffe dadurch eine beachtliche Ausweitung unseres Luftschutzraums in der Reichshauptstadt zu gewinnen.«[14]

Doch um eine bombensichere Überdeckung zu erreichen, müßten mehrere Meter starke Schichten Trümmerschutt über den Ruinenkellern angehäuft werden. Dies wiederum

Warten auf die Entwarnung, 1943.

wird vom Reichsluftfahrtministerium wegen des zu großen Aufwandes abgelehnt.[15] Auf dem Gelände des heutigen Friedrich-Jahn-Sportplatzes, nördlich der Eberswalder Straße im Bezirk Prenzlauer Berg, beginnt man dennoch im Sommer 1944 damit, den inzwischen reichlich vorhandenen Trümmerschutt über den dort vorhandenen fünf Splittergräben aufzutürmen, um diese »bombensicher« abzudeckeln.[16]

Als nächstes verfällt Goebbels auf die Idee, »bombensichere« Luftschutzstollen anlegen zu lassen,[17] obwohl der Berliner Untergrund mit seinem hohen Grundwasserspiegel dafür ausgesprochen ungeeignet ist.[18] Um die immer offensichtlicheren Mißstände im Berliner Bunkerbau auszugleichen, weist er im Februar 1944 Gerhard Schach, Gauinspekteur der NSDAP in Berlin, an, ein entsprechendes neues Bunkerbauprogramm auszuarbeiten. Danach sind zusätzliche Plätze für 800 000 Menschen geplant, die in neuen Großbunkern, vor allem aber in Stollen vorzusehen sind, welche »im Gebiet um den Kreuzberg herum trotz der ungünstigen Bodenverhältnisse der Reichshauptstadt errichtet werden sollen«.[19]

Goebbels hofft, aufgrund der von Hitler gemachten mündlichen Zusagen, die benötigten Baustoffe und Arbeitskräfte dafür zu erhalten. Einen Monat später kehrt er von einer Inspektionsreise, die ihn unter anderem in die »musterhaften« Stollenanlagen bei Salzburg geführt hat, noch recht euphorisch nach Berlin zurück. Schon bald aber wird der Berliner Gauleiter eines Besseren belehrt. Bereits am 16. März 1944 muß er feststellen, daß fast alle versprochenen Ressourcen für den »Jägerstab«, also für die Produktion von Jagdflugzeugen, abgezogen worden sind.[20] Einen weiteren Monat später werden daher die Erwartungen von Goebbels deutlich nach unten korrigiert. Nun rechnet er mit 145 000 neuen Bunkerplätzen, zumeist in Stollenanlagen,[21] doch bis September schmilzt das Volumen des Machbaren auf 40 000 Plätze zusammen.[22]

Insgesamt wird im Sommer 1944, abgesehen von den Splittergräben an der Eberswalder Straße, letztendlich nur an sehr wenigen Orten mit dem Bau »bombensicherer Stollenanlagen« begonnen. Am Fichteberg neben dem Botanischen Garten in Steglitz werden im Juni rund 150 Häftlinge unter Aufsicht des SS-Wirtschafts- und Verwaltungshauptamtes für den Bau eines umfangreichen Tunnelsystems eingesetzt. An drei Stellen des Berges treibt man bis zu 18 Meter tiefe Schächte in die Erde und versieht diese mit dicken Betonwänden, die Schächte werden anschließend durch Stollen

Bombensichere Eingänge zum Fichte-Stollen, 1952.

Im Fichte-Stollen, 2000.

Bunkerbauarbeiten im Viktoriapark Kreuzberg, 1944. Im Hintergrund Häuser mit Bombentreffern.

verbunden. Es wird teils mit Spaten und Spitzhacke, teils mit Schildvortrieb gearbeitet. Die Sandmassen müssen die Häftlinge mit Grubenloren ins Freie schaffen,[23] was auch während der Bombenangriffe nicht unterbrochen werden darf. Obgleich im halbfertigen Rohbau schon erste Zivilisten Schutz suchen, haben hinter einem dünnen Filzvorhang die Häftlinge weiterzuarbeiten. Die Zugangsbauwerke und Treppenabgänge zum »Fichte-Stollen« werden nach den Bestimmungen für bombensichere LS-Stollen noch in Stahlbeton ausgeführt,[24] die in 12 bis 16 Meter Tiefe gelegenen schmalen und niedrigen Gänge aus den Ziegeln zerstörter Gebäude gebaut. Sogar Zierfliesen aus den Resten von Kachelöfen vermauert man dabei. Für die im Schildvortrieb errichteten Abschnitte verwendet man keilförmige Betonformsteine.[25] Erst Ende Februar 1945, als sowjetische Truppen bereits an der Oder stehen, werden die Arbeiten eingestellt und die Häftlinge zum Bau von Panzergräben und Stellungen im Süden Berlins abgezogen.

In der halbfertigen Anlage des Fichteberges fanden in den letzten Kriegsmonaten bis zu 3 000 Menschen in qualvoller Enge Platz. Eine Zeitzeugin erinnert sich: »Der Eingang zum Fichte-Bunker lag im Botanischen Garten. [...] Es ging viele Treppen hinunter. Unten waren schmale Wege, Tunnel, Schutenstollen, kleine Sackgassen. [...] Es war alles sehr eng dort unten. Auf dem Boden war heller Sand; da stand man an den Wänden oder hockte auf der Erde. In einer Sackgasse stand eine Lichtmaschine. [...]

An jenem Abend waren wir schon in den Bunker gegangen, ehe Alarm war. Draußen war es kalt und unfreundlich, und bei dem großen Andrang sicherte man sich gern rechtzeitig ein Plätzchen. In dem kleinen Stollen, in dem die Lichtmaschine stand, war es bald knüppeldick voll. Aber das Licht ging nicht an, und ein Notlicht nach dem anderen erlosch. Nach und nach verstummte das Stimmengeschwirr. [...] Alle Gänge standen gerammelt voll, niemand konnte vor oder rückwärts. Dann fingen die Kinder an zu schreien, hastig und schon mit schrillen Stimmen von ihren Müttern beruhigt, und dann schrie plötzlich eine Frau gellend auf: ›Ich kriege keine Luft, wir müssen alle ersticken‹, und ein irrsinniges Spektakel begann. Bei uns war es noch ruhig. Es redeten einige drauflos, daß wir nichts zu befürchten

Gemauertes Eingangsbauwerk zum Bunkerstollen im Viktoriapark Kreuzberg, 1944.

hätten, wir hätten oben eine Luftschleuse. Aber nichtsdestoweniger wurde das Atmen immer mühseliger. Es war stockdunkel, mir brach der Angstschweiß aus, und ich fächelte mir zur Beruhigung mit meinem Taschentuch Luft zu.

Lüfterraum im Fichte-Stollen, 2000.

Neben mir schrie eine Frau: ›Jetzt habe ich es ganz deutlich gespürt, von oben kommt frische Luft!‹ Ich wußte, welcher Täuschung sie erlag. Aber nun mußte ich weiterwedeln, ihr und mir, uns allen zum Trost. Als mir der Arm zu erlahmen drohte, fühlte ich meine Hand plötzlich gepackt. Ein junges Mädchen, an meine Knie gepreßt, wir hockten ja in angstvoller Enge, flüsterte kaum hörbar: ›Jetzt ich.‹ Sie hatte die Situation erfaßt, und wir lösten uns ab.

Draußen war die Hölle. Die Frauen schrien, viele wurden ohnmächtig. Dann gelang es den Ordnern, zeternd und brüllend wieder einmal Ruhe zu schaffen. Uns rann der Schweiß, das Herz hämmerte, immer wieder mußte man den irrsinnigen Wunsch, zu schreien und schreiend hinauszustürzen, niederkämpfen. Bis endlich, als es schon gar nicht mehr gehen wollte, doch noch die Maschine zu stampfen anfing und das Licht aufflammte. Noch einmal ging ein Schrei, ein Schrei der Erlösung durch

Hydraulische Schildvortriebsmaschine im Bunkerstollen Viktoriapark Kreuzberg, 1944.

die Eingeengten, dann strömten sie nach und nach heraus. Nie wieder bin ich dorthin gegangen.«[26]

Neben dem Fichte-Stollen werden weitere Stollen am Kreuzberg und östlich vom Zentralflughafen Tempelhof errichtet. Am Kreuzberg geht es unter Leitung der »Organisation Todt« gleich an vier Stellen in die Tiefe. Hier müssen vor allem sowjetische Kriegsgefangene schuften, die in einem Lager an der Blücherstraße untergebracht sind.[27] Die Zugänge und meisten Tunnel errichtet man aus den Ziegeln zerstörter Häuser der Umgebung, aber auch vorgefertigte Halbbögen aus Beton kommen zum Einsatz. Jene Teile des weitverzweigten Stollensystems, die von oben, in sogenannter offener Bauweise, gegraben werden, erhalten dann nachträglich eine dicke Erdschicht zur Abdeckung. In größeren Tiefen geht man eher bergmännisch zu Werke, und eine Lorenbahn fördert den Abraum zutage. Die Arbeiten erfolgen teilweise sogar mit Unterstützung von Spezialisten aus dem Ruhrgebiet, die zugleich auch östlich von Berlin bei Rüdersdorf neue Stollenanlagen unter den Decknamen »Dorf I und II« erstellen. Hier sollen im Rahmen der Verlagerung der Rüstungsproduktion unter die Erde Teile des Kugellagerwerks aus Erkner bombensicher untergebracht werden.[28]

Wie unter dem Fichteberg werden die Arbeiten unter dem Kreuzberg nicht fertig. Mit dem Herannahen der Front zieht man abrupt alle Kräfte zum Bau von Verteidigungsstellungen ab. Auch hier verbleibt die wertvolle Schildvortriebsmaschine in der halbfertigen Röhre.[29] Trotzdem nutzen bis zu 4000 Anwohner in ihrer Not massenhaft die halbfertigen Stollen. Andere Luftschutzstollen bezeichnet man wegen ihrer speziellen Bauweise auch als »LS-Grabenbunker«, darunter zwei geplante Anlagen östlich des Flughafens Tempelhof am Schwarzen Weg. Sie werden im Spätsommer 1944 begonnen, jedoch ebenfalls nie vollendet. Nach dem Ausheben von zwei riesigen Baugruben, zehn Meter tief und jeweils etwa hundert Meter lang, mauert man in einem Teil noch Seitenwände und gewölbte Decken aus Ziegelsteinen der umliegenden Neuköllner Ruinengrundstücke, doch für eine bombensichere Decke fehlt schon der Stahl, so daß man hier eine fast vier Meter starke Schicht aus reinem Beton, lediglich durchmischt mit Steinbrocken, auftürmt.[30] Ein Stollen wird bis Februar 1945 zu etwa zwei Dritteln fertiggestellt und bereits von der Zivilbevölkerung genutzt, die zweite Grube erhält nur noch einige Fundamente.

Vergleichbare, allerdings etwas kleinere und unvollendet gebliebene Grabenbunker sind an acht weiteren Stellen im Stadtgebiet, darunter an der Cantianstraße (Prenzlauer Berg) sowie im Dreieck Schopenhauer Straße und Spanische Allee in Schlachtensee nachweisbar.[31] Wie weit die Arbeiten an der Murellenschlucht hinter der Waldbühne und dem Olympia-Stadion sowie am Spandauer Berg in Charlottenburg gekommen sind, ist noch nicht geklärt. Luftbilder der Alliierten aus den Jahren 1944 und 1945 lassen hier Bauaktivitäten erkennen, die auf weitere LS-Stollen deuten.[32]

Einige der Luftschutzstollen gräbt man Jahrzehnte später wieder aus. Im Fichte-Stollen sollen sich nach Angaben eines ehemaligen SS-Mannes, dem in den 60er Jahren der Prozeß gemacht wird, angeblich zwei eingemauerte Koffer mit wichtigen Beweismitteln befinden.[33] Tatsächlich können bei einer Suchaktion zwei stark beschädigte Papierbündel gefunden werden, die vermuteten Pläne der »Genickschußanlage im KZ Sachsenhausen«, die auf andere Verantwortliche deuten und den Angeschuldigten entlasten sollen, sind jedoch nicht darunter.[34] Im März 1968 werden die Such- und Bergungsarbeiten, die die Staatsanwaltschaft bis dahin 60000 DM gekostet haben, ergebnislos abgebrochen.[35]

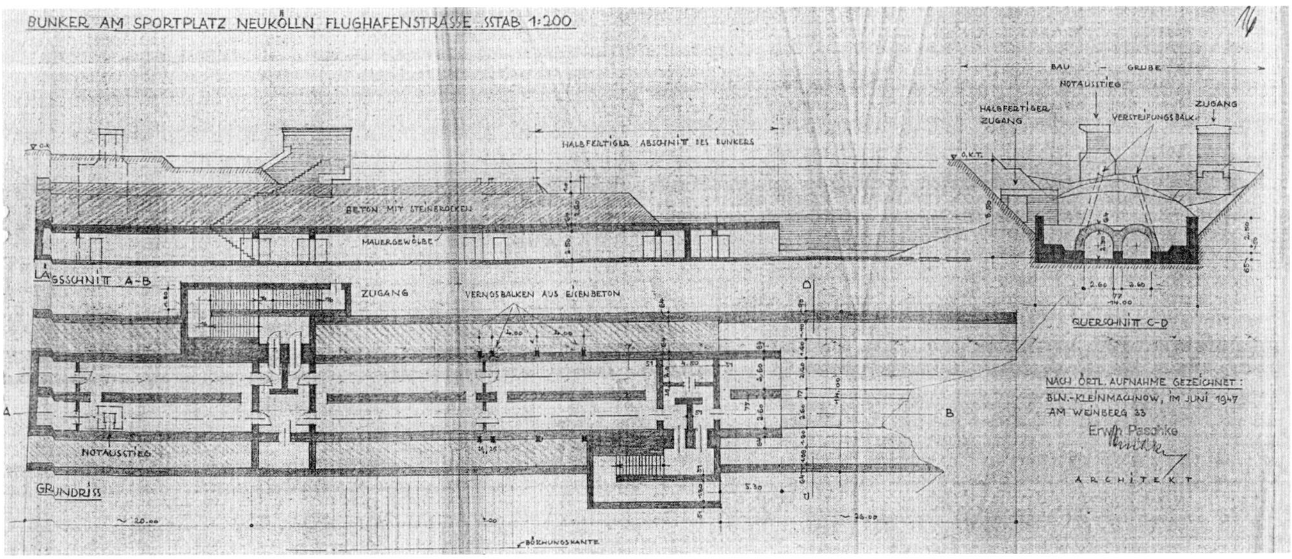

Plan einer bombensicheren Stollenanlage in Neukölln.

Die Luftschutzstollen unter dem Kreuzberg legt man ab Oktober 1983 wieder frei. Anwohner berichten, daß sich unter der Kindertagesstätte an der Methfesselstraße ein alter, mit Munition gefüllter Bunker befinden soll.[36] Doch bis auf ein paar Pferdeknochen, die von den verdorbenen Fleischbeständen eines im Juni 1945 geräumten Kühlhauses in der Trebbiner Straße stammen und hier entsorgt wurden, werden keine Munitionsrückstände entdeckt. Militärische Altlasten, insgesamt drei Tonnen, darunter Bombenblindgänger und Werfergranaten, kommen allerdings zum Vorschein, als man im Rahmen von ausgedehnten Munitionsbergungsarbeiten drei weitere Stollenzugänge freilegt.[37] Die Beräumung zieht sich bis zum Frühjahr 1985 hin, dann ebnet man die Zugänge ein.

Eine weitere Anlage wird im Juni 2002 von Mitgliedern des Vereins »Berliner Unterwelten« erkundet, die am Postfenn im nördlichen Grunewald fündig geworden sind. Seit 1941 befand sich an dieser Stelle ein Barackenlager des Generalbauinspektors. Ende 1944 hatte man damit begonnen, drei bis zu 80 Meter lange Stollen aus massivem Beton unter die Haveldünen zu treiben, von denen zwei noch mit einem Querstollen verbunden worden sind. Vorgesehen war die Stollenanlage als Ausweichstelle für den »Führungsstab des Reichsministeriums für Rüstung und Kriegsproduktion«[38].

Noch immer hängt hier die originale Baubeleuchtung an der Decke: kleine Lampen mit emaillierten Schirmen, die Stromzuleitungen bestehen aus einfachen Drähten ohne Isolierung. Alte Flaschen und leere Lebensmitteldosen liegen herum. Die Anlage erinnert von ihrer Konstruktion her sehr an die Hohlgänge der Befestigungsanlagen im »Oder-Warthe-Bogen«, dem sogenannten Ostwall, im heute polnischen Ost-Brandenburg. Erstaunlich ist die außerordentlich große Menge des an dieser

Kreuzungsbauwerk im Stollen unter den Havеldünen, 2002.

Stelle verbauten Betons. Der Zement dürfte wohl von der Baustelle der sogenannten Wehrtechnischen Fakultät auf dem Gebiet des heutigen Teufelsbergs stammen. Die noch stehenden Verschalungskonstruktionen an den verschütteten Stollenenden zeugen auch hier von einem übereilten Abbruch der Bauarbeiten.

Wer an diesen nie fertiggestellten Stollen und Grabenbunkern alles beteiligt war, aus welchen Ländern die Kriegsgefangenen und Zwangsarbeiter kamen, ist aus den bislang zugänglichen Quellen nicht zu ersehen. Zumindest konnten in den halbfertigen Stollenanlagen und Grabenbunkern bei Überbelegung annähernd 30 000 Menschen einen halbwegs bombensicheren Schutz finden, der vielen bei den schweren Endkämpfen um Berlin das Leben gerettet haben dürfte. Hunderttausende anderer Menschen blieben jedoch der Verschüttungsgefahr in den wenig stabilen Hauskellern ausgeliefert, denn von dem im Februar 1944 geplanten »Bunkerprogramm« des Joseph Goebbels mit seinen angestrebten 800 000 Schutzplätzen sind lediglich drei bis vier Prozent verwirklicht worden. Diese Zahlen sprechen deutlich für die im letzten Kriegsjahr noch vorhandenen Möglichkeiten, bombensichere Schutzbauten für die leidgeprüfte Zivilbevölkerung zu errichten.

II Klappstuhlgeschwader und Heldenkeller – Die Nutzungsphase 1942–1945

Für viele Ausgebombte werden die Bunker zum festen Wohnsitz. Lebenszeichen an der Ruine des Hauses Nettelbeckstraße 20 in Schöneberg.

3 Die Bunker im Endkampf

Ende Januar 1945 steht die Rote Armee an der Oder und bereitet sich auf den letzten Schlag gegen das nationalsozialistische Deutschland vor, auf die Offensive gegen Berlin. Die Reichshauptstadt wird daraufhin von Goebbels am 1. Februar zur Festung erklärt, an den Seelower Höhen errichtet man Verteidigungslinien.[1] Während die sowjetischen Truppen ihre Kräfte zusammenführen, intensivieren die Briten und Amerikaner ihre Luftangriffe auf Berlin. Hat es noch 1944 insgesamt 115mal Fliegeralarm in der Stadt gegeben, so ertönen allein in den letzten vier Kriegsmonaten 125mal die Sirenen.[2] Die schwersten Angriffe überhaupt fliegen dabei die US-Luftstreitkräfte, die Berlin seit März 1944 im Visier haben. Dabei wird die Angriffswucht immer mehr gesteigert. Am schlimmsten trifft es die Stadt bei einem Tagesangriff am 3. Februar 1945, als aus den Schächten von 937 angreifenden Flugzeugen 2 266 Tonnen Bomben konzentriert auf die Stadtbezirke Mitte, Friedrichshain und vor allem auf Kreuzberg niedergehen und hier einen wahren Feuersturm auslösen.[3] Beim Großangriff vom 26. Februar kommen 2 795 Tonnen, am 18. März sogar 3 091 Tonnen zum Abwurf auf Berlin.[4]

Ein damals sechzehnjähriger Kreuzberger erlebt den Angriff vom 3. Februar im Gasometerbunker Fichtestraße, dessen Untergeschoß ausschließlich für Männer bestimmt ist, damit diese nach dem Angriff schnell zu Hilfeleistungen herangezogen werden können: »60 schwere und schwerste Bomben gingen im Verlauf des Angriffs in unmittelbarer Nähe des Bunkers nieder. Das elektrische Licht versagte oft, ging aber immer wieder an. Zwei Bomben fielen oben auf den Bunker, ohne Schaden anzurichten, nur das Rundgesims des Gasometers fiel zum Teil von oben hinunter und plättete einen Teil der Kinderwagen, die zwischen Eingang I und IV von den Bunkerbesuchern hingestellt worden waren [...]. Im Bunker merkte man nur ein kurzes heftiges Erschüttern, dann war alles wieder beim alten. Da haute eine Bombe vor Eingang III in die Erde, und Staub und Pulvergase wehten herein. Gleichzeitig waren die letzten Lichtzufuhrkabel getroffen worden, und das elektrische Licht und damit auch die Entlüftung versagten. Die Luft wurde reichlich knapp, denn es befanden sich an die 30 000 Menschen

Opfer eines Luftangriffs sind zur Identifizierung in einer Ausstellungshalle in Charlottenburg aufgereiht worden.

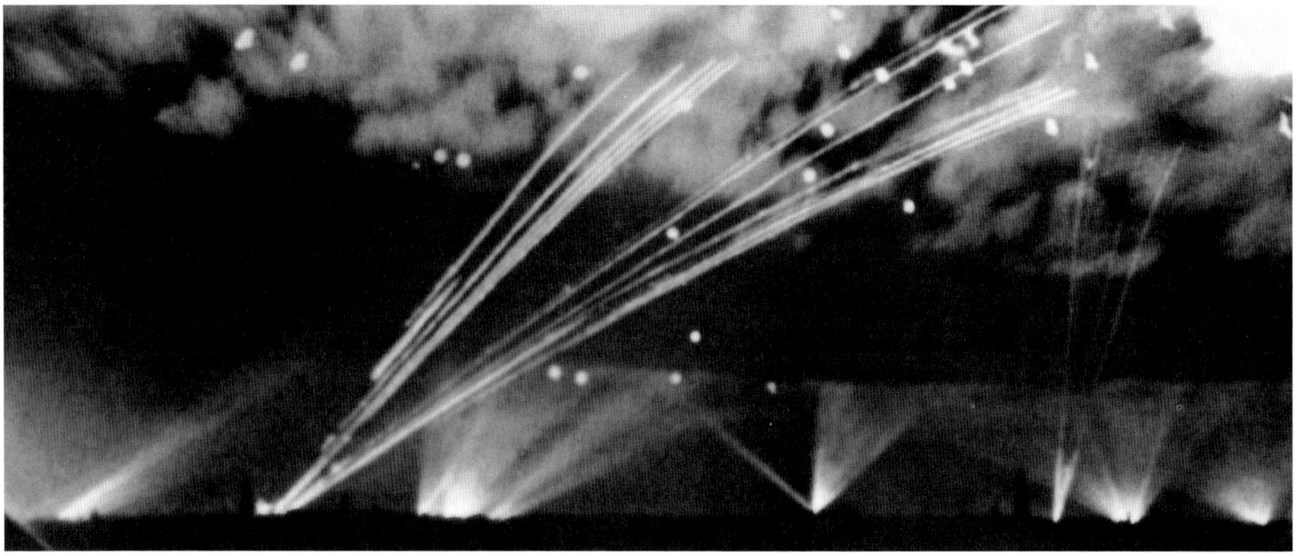

Ein fast alltäglicher Nachthimmel über Berlin: explodierende Flakgranaten, 1943.

[eine fast sechsfache Überbelegung!] im Bunker, und wir mußten noch zwei Stunden warten, bis das erlösende Sirenensignal ertönte und wir wieder das Tageslicht erblickten.«[5]

Wer an diesem Tag keinen der sicheren Bunker erreichen kann, hat im Bombenteppich des Angriffs kaum eine Chance, denn selbst Luftschutzkeller bieten keinen Schutz mehr. Nach dem Angriff gleicht das getroffene Areal einem Ort der totalen Verwüstung: »Als man vom Segnitzdamm um die Ecke in die Wassertorstraße kam, hat man es schon gesehen. Es brannte, es lagen Trümmer und überall Tote auf der Straße. Das Schlimmste kam aber noch an der Wassertor-/Ecke Lobeckstraße. Auf der linken Seite war ein riesengroßer Berg, da lag Wellblech oder Blech drauf, und es stank fürchterlich. Da merkten wir schon, daß hier was Schreckliches passiert war, weil die Leute alle weinten. Meine Mutter wollte mich zurückhalten, aber als 13jährige war man ja neugierig, und ich bin hin. Und da waren das alles verbrannte Tote. Die Menschen suchten an diesen verbrannten Körperteilen, die da so lagen, nach irgend etwas, das sie erkennen konnten. Und ich vergesse nie, daß eine Oma ihr Enkelkind fand. Sie untersuchte einen verbrannten Leichnam und erkannte am Kettchen ihren Enkel wieder.

Auf der anderen Seite, wo die Häuser noch standen, stand ein Soldat mit einem amputierten Bein, der rief: ›Meine Familie wohnte hier, wo ist denn meine Familie?‹ Da sagte eine Frau: ›Da kannst du doch reingucken, ist alles kaputt im Keller.‹ Und da saß die ganze Familie, ein kleiner Junge, ein kleines Mädel und

Entwarnung nach einem Bombenangriff, 1943.

die Mutter, wie wenn sie schliefen, und die Lungen waren geplatzt. So war es im ganzen Viertel.«[6]

Dem Angriff fällt auch Roland Freisler, Chef des berüchtigten Volksgerichtshofs, zum Opfer. Er wird in seinem Luftschutzkeller am Potsdamer Platz von einem herabfallenden Deckenträger erschlagen. Dies rettet allerdings vermutlich Hunderten, die zu dieser Zeit noch in Untersuchungshaft sitzen, das Leben.

Der Bombenkrieg wird zum Alltag. Zwischen den Alarmen spielen die Kinder unbekümmert in den zerbombten Straßen. Ihr Spiel aber ist vom Krieg geprägt. »Wenn sie mit ihren kleinen Spaten und Schaufeln graben, dann bauen sie fast immer Bunker. Ihr kindlicher Streit gilt dann der Konkurrenzfrage, wer den stärksten Bunker schaffen kann. Mit altklugen Mienen sprechen sie über die Sprengwirkung der verschiedenen Bombenkaliber; sie operieren sachkundig mit 2 Tons, 4 Tons, 6 Tons und mit Superbomben.«[7]

Die Älteren gehen schnell wieder zum »normalen« Tagesgeschäft über, verdrängen das Erlebte und freuen sich an banalsten Dingen: »Drinnen in den schweren Betonbunkern wie hier in der Karlstraße [heute Reinhardtstraße]

Eine Bunkerdecke wird mit Steinen und Erde verstärkt, 1943.

ruft die Geborgenheit an sich eine Art Alltagsstimmung hervor. – Leises Geschwätz und Gesumm überall; die Madams sitzen herum und reden über Essenspreise, drei Backfische auf der Bank mir gerade gegenüber kichern und lachen, stecken die Köpfe zusammen und betrachten sich Bilder von Filmschauspielern. [...] Die Älteren und Mittelalterlichen unter den Menschen sind am ernsthaftesten und sehen müde und verdrossen aus. Man merkt

Aufräumungsarbeiten nach einem schweren Bombenangriff, 1943.

Parole an einer Bunkerwand.

wenig von irgendeiner Trauer oder einem tragischen Gefühl über Berlins Schicksal bei diesen kleinen Leuten – der Ladentisch und die Werkstatt, der Eßtisch und das Bett zu Hause sind das große Thema – wenn das nur steht, so ist alles gut, und vorläufig ist man zufrieden, weil man in den sicheren Bunker hineingeschlüpft ist. Der letzte Witz! Meldung des Drahtfunks: Die Spitzen der Partei haben den Bunker erreicht! – es stimmt aufs Haar, denn unten in den allersichersten Bunkern sitzen Goebbels und seine Parteigenossen und regieren weiter unter Ruinen.«[8]

Goebbels, Gauleiter von Berlin, eröffnet eine Notküche für Ausgebombte und versucht, die Stimmung zu heben, 1943.

Mit ihrem zuweilen ans Sarkastische grenzenden typischen Humor versuchen die Berliner, die Situation zu überspielen und beginnen, ihre Stadtviertel umzubenennen: aus Charlottenburg wird »Klamottenburg«, Steglitz zu »Stehtnix« und Lichterfelde heißt bald »Trichterfelde«. Ein typischer Bunkerwitz lautet: Berlin ist die Stadt der Warenhäuser – hier war'n Haus und da war'n Haus.[9]

Die westlichen Alliierten wollen nach eigenen Angaben mit den Bombardements den deutschen Nachschub beeinträchtigen und die Hauptstadt sturmreif bomben. Doch aus heutiger Sicht wirken die Luftangriffe in den letzten Kriegsmonaten eher wie sinnlose Terrorakte, denn Auswirkungen auf den Nachschub haben diese Städtebombardements nicht gehabt, wie am Fall Dresdens deutlich zu sehen ist. Dort sind die strategisch wichtigen Bahnverbindungen bereits 48 Stunden später wiederhergestellt. Auch in Berlin werden die Verteidigungsmaßnahmen gegen den erwarteten Angriff der Roten Armee durch die Bomber kaum behindert.[10] Der Reichshauptstadt wird allerdings fast der gesamte Flakschutz entzogen, die meisten Geschütze an die Oderfront verlegt. Hier sollen sie zur Panzerabwehr eingesetzt werden, selbst von den Flaktürmen entfernt man einen Großteil der leichten Geschütze, darunter vor allem die gegen Tiefflieger sehr wirksame 2 cm Vierlingsflak.[11] Zurück blieben nur einige Einzelgeschütze für die Nahverteidigung, mit denen dann gegen die tief angreifenden sowjetischen Kampfflugzeuge wenig auszurichten ist. Im Ergebnis dessen können ab dem März 1945 die alliierten Bomberverbände Berlin fast völlig ungestört anfliegen.

Die meisten Berliner Bunkeranlagen bleiben auch in den Wochen des Endkampfes nahezu ausschließlich der Zivilbevölkerung vorbehalten. Lediglich die drei großen Flaktürme werden in den militärischen Verteidigungsgürtel integriert. So nimmt der Leitturm Zoo den Gefechtsstand des Verteidigungsbereiches Berlin auf, von wo aus der Kommandeur der 1. Flak-

Haus Vaterland am Potsdamer Platz in Flammen, 1943.

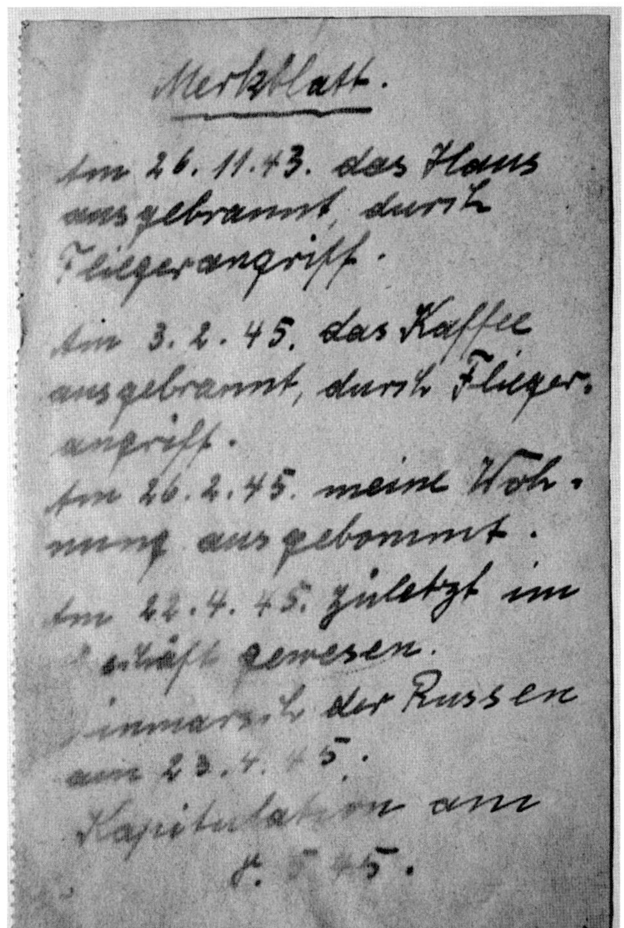

Merkblatt.

Am 26.11.43. das Haus ausgebrannt, durch Fliegerangriff.

Am 3.2.45. das Kaffee ausgebrannt, durch Fliegerangriff.

Am 26.2.45. meine Wohnung ausgebrannt.

Am 22.4.45. zuletzt im Geschäft gewesen.

Einmarsch der Russen am 23.4.45.

Kapitulation am 8.5.45.

Fundstück aus dem Luftschutzkeller der Ruine von Haus Vaterland, 1974. Der Verfasser ist unbekannt.

division Berlin, General Sydow, die in der Stadt verbliebenen Geschütze dirigiert. Der Leitturm Humboldthain erhält den Gefechtsstand der ›Flakgruppe Nord‹ sowie die Kommandostellen für den Verteidigungsabschnitt G, im Leitturm Friedrichshain zieht der Kommandeur für den Abschnitt Z ein. Die schwere Turmflak auf allen drei Flaktürmen bildet dabei das Rückgrat der Artillerie der Verteidiger und soll die angreifenden sowjetischen Panzerverbände gezielt beschießen.[12]

Am 16. April 1945 beginnt die Rote Armee mit dem Angriff auf Berlin. Drei Tage brauchen die Angreifer, um die deutschen Verteidigungsstellungen an der Oder zu durchbrechen. Die Spitzen der sowjetischen Panzerdivisionen überschreiten bereits in den Morgenstunden des 21. April den Berliner Autobahnring, schon am Abend halten sie Weißensee und Hohenschönhausen besetzt und dringen auch in Lichtenberg und Mahlsdorf ein. Die Verteidiger ziehen sich in Richtung Stadtzentrum zurück und verstärken hier den Widerstand.

Mit Beginn der Kampfhandlungen flüchten sich die Menschen in die Bunker und müssen dort teilweise unter extremsten Bedingungen mehrere Tage ausharren, bis die Kämpfe über

Leichte 2,0 cm Flak, die von den Flaktürmen abgebaut und zur Verteidigung Berlins an die Oder geschafft wurden, 1943.

sie hinweggezogen sind. Gabriele Vallentin, jüdischer Herkunft, die bis zum Schluß in Berlin überleben kann und erstaunlicherweise nicht von ihren Nachbarn verraten wird, findet am 20. April 1945, dem letzten Geburtstag Hitlers, im Hochbunker an der Friedlander Straße in Adlershof Unterschlupf. In der darauffolgenden Nacht wird Berlin zum letzten Mal von den Briten fünf Stunden lang bombardiert. Danach stellt man die Angriffe ein, um die vorrückenden sowjetischen Truppen nicht zu gefährden. In ihren Erinnerungen schildert Gabriele Vallentin die dramatischen Ereignisse jener Tage.[13]

»Die ganze Zeit hörte man ununterbrochen in der Ferne schwere Geschosse, und der Himmel war am Horizont schwarz und rot gefärbt. Das Gegroll der Geschütze kam von Stunde zu Stunde fühlbar näher. Und ab und zu hörte man das tiefe Summen der Stalinorgel.

Nun begann die große Völkerwanderung zum Bunker. Unser nächster Bunker war sieben Minuten von meinem kleinen Häuschen entfernt. [...] Da die ganze Gegend nur aus kleinen, zum Teil schon schwer beschädigten Siedlungshäuschen bestand, so war der Bunker natürlich immer überfüllt. Und nun erst an diesem Tag! Selbst die Mutigsten, die es bisher noch gewagt hatten, in ihren Kellern oder in kleinen Erdlöchern zu bleiben, flüchteten nun mit Sack und Pack in den Bunker. Nur Gebrechliche und Mütter mit Säuglingen bekamen einen engen Sitzplatz zugewiesen. Die Kinder mußten sich im Sitzen ablösen, und die Erwachsenen mußten stehen. [...]

Ich hatte Glück mit meinen Kabineninsassen, denn ich entnahm ihren Bemerkungen, daß sie alle ziemlich links eingestellt waren und – zwar mit begrenzter Vorsicht, aber immerhin – ihren Ansichten über den heutigen Geburtstag Adolf Hitlers freien Lauf ließen.

Nachdem wir wie die Heringe in der Büchse mal kauernd, mal stehend oder auf dem

Luftbild Humboldthain, 1945: 1. Bahnhof Gesundbrunnen, 2. Gefechtsturm: Turm A unten links ist nach Bombeneinschlag ausgefallen, 3. Leitturm, 4. Himmelfahrtskirche, 5. AEG an der Gustav-Meyer-Allee, 6. Zwei Flachbunker an der Brunnenstraße.

Wege über Trümmer, Mohrenstraße in Mitte, 1945.

Zementboden liegend die erste Nacht in der kleinen Kabine verbracht hatten, waren wir natürlich alle kreuzlahm am nächsten Morgen. Die Männer schliefen alle auf den Gängen.« Auch der folgende Tag verläuft noch verhältnismäßig ruhig. »Wir waren noch nicht an der Reihe. Die Männer, welche ihre Wohnung in der Nähe des Bunkers hatten, wagten es sogar, zu Hause zu kochen und das Essen ihren Familien zu bringen. Die Frauen wuschen Kinderwäsche in den Toilettenräumen und hängten diese zum Trocknen über die Zäune der Nachbargärten. Doch alle hingen denselben Gedanken nach: Wie lange müssen wir unter diesen Umständen leben? Und was steht uns noch bevor? Kommen wir überhaupt noch lebend aus dem Bunker?«

In den frühen Morgenstunden des 22. April fällt im Bunker die Strom- und Wasserversorgung aus, da eine Granate das Transformatorenhaus zerstört: »Das heißt, wir hatten nicht nur kein Licht, sondern auch kein Wasser und keine frische Luft mehr. In den Toilettenräumen wurden Tonnen mit Trinkwasser aufgestellt. Lächerlich wenig, für so viele Menschen, und man mußte einen Posten aufstellen, der kontrollierte, daß das Wasser nicht verunreinigt und verschwendet wird. Trinkwasser für Erwachsene gab es offiziell nicht mehr. Die Männer holten aus der Nachbarschaft in ruhigen Minuten Wasser in allen möglichen Gefäßen für ihre Familien. Die Kinder konnten nicht mehr gewaschen werden. Wir feuchteten Tücher an und fuhren damit den Kindern über Gesicht und Hände und dann über unsere eigenen, damit wir um Gottes willen keinen Tropfen für uns selber verschwendeten. Denn wer wußte, ob wir überhaupt noch einmal Wasser holen können. Am schlimmsten war, daß wir keine Windeln mehr waschen konnten. Nasse Windeln hingen wir unter die Matratzen der Kinder auf die Latten der Bänke, ohne sie ausspülen zu können. [...]

Im oberen Stockwerk befand sich eine Handmaschine für die Ventilation. Sie wurde von drei Männern bedient. Es reichte aber nicht aus, um alle Kabinen mit Frischluft zu versorgen, und so litten unsere Kinder sehr unter Frischluftmangel. [...] Wir hielten uns nach Möglichkeit in den Gängen auf, damit sich die Luft in den Kabinen nicht so schnell verbraucht. Doch auch die Gänge waren schon überfüllt, da inzwischen auch das ganze Arbeitslager von Adlershof in den Bunker gekommen war. [...]

Unterdessen wurde es draußen immer ernster. Die Männer konnten nicht mehr schnell nach Hause laufen. Sie krochen auf der Erde, um in der nächsten Nachbarschaft Eier aus den Nestern zu holen. Einer war sogar so mutig

Straßensperre in der Bismarckstraße, Charlottenburg, 1945.

Bau von Panzersperren in Neukölln, 1945.

und melkte seine Ziege noch schnell. Es donnerte und fauchte draußen von den schweren Geschossen, und der Bunker schwankte in seiner massiven Schwerfälligkeit hin und her wie ein tanzender Elefant. Ab und zu kam eine ›nette‹ Dame von der Frauenschaft und flötete uns süßlich vor, daß es gar nicht so schlimm sei, wie es sich anhöre. Unser Führer wisse genau, warum er die Feinde so nah heranlasse. ›Ihr wißt doch: die fünfte Kolonne und die Geheimwaffe. Es ist noch nicht so weit! Wir siegen!‹ rief sie patriotisch aus und ging mit erhobener Hand und dem Führergruß aus der Kabine. Natürlich siegen wir und jeder dachte sich seinen Teil dazu.«

In der Nacht vom 23. zum 24. April gerät der Bunker dann zwischen die Fronten. »Die Bunkertore waren jetzt fest geschlossen. Keiner durfte mehr heraus- oder hineingehen. Deutlich hörte man nun den Nahkampf und unterschied den Angriff der Russen und die Antworten der Deutschen, bis sich das Geschieße auf beiden Seiten verschmolz zu einem andauernden Getose und Geberste. Es wurde unruhig im Bunker. Die Männer versuchten, die weiße Fahne auf dem Dach zu hissen, welche der Bunkerwart mit seinen Leuten immer wieder herunterriß, um die Hakenkreuzfahne auf ihren alten Platz zu befördern. Da – ein furchtbarer Krach! Der Bunker zitterte und schaukelte.« Ein Geschoß hat das Dach des Bunkers schwer beschädigt, daher muß nun die obere Etage geräumt werden.

»Die Menschen, welche in den Gängen wenigstens noch wie die Heringe nebeneinander liegen konnten, mußten jetzt stehen. Mit der Räumung des obersten Stockwerkes fiel auch die Bedienung des Ventilators aus. Und unsere armen Kinder wimmerten leise und fingen an zu röcheln. Sie waren alle wund, und wir konnten sie nicht mehr trockenlegen. Wir hatten keine Windeln mehr. [...] Wir tauchten die Zipfel der Taschentücher oder sonstige Fetzen ins Wasser und steckten sie den Kindern in den Mund. Gierig sogen sie daran.

Unterdessen hatte man in der Toilette eine Sterbende aufgebahrt. An ihrem Kopfende brannten zwei Kerzen, die aus Luftmangel nur glimmten. Im ganzen Bunker gab es nur zwei Sanitätsräume. Der eine blieb als Geburtszimmer reserviert, da einige Frauen unter uns schwanger waren. Hin und wieder fanden sich ein paar beherzte Männer, die nach oben stiegen, um unter freiem Himmel den Ventilator zu bedienen. Aber unten bei uns war kaum ein Unterschied zu spüren.«

Plötzlich kommt ein Befehl durch, den Bunker zu räumen: Angeblich wollen die Sowjets ihn sprengen, da sie hier ein Waffenversteck vermuten. »Unsere Kinder legten wir in

Panzersperre am Potsdamer Platz, Frühjahr 1945.

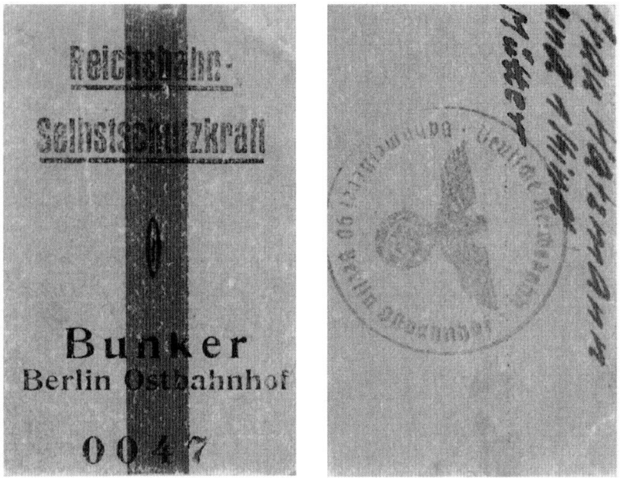

Eintrittskarte für den Hochbunker am Schlesischen Bahnhof. Auch Bunkerausweise tragen den Hakenkreuzstempel.

Decken, welche wir uns gegenseitig auf dem Rücken festbanden, so daß die Kleinen wie in einer Hängematte lagen. [...] So warteten wir auf den Todesmarsch, als plötzlich der Befehl wieder abgeblasen wurde. Wir sanken, so wie wir waren, erst mal auf die Bänke und starrten uns gegenseitig apathisch an. Aber bald kam wieder Bewegung in uns, und man spürte eine gehobene Stimmung in unserer Kabine. Doch die gute Stimmung hielt nicht lange an. Es wurden mißtrauische Bemerkungen laut. Wer gab den Befehl? Wenn die Russen den ersten, und die Deutschen den zweiten gaben, so mußte man doch jeden Moment damit rechnen, in die Luft zu fliegen. Nun hatten wir keine ruhige Minute mehr.

Irgendein Überschlauer gab durch, man solle alles, was mit einem Hakenkreuz bezeichnet sei, vernichten. Und so fing ein wüstes Geschubse und Gedränge zu den Toiletten an. Alles, was nur ein Hakenkreuz hatte, wurde wahllos ins Klo oder in das wenige Trinkwasser versenkt: Abzeichen aller Art, Papiere, wichtige Dokumente (auf jedem Staatspapier war ja so ein Hakenkreuz), darunter Wohlfahrtsbescheinigungen und Arbeitsbücher. [...]

Nun wurden die ersten Verwundeten hereingebracht. Die große Vorhalle mußte nun auch noch geräumt werden und wurde in ein Lazarett verwandelt. Auch eine Kabine wurde als Operationszimmer eingerichtet. Die Vorhalle füllte sich mit Schwer- und Leichtverwundeten. Ärzte und Schwestern eilten geschäftig zwischen den vielen Bahren hin und her. Da lagen sie nun nebeneinander, Russen und Deutsche, die sich noch vor wenigen Minuten verbittert gegenübergestanden hatten. Die leicht verwundeten Deutschen und Russen tauschten gegenseitig Zigaretten aus.«

Am 24. April dann beginnen die Kämpfe im unmittelbaren Umfeld des Bunkers. Köpenick und Adlershof sind schon eingenommen, es wird hauptsächlich noch um die Durchgangsstraße direkt am Bunker gekämpft. »Wir waren alle darauf gefaßt, von unseren Behausungen nichts mehr vorzufinden. Plötzlich vermissten wir unseren Bunkerwart. Es hieß, er sei in einen der letzten Panzer gestiegen und über alle Berge. Das sah ihm ähnlich: Nachdem es ihm nicht gelungen war, seine geliebte Haken-

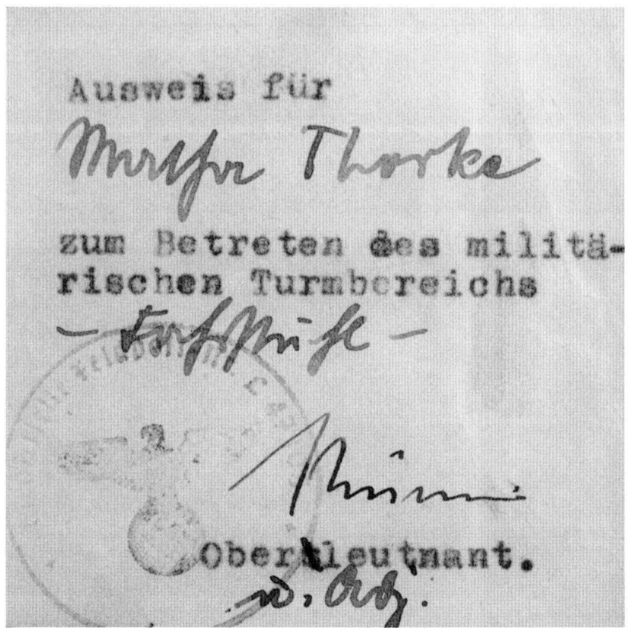

Ausweis einer Aufzugführerin im Flakturm Friedrichshain, 1944.

Am Ende dienen selbst verendete Pferde als Nahrungsquelle. Warschauer Straße, an der Oberbaumbrücke, 1945.

kreuzfahne flattern zu lassen, ergriff er die Fahnenflucht und ließ seine Frau zurück.

Unsere Nerven waren so überspannt, daß wir physisch vollkommen unempfindlich wurden. Wir spürten weder Hunger noch Durst, ebenfalls nicht, daß man kaum mehr atmen konnte.«

Die Kämpfe vor dem Bunker ziehen sich hin bis in die vierte Nacht. Plötzlich werden die Bunkertore geöffnet: »Man vernahm laute, energische Rufe in russischer Sprache. Russische Offiziere kamen von Kabine zu Kabine und leuchteten mit ihren Blendlaternen jeden einzelnen ab. Bei ihnen befand sich eine deutsche Dolmetscherin, die vorher sagte: ›Bleibt ruhig liegen, die Russen tun euch nichts.‹ Doch auf Befehl der Offiziere mußten wir alle aufstehen und sämtliches Gepäck unter den Bänken hervorziehen. Wahrscheinlich vermuteten sie Gewehre dahinter. Nachdem sie sich aber überzeugt hatten, daß sich hier nur vollkommen erschöpfte Mütter und kranke Kinder aufhielten, wünschten sie uns durch die Dolmetscherin eine gute Nacht. [...]

Am nächsten Morgen endlich, nach dem Abtransport der Verwundeten, wurden gegen 10.00 Uhr die Tore auch für die Bevölkerung geöffnet. Alle hasteten nach draußen an die frische Luft. Wir waren erst mal geblendet von dem hellen Tageslicht. Auf dem zerschossenen Dach hing neben der weißen Fahne auch die Rotkreuzfahne. [...] Es war ein herrlicher Frühlingstag. Von dem klarblauen Himmel schien die Sonne strahlend und warm auf die Erde hernieder. [...] Tote über Tote lagen umher, die meisten Russen. Alle mit abgehärmten Gesichtern. [...] Zwischen ihnen lagen Pferdekadaver, zerschossene und umgekippte Wagen aller Art. Alle Zäune waren von den Panzern niedergerissen, die Gärten verwüstet. Es schien, als ob die Panzer mitten durch die kleinen Häuschen durchgefahren wären, denn von vielen standen nur noch die Seitenwände.«[14]

Für die sowjetischen Militärs sind die zivilen und militärischen Bunker in Berlin schwer zu unterscheiden. Sie gehen (bis heute irrtümlich) davon aus, daß die Mehrzahl der Schutzbauten zum Verteidigungssystem gehört. Marschall Konew, Befehlshaber der 1. Ukrainischen Front, die von Süden auf die Reichshauptstadt vorrückt, berichtet nach dem Krieg: »Auch die meist im Stadtkern gelegenen überirdischen Luftschutzbunker aus Eisenbeton, deren größte 300 bis 1000 Soldaten faßten, erschwerten unseren Truppen das Vorwärtskommen. Einige Bunker waren sechsstöckig und etwa 30 Meter hoch. Die Stärke ihrer Decken schwankte zwischen 1,5 und 3,5 Metern und die der Wände zwischen 1 und 2,5 Metern, so daß sie für damalige Feldartilleriegeschütze praktisch unverwundbar waren. Auf den Bunkern befanden sich meist mehrere Flakgeschütze, die sowohl gegen Flugzeuge als auch gegen Panzer und Infanterie eingesetzt

Bergung von Habseligkeiten aus Ruinen in der Joachimsthaler Straße/Ecke Kantstraße Charlottenburg.

Befehlsbunker in der Dreifaltigkeitskirche am Wilhelmplatz, 1945.

werden konnten. In Berlin gab es etwa 400 derartige befestigte Anlagen, die zum innerstädtischen Verteidigungssystem gehörten. Bei der Besetzung von Plätzen und Werken stießen unsere Soldaten außerdem vielfach auf sogenannte Ein-Mann-Bunker, aus denen Maschinengewehrschützen feuerten.«[15]

Bis auf die Flaktürme, die »ein lebhaftes Feuer ostwärts geben«,[16] werden die meisten Bunkeranlagen nicht verteidigt. Allerdings gibt es vereinzelte Versuche, die zivilen Schutzanlagen noch in letzter Minute militärisch zu nutzen. So fahren am Vormittag des 22. April plötzlich zwei Lastwagen am Großbunker Blockdammweg in Karlshorst vor. 25 bis 30 »Goldfasane«, wie die NS-Parteibonzen genannt werden, springen herunter und dringen in den Bunker ein. Vom zweiten Laster werden Waffen, darunter auch einige Panzerfäuste, abgeladen, die man in den Sanitätsraum schafft, da alle anderen Räume überfüllt sind. Sowohl der Bunkerwart als auch der leitende Arzt protestieren heftig und verweisen auf die Bestimmungen des Internationalen Roten Kreuzes. Dennoch verlangen die NS-Funktionäre, die Männer im Bunker zu bewaffnen und die Anlage vom Dach aus »bis zum letzten Mann« zu verteidigen. Als der Anführer jedoch bemerkt, daß sein Vorhaben bei niemandem im Bunker Unterstützung findet und die Stimmung umschlägt, man dort eher bereit ist, »die Goldfasane umzulegen und dann die weiße Fahne zu hissen«, wie sich Karl Sukrow erinnert, rücken die Fanatiker unter Angabe, den Dachausgang vermint zu haben, unverrichteterdinge wieder ab. Die Waffen lassen sie zurück.[17]

Einen Tag später wird der Bunker dann von sowjetischen Panzern beschossen, da keine weiße Fahne auf dem Dach weht. Schließlich gelingt es dem Bunkerwart doch, aufs Dach zu kommen, ein weißes Bettlaken zu enthüllen und die Anlage ohne Verluste zu übergeben. Die Waffen im Sanitätsraum allerdings werden ihm und dem Arzt zum Verhängnis. Nach der Übergabe läßt ein sowjetischer Offizier sie erschießen.

Verhängnisvoll entwickelt sich auch die Übergabe des Bunkers Gravelotte-/Ecke Johanna-Stegen-Straße in Steglitz, der am 27. April in die Kampfhandlungen zwischen sowjetische Truppen gegen deutsche Einheiten gerät, die sich im Stadtpark verschanzt halten. »Nachdem dieser Bunker, in dem sich nur Zivilisten befanden, kurz von sowjetischen Soldaten durchsucht worden war und der Bunker-

Flachbunker Gravelottestraße, 1952.

wart auf sowjetische Anweisung eine weiße Fahne gehißt hatte, kletterten deutsche Soldaten an einer verdeckten Seite auf das Bunkerdach und beschossen die ungedeckten Rotarmisten. Diese forderten Panzerverstärkung an, die den Bunker beschoß, wodurch an einer dünnen Stelle die Bunkerwand durchbrochen wurde. Daraufhin trieben die sowjetischen Soldaten die Bunkerinsassen an das Tageslicht und stellten sie an der Bunkerwand auf. Plötzlich setzte aus einem nahegelegenen Haus Infanteriefeuer ein. Die beschossenen Soldaten suchten hinter ihren Gefangenen Schutz und erwiderten das Feuer. Aufgrund dieser Vorfälle erwarteten die Gefangenen nun ihre Erschießung. Aber eine russisch sprechende Frau konnte erreichen, daß alle nach Hause entlassen wurden.[18]

In vielen Schutzbauten läuft die Übergabe dagegen glimpflich ab, so auch am Marien-Bunker (benannt nach der damaligen Marienstraße, der heutigen Ruthstraße in Steglitz). Die Menschen, die dort Schutz gesucht haben, erleben die erste Begegnung mit sowjetischen Soldaten folgendermaßen: »Dann kam ein riesengroßer Russe in den Bunker, nahm sich das erstbeste Kind auf den Arm und sagte: ›Keine Angst, wir tun nichts. Sie sehen, ich habe das Kind auf dem Arm. Wir sind nur Leute, die gut sind, wir wollen nichts Böses.‹«[19] Anschließend werden alle Bunkerinsassen nach Hause geschickt.

Nachrichtenbunker (Basa-Bunker) der Reichsbahn am Halleschen Ufer in Kreuzberg nach dem Ende der Kämpfe, 1945.

Andere Erfahrungen müssen die Insassen des Bunkers »Land in Sonne« in Wartenberg am nordöstlichen Stadtrand von Berlin machen. Lieselotte Millis erinnert sich: »Die Russen kamen durch den Bunker und wir drängten uns, um nur etwas sehen zu können. Wir waren fertig angezogen und wollten schon nach Hause gehen. Aber es kam anders. Erst mal hieß es: Alle Uhren raus. Kamerad Iwan braucht richtig gehende Uhren. Wir sollten auch alle wieder Platz nehmen, es ist noch toller Beschuß draußen, man kämpft erst in der Suermondtstraße. Das sahen wir ein. Doch daß man die Uhren haben wollte, fanden wir albern. Zwei Russen hatten Visite gemacht, als die nächsten kamen. Und es hörte nicht auf. Stundenlang, bis zum Abend, ein Russe nach dem anderen. Jeder wollte Uhren haben.

Aber es sollte noch anders kommen. Zeit und Stunde wußten wir nicht mehr, da man ja die Uhren weggegeben hatte. Ein nicht schlecht aussehendes junges Bürschchen stellte sich an den Pfosten unserer Kabinentür und strahlte uns alle an. Er quatschte was in seiner Sprache, was wir ja nicht verstanden. ›Nich verstehn?‹ fragte er. Na, er versuchte es mal auf deutsch. ›Schöne Frauen hier?‹ Das weitere war wieder unverständlich. Nur an seinen Gesten verstanden wir, was er meinte. Er legte die Arme zusammen und schaukelte hin und her. Dabei fielen die Worte ›Bett‹ und ›schlafen‹. Na ja, wir wußten schon, was er wollte. Aber er verschwand wieder.« Schnell verbreitete sich die Kunde: »Die Russen holen sich die Mädchen. Da war es natürlich um unsere Fassung geschehen. Ich muß sagen, ich war sehr enttäuscht. [...]

Gleich bei ihrem Eintritt in den Bunker hatten vor lauter Freude und Begeisterung ver-

Großbunker am Anhalter Bahnhof.

schiedene Frauen ihre letzte Schnapszuteilung an die Russen verteilt. Diese haben sie natürlich mit Begeisterung hinter die Binde gekippt. Und nun waren sie blau. Das war ein Reden auf den Gängen. Ein Lachen und Singen. Von Kabine zu Kabine gingen die Burschen und holten sich die Mädchen. Bis jetzt war man bei uns noch vorbeigegangen. Aber man weiß nicht. Ich hatte mich auf die Erde gelegt. Über mir lag eine Decke und meine Mutter hatte sich raufgesetzt. Das ging wohl ein Weilchen, aber nicht lange. Ich schwitzte wie so ein Affe und sämtliche Knochen taten mir weh. [...] Und immer wieder die schweren Schritte und scharfen Stimmen vor den Kabinen. Die anderen Frauen hatten sich alle die Haare zerzaust und Kopftücher umgebunden, um bloß alt zu wirken.

Ich hielt das nun nicht länger aus und setzte mich [wieder] hin. Meine Haare waren sowieso sehr durcheinander. Ich zog mir trotz unerträglicher Hitze einen schwarzen dicken, mit Pelz besetzten Mantel an. Wir kamen auf die Idee, ganz blöde zu tun, vielleicht würde man dann von uns lassen. Und richtig, das war sozusagen meine Rettung. Sobald ein Iwan in unsere Zelle trat, uns mit der Taschenlampe beleuchtete, verzog ich mein Gesicht zu einer scheußlichen Fratze. Es war ein furchtbares Gefühl, den Schein der Taschenlampe auf dem Gesicht und dann die Ungewißheit, nehmen sie sich auch doofe Verrückte? Doch ich hatte Glück. [...] Nach 60 Stunden Quälerei kamen wir endlich wieder ins Freie.«[20]

Derartige Übergriffe gibt es auch im Hochbunker Genslerstraße in Lichtenberg und im Gasometerbunker Sellerstraße. In Lichtenberg dürfen nur die Männer aus dem Erdgeschoß die Anlage verlassen, die Frauen in den oberen Stockwerken werden mit ihren Kindern mehrere Tage im Bunker festgehalten. In der Sellerstraße, wo die Frauen noch bis zum 3. Mai unzählige Torturen über sich ergehen lassen

Reichskanzlei, Straßenfront zur Voßstraße, 1945.

müssen, werden sogar die Türen ausgehängt, damit sie nicht von innen versperrt werden können. Manche beschmieren sich sogar mit den eigenen Exkrementen, um abschreckend zu wirken und in Ruhe gelassen zu werden, einige begehen Selbstmord.[21]

Das tagelange Eingesperrtsein in den letzten Kriegstagen führt dazu, daß viele Kinder dort verhungern. Das bezeugen Elfriede und Erich Wassermann, die in den riesigen Bunker am Anhalter Bahnhof geflüchtet sind. Sie müssen das Schreien und Wimmern der Kleinkinder mit anhören, ohne helfen zu können.[22] Oft kommt es auch vor, daß Mütter, die den Bunker verlassen, um an einer der öffentlichen Straßenpumpen Wasser zu holen, nicht mehr zurückkehren. So warten am vorletzten Kriegstag mehrere Kinder im Tiefbunker unter dem Alexanderplatz vergeblich auf ihre Mütter.[23]

Viel besser ist die Ausstattung der Bunker im Regierungsviertel. Sie verfügen entweder über eigene Tiefbrunnen oder sind an ein kleines verbunkertes Wasserwerk unter der Gartenterrasse der Neuen Reichskanzlei angeschlossen, das alle Bunker im Bereich zwischen Wilhelm- und Hermann-Göring-Straße (heute Ebertstraße) mit Frischwasser versorgt. Bis zum letzten Kriegstag kann hier sogar noch warm geduscht werden, da neben Notstromaggregaten sogar ein kleines, ebenfalls verbunkertes Kraftwerk bis zum Schluß den nötigen Strom liefern kann.[24]

Im sogenannten »Führer-Bunker«, mit rund 1,3 Millionen Reichsmark mit Abstand der teuerste Prominentenbunker, der in Luftlinie nur knapp 500 Meter vom Anhalter Bahnhof entfernt liegt, lebt man in einer völlig eigenen Welt, auch mit ganz anderen Problemen. So berichtet der Techniker Euleneck in einem Schreiben vom 16. April 1945: Bei der Anlage Reichskanzlei »handelt es sich um einen für den Führer und seine engsten Mitarbeiter errichteten unterirdischen Bunker mit rund 800 m³ nutzbaren Inhalts, bei einer Raumhöhe von rund 3 m. In der Mitte führt ein Gang, der gleichzeitig als Empfangsraum dient. Links davon sind die Führerräume (Schlaf-, Bad-, Wohn-, Abort- und Besprechungsraum). Rechts des Ganges liegen die Adjutantsräume gleicher Größe und der Maschinenraum. Es ist eine kombinierte Belüftungsanlage eingebaut, wobei die Hauptlüftung als Durchflußlüftung arbeitet und mit Klima-Anlagen ausgerüstet ist. Das ganze System arbeitet völlig geräuschlos. Die an uns gestellte Forderung, daß selbst bei Betrieb der Diesel-Anlage, die ebenfalls im Maschinenraum untergebracht ist, kein störendes Geräusch in die belegten Räume dringen darf, konnten wir restlos erfüllen. Die Hauptlüftung ist mit einer automatischen Schaltanlage ausgerüstet, die innerhalb von 24 Stunden in bestimmten Zeitabständen ein- und ausgeschaltet wird. Die Luft im gesamten Bunker ist selbst bei stärkster Belegung immer gleichmäßig temperiert.

Es ereignete sich nun kürzlich folgender Zwischenfall. Während einer Führerbesprechung, an der neben mehreren Generälen auch der Reichsmarschall und Dr. Goebbels teilnahmen, wurde plötzlich ein immer stärker werdender Brandgeruch im Besprechungszimmer festgestellt. Es entstand eine erhebliche Aufregung, da eine Sabotage vermutet

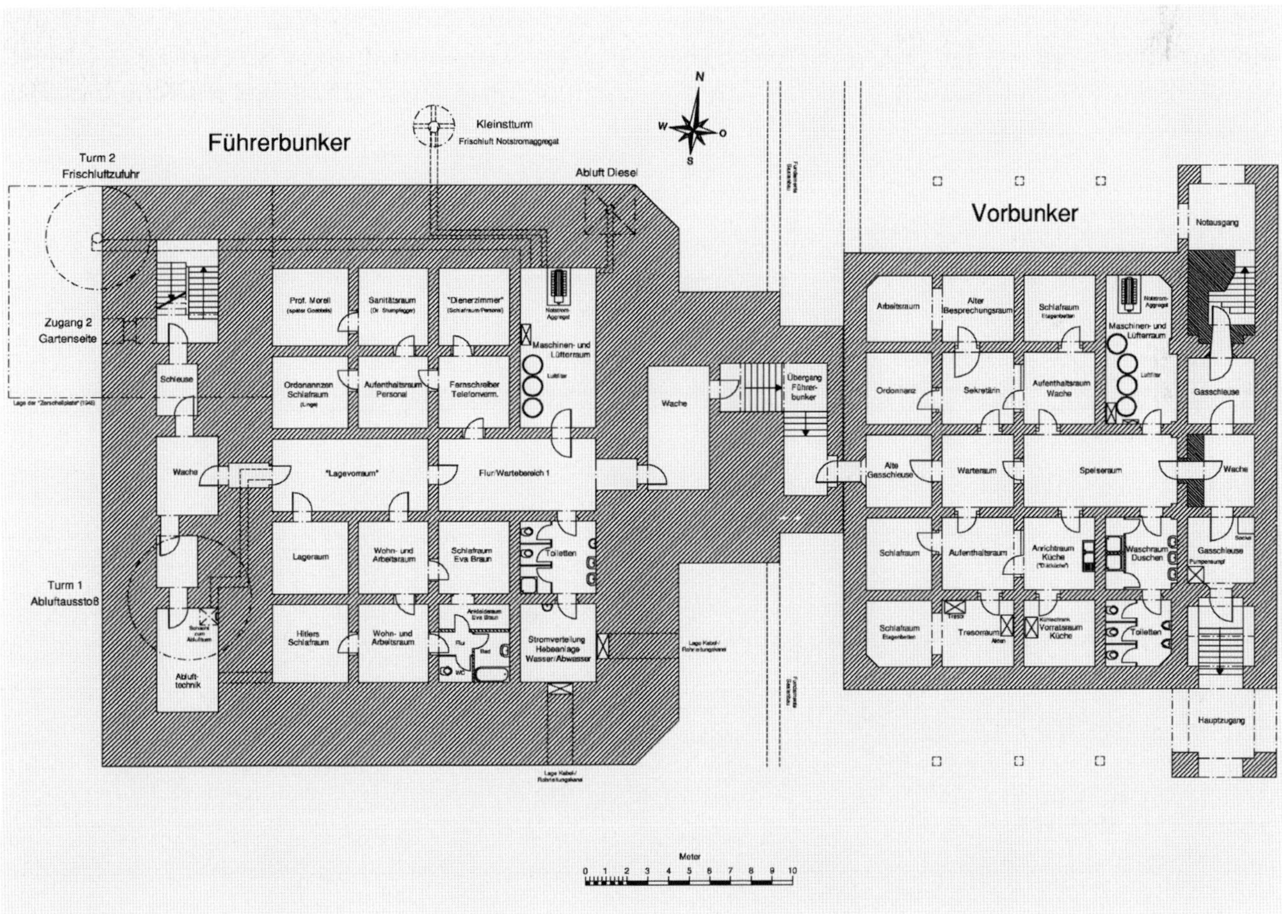

Grundrißrekonstruktion des »Führer-Bunkers«, nach Auswertung aller heute verfügbaren Quellen, 2003.

wurde. Die Belüftungsanlage wurde sofort abgestellt. Nach längerem Suchen fand man den Grund der Bunkervergasung. Der Wagen des Reichsmarschalls hatte unmittelbar unter einer der vorhandenen Ansaugleitungen, die rund 3 m über Flur ansaugen, geparkt. Es handelte sich um einen Wagen, der mit Holzvergasung fuhr, und der Fahrer arbeitete am Generator, wobei die austretenden Gase und Dämpfe von der Belüftungsanlage unmittelbar angesaugt wurden. Nach Durchspülen des Bunkers mit beiden vorhandenen Belüftungsanlagen (Haupt- und Schutzlüftung) konnte die Besprechung wieder weitergeführt werden. Ein Parkverbot in der Nähe der Ansaugleitung schließt eine Wiederholung des Falles für die Zukunft aus.«[25]

Immerhin trägt das Ereignis wohl dazu bei, Albert Speers Kopf im Nürnberger Prozeß zu retten. Speer läßt sich von dem Vorfall offenkundig inspirieren und gibt bei seiner Vernehmung 1946 vor, daß er die Absicht hatte, Hitler im »Führer-Bunker« durch das Einleiten von giftigen Gasen zu beseitigen.[26] Aufgrund ihrer geringen Kenntnisse über den »Führer-Bunker« haben die Alliierten kaum die Möglichkeiten, seine Behauptungen zu überprüfen.

Rochus Misch, der letzte Telefonist Hitlers, verrichtet im »Führer-Bunker« seinen Dienst bis zum bitteren Schluß. Noch wenige Tage vor Kriegsende meldet er sich am Fernsprecher tief unter der Erde immer: »Hier Reichskanzlei – Führerwohnung«, wenn Anrufe von außen eingehen. Er erlebt die Bunkerhochzeit von Hitler und Eva Braun sozusagen aus dem Nachbarraum und auch ihren Selbstmord am 30. April 1945 gegen 3.40 Uhr morgens. Angebliche Saufgelage und ausschweifende Feste, die in den letzten Tagen im Bunker gefeiert worden sein sollen, verweist er allerdings ins Reich der Le-

Gartenausgang des »Führer-Bunkers« mit dem ehemaligen Festsaal im Hintergrund, 1945.

Kriegsende direkt über dem Adlon-Bunker am Pariser Platz.

gende. Im »Führer-Bunker« wurde erst geraucht und getrunken, »nachdem der Chef tot war«.

Die letzten Stunden übernimmt Goebbels das Kommando im Bunker. Er versucht noch, zusammen mit General Krebs mit den Sowjets zu verhandeln, doch diese akzeptieren nur die bedingungslose Kapitulation. Zusammen mit General Burgdorf begeht Krebs nach dem Scheitern der Verhandlungen Selbstmord. Misch erinnert sich: »Sie saßen bei mir um die Ecke, eineinhalb bis zwei Meter entfernt. Ob sie sich erschossen oder Gift genommen haben, weiß ich nicht. Ich bin da bloß hingegangen, weil ein Gespräch für General Krebs reinkam. Ich habe ihn angestoßen und wollte ihn wecken. Da merkte ich – er war tot. Ich ging daraufhin zum Telefon und sagte: ›General Krebs ist zur Zeit nicht erreichbar.‹ Wenig später bin ich hin zu Goebbels und bat um meine Entlassung. Ich wollte doch auch weg. Goebbels fragte: ›Was haben wir denn noch?‹ Na ja, nicht mehr viel, die Gauleitung und die Wilhelmstraße. Über Telefonate wußten wir, wo die Russen standen. Da sagte Goebbels zur mir: ›Wir haben ja verstanden zu leben, dann werden wir auch verstehen zu sterben.‹ Da habe ich bei mir alle Kabel rausgerissen, bin rüber zu Henschel [dem Maschinisten] und sagte ihm: ›So, wir sind jetzt nicht mehr erreichbar. Ich habe alles zerstört!‹ Das war das Ende.«[27]

III Zertrümmerung und Umnutzung – Die »Frontstadt«-Phase 1945–1990

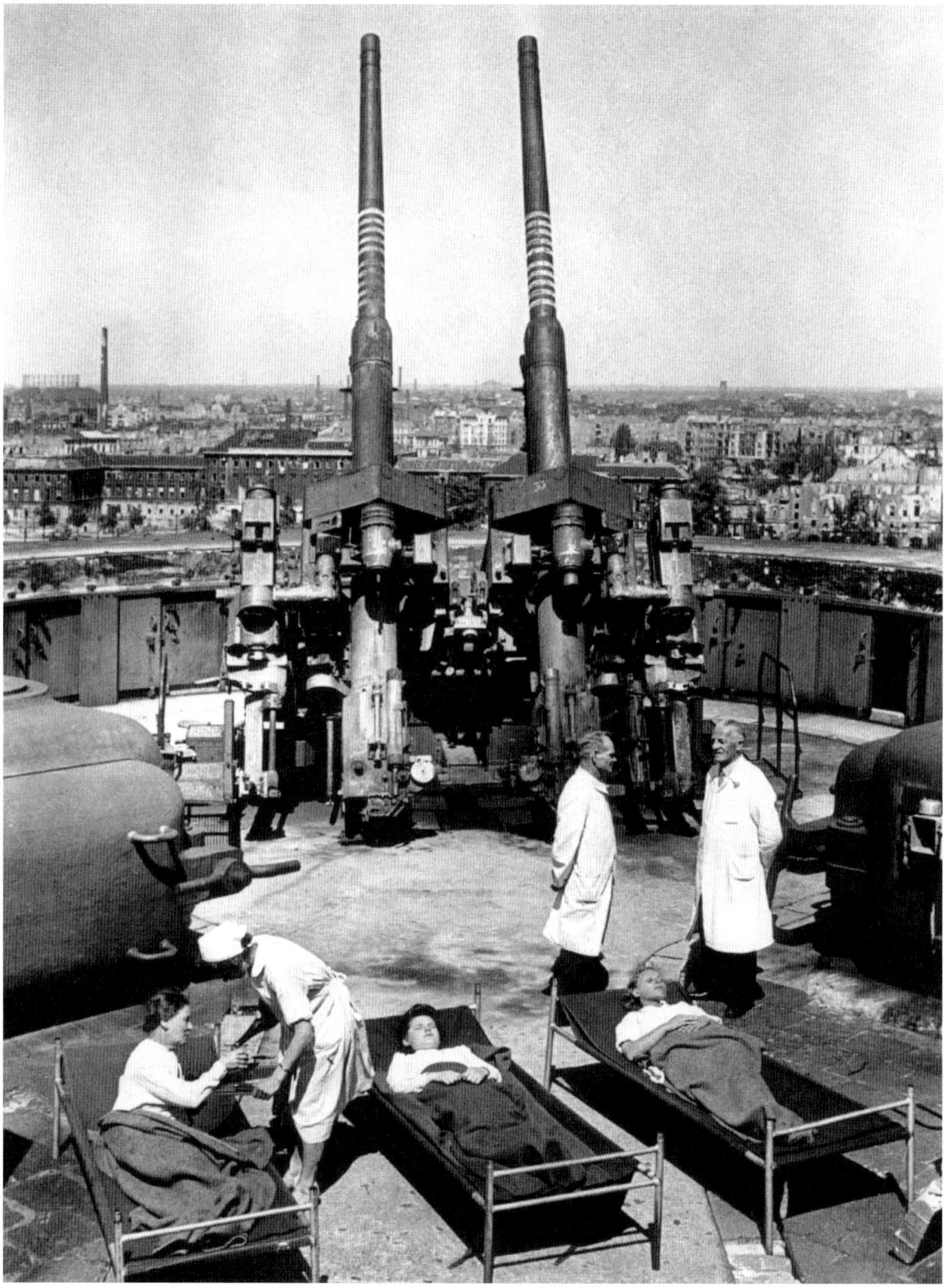

Endlich Frieden. Auf dem Dach des Flakturms Zoo werden Kranke im Sommer 1945 betreut.

1 Heimatlose und Champignons – Zwischenbelegungen in der Nachkriegszeit

Mit Beendigung der letzten Kämpfe Anfang Mai 1945 haben die Bunkeranlagen ihren eigentlichen Zweck verloren. Die verwaisten Schutzbauwerke, in denen sich kurz zuvor noch Tausende von Menschen gedrängt haben, verwandeln sich nun in gespenstische, verlassene Orte.

Waltraud Süßmilch sucht kurz nach Kriegsende noch einmal »ihren« Hochbunker am Anhalter Bahnhof auf: »Zum Bunker sind wir gegangen, um eventuell etwas Brauchbares zu finden, aber wir kamen nur ein paar Schritte hinein. Nach wenigen Metern einen Gang entlang war uns der Weg durch muffig riechendes Wasser versperrt, in dem unbeweglich vier Leichen, Kartons und leere Blechdosen lagen.«[1] Aus manchen Bunkern dringt ein bestialischer Gestank von Verwesung und Fäulnis. Neben vollgelaufenen Toiletten liegen hier die Leichen von Selbstmördern und von Soldaten, die bei den letzten Kämpfen als Schwerverwundete in die Anlagen geschafft worden waren und dann dort verstorben sind.

Zu den Aufräumarbeiten werden von den sowjetischen Soldaten deutsche Kriegsgefangene, vor allem aber Zivilisten abkommandiert. Allein aus dem Geschützturm Zoo sind 474 Tote herauszuschaffen, die dann vor dem Bunker begraben werden. Mitte Mai 1945 muß der damals sechzehnjährige Hartmut Grunert mithelfen, zahlreiche Leichen aus den Bunkern im Humboldthain und den umliegenden Schützengräben herauszuziehen, wozu man den Toten Stricke und Elektrokabel um die Füße bindet. Anschließend werden sie in Bombentrichtern des zerstörten Volksparks verscharrt. Aufgrund der akuten Seuchengefahr drängen die Sowjets auf Eile, bei Arbeitsverweigerung drohen harte Strafen.[2]

Einmal beräumte Bunkeranlagen, die danach nicht bewacht oder fest verschlossen sind, werden von der Bevölkerung nach Brauchbarem durchsucht und ausgeschlachtet. In den zerstörten Wohnungen wird alles gebraucht: Lichtschalter, Waschbecken, Toiletten, Türen, Bettgestelle, Matratzen und alle sonstigen Einrichtungsgegenstände. Belüftungstechnik und Elektroleitungen lassen sich beim Schrotthändler zu Geld machen – Kupfer ist in diesen Zeiten ein begehrter Rohstoff.[3]

Die Verwaltung reagiert darauf und versucht, die verbliebenen Vermögenswerte zu sichern. Ende Mai ergeht die Weisung zur Inventarisierung und Verwertung noch vorhandener Ausstattungen.[4] Dafür wird eine »Erfassungs-

Soldatengräber vor dem Eingang des Flakturms Zoo, 1946.

stelle für die Vermögenswerte des Generalbauinspektors« mit Sitz in der Berliner Straße 9 (dem heutigen Ernst-Reuter-Haus an der Straße des 17. Juni) geschaffen.[5] Die Behörde verkauft auch die noch vorhandenen Bunkerbaumaterialien, die jetzt für den zivilen Wiederaufbau genutzt werden sollen.[6]

Für die Mieteinnahmen aus der Bunkernutzung ist die Erfassungsstelle ebenfalls zuständig.[7] Am 30. November 1945 stellt beispielsweise die Kommunistische Partei, Ortsgruppe Berlin-Wittenau, den Antrag, den Luftschutzbunker am Eichhorster Weg auszubauen und zu nutzen. Geplant ist hier die Errichtung eines Jugendheims mit Versammlungsräumen und Werkstätten. Zu diesem Zweck sollen Zwischenwände herausgenommen und Fenster in die dicken Betonmauern gebrochen werden. Keine zwei Wochen später wird der Bunker »der KP seitens der Abwicklungsstelle des GBI [...] mietweise überlassen« mit der Bedingung, daß die Einrichtungsgegenstände sicherzustellen sind und eine Liste davon der Abwicklungsstelle zu übergeben ist.[8] Während in Neukölln, Steglitz und Spandau viele Anlagen noch halbwegs intakt sind und neu genutzt werden können, erweisen sich die meisten Bunker in Köpenick und Pankow als weitgehend geplündert.[9] Bei der allgemeinen Bestandsaufnahme treten manchmal erhebliche Risiken zutage. So gilt das Betreten des ausgebrannten »Horchbunkers«, des Leitturms am Zoo, im August 1945 als lebensgefährlich.[10] In einem der sechs Bunker in der Stadtrandsiedlung in Marienfelde wiederum herrschen katastrophale hygienische Verhältnisse. Die »Bunkerfahnder« werden hier von Ungeziefer angefallen – die Anlage ist »vollkommen verlaust«.[11] Die Tiefbunker am Tirpitzufer 70 (heute Reichpietschufer) und in der Bendlerstraße 1–13 stehen voller Wasser.[12]

Leitturm Zoo, Herbst 1945.

Nach der Aufteilung der Stadt in Besatzungszonen kommt es unter den Alliierten zu Spannungen, die sich auch bei der Bunkererfassung niederschlagen. Während die britische Besatzungsarmee fast immer Zutritt zu den von ihr genutzten Bunkern gewährt, arrestiert man in einigen Fällen im sowjetischen Sektor die Inspektoren vorübergehend sogar als vermeintliche Spione.[13]

In der zerbombten Stadt bieten die noch intakten Bunker oftmals die einzige Möglichkeit, Menschen ohne Bleibe unter halbwegs annehmbaren Bedingungen unterzubringen. In Weißensee möchte man »Junggesellenheime« und Unterkunftsmöglichkeiten für Bauhandwerker in den nutzbaren Anlagen einrichten.[14] Der Großbunker in der Fichtestraße bietet täglich rund 1 600 Vertriebenen, Umquartierten und entlassenen Kriegsgefangenen ein Obdach und gilt angesichts der »elenden Zustände in der Stadt« fast schon als luxuriös.

NR. 5 · SEITE 3 · ERSTE JANUAR-AUSGABE 1946 sie

WER WOHNT HEUTE IM BUNKER-HOTEL?

Ein findiger Berliner Geschäftsmann ist auf die Idee gekommen, den jetzt leerstehenden Hochbunker in Lankwitz zu einem Hotel umzugestalten, um so den Mangel an Uebernachtungsmöglichkeiten für Durchreisende in Berlin zu beheben. Der Plan wurde der Bezirksverwaltung vorgetragen, die den Bunker für den vorgesehenen Zweck bereitwilligst zur Verfügung stellte. Herr B., der heutige Geschäftsführer des Unternehmens, früher dreißig Jahre lang Oberkellner bei der Mitropa, ging nun sofort an die Arbeit. Er rief alle ehemaligen Angestellten der Mitropa, soweit sie erreichbar waren, zusammen und nahm zuerst einmal eine gründliche Säuberung des Bunkers vor, der sich nach Kriegsende in vollkommen verschmutztem Zustande befand. Sodann wurden die Restbestände an Mobiliar der Berliner Bahnhöfe und des Direktionsgebäudes in der Universitätsstraße gesammelt und damit die einzelnen Räume des Hotels ausgestattet. Es konnten 200 ehemalige Mitropabetten geborgen und ihrem neuen Verwendungszweck zugeführt werden; sogar Bettwäsche und Tischdecken, Bestecke und Geschirr fanden sich an. „Wir müssen zwar öfter abwaschen, weil die Bestände nicht groß sind", erklärt Herr B., „aber dafür haben wir die Genugtuung, unsere Gäste so bedienen zu können, wie wir es von früher her gewöhnt sind."

Die Schrift neben dem Bunkereingang erinnert noch an die ehemalige Bestimmung des jetzigen Hotels.

Im Vestibül werden die Anmeldeformulare ausgefüllt.

Wie die Speisekarte zeigt, bewegen sich die Preise in ganz normalen Grenzen.

Die Serviererin stammt aus Posen. Sie wollte ursprünglich Lehrerin werden. Ihr neuer Beruf gefällt ihr aber so gut, daß sie sich entschlossen hat, für immer dabei zu bleiben.

Nach langen Irrfahrten kam Frau ... aus Oberschlesien krank und elend in Berlin an. In einem der sauberen Zimmer ruht sie sich nun vor der Weiterfahrt aus.

Frau L. wurde von der Sperrstunde überrascht und muß nun im Bunkerhotel übernachten. Die Arbeit geht trotzdem weiter.

In einem eigenen Raum gibt eine gebürtige Engländerin Sprachunterricht. Auch aus der Umgebung kommen Schülerinnen. Es ist wärmer und behaglicher als daheim.

Frau K. arbeitet als Köchin in einer amerikanischen Kaserne in Lankwitz. Bis sie ein passendes Zimmer gefunden hat, wohnt sie im Bunkerhotel. Da ihr Dienst sehr früh beginnt, darf beim Schlafengehen der Wecker nicht vergessen werden.

Aufnahmen: Aktueller Bilder-Dienst

Hochbunker M 500 in der Eiswaldtstraße in Lankwitz wird zum Hotel, Zeitungsbericht Januar 1946.

In einem Zeitungsbericht aus dem Frühjahr 1946 heißt es: »Jeder, der hier aufgenommen werden will, muß sich zunächst einer Desinfizierung unterziehen. Diese Prozedur wird täglich erneuert. [...] Der im Bunker wohnende Lagerarzt wacht sorgsam darüber, daß anstekkende Krankheiten keine Verbreitung finden. Krankenschwestern und Sanitätspersonal pflegen Kranke und Erschöpfte in der isolierten Sanitätsstation.

Die Heimatlosen werden nach Möglichkeit familienweise in den vielen Einzelzimmern, die früher Schlafräume der Bunkerbesucher waren, wohnlich untergebracht. Eine moderne Küche bereitet die Säuglings- und Krankenkost zu. In extra eingerichteten Waschräumen können die Gäste vor der Weiterreise ihre Wäsche reinigen. Die Essensausgabe arbeitet vom Mittag bis zum Abend, um alle satt zu machen.«[15]

Wer es sich leisten kann, kommt allerdings auch komfortabler unter. Bereits am 1. Oktober 1945 öffnet Berlins erstes Bunkerhotel im Hochbunker Eiswaldtstraße in Steglitz. In 103 Zimmern mit insgesamt 160 Betten »sorgt, wie in den Kabinen eines Ozeanriesen, die Entlüftungsanlage für Frischluftzufuhr in ausreichender Menge«. Im Foyer erklingen Flügel, Baßgeige und Akkordeon, »und im teppichgeschmückten Raum sitzen an weißgedeckten Tischen die Gäste dieses bisher einzigartigen Hotels«, wie ein Journalist berichtet. Zur Eröffnung spricht ein Vertreter der Mitropa sogar von einem »Markstein im Wiederaufleben des Reiseverkehrs«, der unter den äußerst beschränkten Übernachtungsmöglichkeiten in Berlin sehr zu leiden hat, und verspricht »echte Berliner Gastlichkeit«.[16] Das Hotel ist bis Oktober 1949 in Betrieb, zum Schluß dient es noch als »Hospiz für Heimkehrer und Fernfahrer«, die hier für 2,20 Mark übernachten können. Dann wird der Bunker, feuerfest und explosionsgeschützt, als Filmlager an die Mosaikfilm-GmbH vermietet.[17]

Bunkerhotel Eiswaldtstraße in Lankwitz, 1946.

Weniger gastfreundlich geht es in der Mitropa-Notunterkunft im Hochbunker am Schlesischen Bahnhof (heute Ostbahnhof) zu. Wegen des Mangels an anderen geeigneten Gebäuden wird hier im Mai 1947 eine zusätzliche »Übernachtungsstelle« eingerichtet. Wer sich allerdings dazu entschließt, den grauen Betonklotz zu betreten, dem schlägt »ein Ozon entgegen, der für Sekunden den Atem stocken läßt. Wenige schwache Lampen ›erhellen‹ das Gängelabyrinth. Rohe Holzbänke stehen dicht nebeneinander. Auf ihnen sitzen müde, abgekämpfte Menschen. Vielen steht die Verzweiflung ins Gesicht geschrieben. Reisende? Kaum, aber was suchen sie hier? Und was suchen die Gestalten, die sich in die dunkelsten Ecken zurückgezogen haben und abschätzend jeden Eintretenden mustern? Zeitweilig gehen zwei Polizisten prüfend durch die Gänge. Dann vertiefen sich die verdächtigen Figuren in eine Zeitung.«[18]

Als Notquartier dient auch der Reichsbahn-Bunker am Anhalter Bahnhof. Anfangs stehen ganze acht Betten für 1 500 Gäste zur Verfügung! Die meisten Räume hat man mit Sitzbänken zerstörter Eisenbahnwaggons ausgestattet. Der Verleih von Decken wird rasch wieder eingestellt, da einige lieber ihre Personalausweise anstelle der Leihgaben zurücklas-

Mitropa-Notunterkunft und Wettbüro im Hochbunker am Schlesischen Bahnhof, 1947.

sen. Werden die Räumlichkeiten nicht ausreichend gesichert, verschwinden »Stühle, Näpfe und sogar Heizkörper« in kürzester Zeit spurlos.[19] Viele Kleinkriminelle suchen hier Unterschlupf, auch die Stichproben der Polizei können kaum helfen. Die Ventilation funktioniert nicht, da die Motoren fehlen. Die hygienischen Verhältnisse werden im Winter 1946/47, nach dem Einfrieren der Toiletten, ausgesprochen fürchterlich. Jeden Morgen müssen aufs neue die »beschmutzten Ecken« gereinigt und mit Chlorkalk bestreut werden, um das Ausbreiten von Krankheiten zu verhindern.

Unterkunftsmöglichkeiten gibt es außerdem im Plaza-Bunker in Friedrichshain, den Hochbunkern an der Grünauer Straße (am S-Bahnhof Schöneweide), Friedlander Straße (Adlershof), Marienfelder Chaussee (Buckow-West) und in der Fürstenwalder Allee (Flüchtlingslager Rahnsdorf).[20] Hinzu kommen zeitweilig der Flachbunker Achardstraße (heutige Strehlener Straße) in Kaulsdorf, der Bunker im Jagen 37 in Schmöckwitz, der Flachbunker an der Köllnischen Allee am Neuköllner Stichkanal, der von der Caritas als Flüchtlingsheim betrieben wird, der Tiefbunker Ferdinandstraße 1 in Lichterfelde, wo bis zu 500 Flüchtlinge unterkommen können, und ein weiterer Hochbunker in Tempelhof.[21]

Aufgrund der Kriegszerstörungen bei vielen Strafanstalten werden Bunkeranlagen mitunter sogar zu Not-Gefängnissen umfunktioniert. Im Januar 1946 richtet die US-Militärregierung mit einem Kostenaufwand von 40 000 Reichsmark, die bis zur Währungsreform am 21. Juni 1948 noch offizielles Zahlungsmittel ist, im Hochbunker Friedrich-Karl-Straße ein Untersuchungsgefängnis ein, dem »alle aus dem Polizei-Inspektions-Bezirk Tempelhof und den angrenzenden Polizei-Inspektionen Neukölln, Kreuzberg und Schöneberg festgenommenen Personen, männlichen und weiblichen Geschlechts, sowie Jugendliche [...] zugeführt« werden.[22]

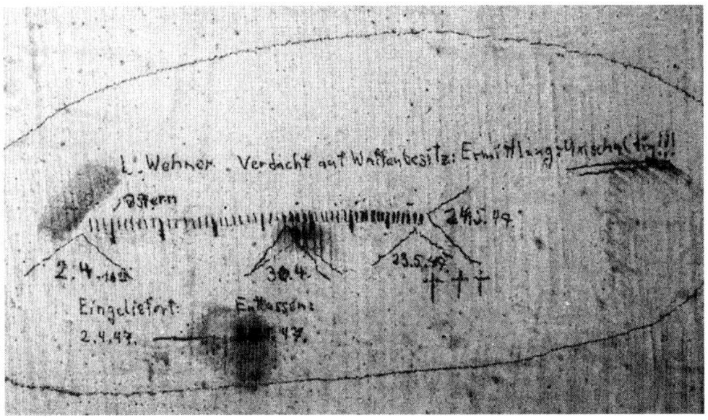

Kalender eines Häftlings im Bunker Friedrich-Karl-Straße.

Rund 75 Prozent der Bunkerzellen werden von der amerikanischen Militärpolizei in Beschlag genommen, der Rest durch die städtischen Polizeireviere genutzt. Während die Häftlinge der Polizei meist nach wenigen Tagen wieder freikommen, passiert es des öfteren, daß die Militärpolizei ihre Insassen »einfach vergißt« und »Häftlinge bis zu drei Monaten [...] im Bunker verwahrt werden«, ohne daß ihr Fall behandelt wird, obwohl meist nur Bagatelldelikte vorliegen, wie der Leiter der Polizeigefängnisse vermerkt.[23]

Das Not-Gefängnis wird aufgrund gesundheitlicher Bedenken nach einer Betriebszeit von nur neun Monaten wieder geschlossen, da das Bezirksamt Tempelhof bereits im Juni 1947 unhaltbare Zustände feststellt. Aufgrund der Stromsperren fällt immer wieder die Belüftung aus, und die Zellenräume, ohnehin schon ohne Tageslicht, liegen dann völlig im Dunkeln. Infolgedessen leiden die Häftlinge bereits nach zwei bis drei Tagen Aufenthalt an starken Kopfschmerzen, »besonders bei älteren Personen tritt Atemnot in Erscheinung, so daß wiederholt ärztliche Hilfe in Anspruch genommen werden muß«[24]. Ähnliche Bedingungen herrschen im Untergeschoß des Fichte-Bunkers, einem weiteren Untersuchungsgefängnis der Amerikaner.

Gefängniszellen im Bunker Fichtestraße, Kreuzberg.

Auch im sowjetischen Sektor Berlins werden Menschen in Bunkern eingekerkert. Diese kommen allerdings eher aus politischen denn aus strafrechtlichen Gründen dorthin. Im Hochbunker Reinhardtstraße in Berlin-Mitte richtet der Geheimdienst NKWD, Vorläufer des bekannteren KGB, ein Untersuchungsgefängnis ein. Das bleibt an dieser zentralen Stelle der Stadt natürlich nicht unbemerkt: »Nachts, wenn die Leute aus dem Deutschen Theater oder aus den Kammerspielen kommen, beleuchten grelle Lampen Posten, Bunker und Gitter. [...] Täglich liefere man mehrere Leute ein. Andere hole man heraus. Die würden meist zur Vernehmung in die Kommandantur in der Luisenstraße gebracht. Nach einigen Stunden erhält man sie dann zurück. Dann sehen sie anders aus«, heißt es in einem Bericht des West-Berliner »Tagesspiegel« von 1948.[25] Im Jahr darauf wird dort berichtet, daß trotz der dicken Betonmauern die Schreie der Inhaftierten bis auf die Straße dringen.[26] Ein weiteres »Russengefängnis« findet sich zeitweilig auch im Tiefbunker unter dem Friedrichshagener Kurpark.[27]

Daneben nutzen die Besatzungsmächte die Bunkeranlagen aber auch für eigene militärische Zwecke. Allein in Köpenick werden von der Roten Armee fünf Flachbunker okkupiert. In zwei von ihnen, im Bunker am Hirseländer Weg und an der Straße 653 in Müggelheim, richtet man gar lokale Kommandanturen ein.

Auch im Geschützturm Friedrichshain beziehen sowjetische Soldaten zunächst Quartier, den Rundfunk-Bunker an der Masurenallee bewohnt die Wache des bis zum 5. Juli 1956 unter sowjetischer Kontrolle stehenden Funkhauses. Die beiden Tiefbunker an der Chausseestraße 30/31 in Mitte dienen eine Zeitlang als unterirdische Kasernen für die Soldaten. Drei weitere Flachbunker an der Ostseestraße in Prenzlauer Berg wie auch am Hegemeisterweg neben der Waldsiedlung Wuhlheide werden feuersichere Sammel- und Lagerstellen für die von der UFA (Universum-Film-AG) unter der Ägide des Propagandaministeriums gedrehten Unterhaltungsfilme des Dritten Reiches.[28] Diese »Beutefilme« werden später in synchronisierter Fassung in sowjetischen Kinos gezeigt.

Die britische Besatzungsarmee ihrerseits belegt die zwölf Gebäude der »Speerplatte« am Saatwinkler Damm, deren Erdgeschosse allesamt als Bunkeranlagen ausgeführt sind, mit Truppeneinheiten.[29] Gleichermaßen wird auch das Areal rund um das Reichssportfeld in Westend mit seinen zwei bombensicheren Großbunkern und diversen Luftschutzanlagen genutzt. Die Amerikaner wiederum machen Gebrauch von den 36 ehemaligen Luftschutzanlagen auf dem Gelände des Oberkommandos der Wehrmacht am Königsweg in Zehlendorf. Im Sanitätsbunker an der Claszeile wird ein Militärlazarett eingerichtet, im dreigeschossigen Hochbunker an der Niklasstraße/Ecke Eiderstedter Weg kommen wiederum diejenigen Zivilisten unter, die von der US-Besatzungsmacht aufgrund von »Eigenbedarf« aus ihren ursprünglichen Wohnungen verwiesen worden sind.[30]

Über brisante Umnutzungen berichtet die Ost-Berliner Tagespresse. Der Tiefbunker an der Benschallee in Zehlendorf dient zum Einlagern von Sprengstoffen und Munition. Im November 1949 ereignet sich in der Anlage eine heftige Detonation: »Aus dem Bunker drangen schwarze Rauchwolken. Die Stumm-Polizei veranlaßte, daß alle Häuser im Umkreis von 1000 m geräumt wurden. [...] Mehrere Feuerlöschzüge setzten den brennenden Bunker unter Wasser, da neue Explosionen befürchtet wurden. Nach fünfstündiger Arbeit gelang es der Feuerwehr zu verhindern, daß weitere mit Sprengstoffen angefüllte Kammern explodierten und der ganze Bunker in die Luft flog.«[31]

Die Polizei verweigert anfangs jegliche Stellungnahmen, ein Bildreporter des »Tagesspiegel« wird sogar gewaltsam am Fotografieren des Unglücksortes gehindert. Nach offiziellen Verlautbarungen sollen West-Berliner Sprengfirmen und die Feuerwehr in den Räumen dieses Bunkers Sprengstoffe eingelagert haben.

Einer von 36 Bunkern am Königsweg in Zehlendorf, 1952.

Zubetonierter Bunker an der Benschallee in Nikolassee, 1970.

Weil bei den Ermittlungen auch die US-Militärpolizei zugegen ist, erhalten jedoch Vermutungen Auftrieb, denen zufolge an der Benschallee amerikanische Waffen- und Munitionsbestände eingelagert worden seien. Diese Spekulationen scheinen nicht ganz unbegründet zu sein, da in den Folgetagen sämtliche noch nutzbaren Bunkeranlagen im amerikanischen Sektor durch US-Offiziere untersucht und auf ihre Brauchbarkeit als Waffen- und Munitionsdepots geprüft werden.[32]

Viele andere Bunker dienen mit weitaus ungefährlicherem Depotgut zivilen Lagerzwecken. Bereits zwei Monate nach Kriegsende werden rund 30 Anlagen zu Möbellagern umfunktioniert, so die beiden Flachbunker auf dem Arkonaplatz in Berlin-Mitte und der noch heute als Ruine erhaltene Bunker an der Kopenhagener Straße 95 in Wilhelmsruh. Der Bunker unter dem Friedrich-Karl-Platz, dem heutigen Klausenerplatz in Charlottenburg, dient für eine Weile als zentrales Sammellager für Bunkermobiliar, ebenso der Hochbunker an der Simonstraße in Haselhorst, in dem unter anderem »Luftschutzbetten aus den ehemaligen Ausländerlagern« untergestellt werden.[33]

Aufgrund der großen Wärme- oder Kältespeicherfähigkeit der dicken Betonwände sind die einstigen Schutzbauten besonders als Lebensmittellager geeignet. Im Flachbunker am Ungewitterweg in Staaken etwa richtet das Ernährungsamt Spandau sein Depot ein, die beiden fast baugleichen Bunker am Haakonweg neben der Stadtrandsiedlung Malchow in Weißensee werden zu Kartoffellagern umfunktioniert. Der Flachbunker an der Glienicker Straße in Bohnsdorf wird ebenso »Ernährungsspeicher« wie die Hochbunker Königsheideweg (Johannisthal) und Quickborner Straße (Lübars),[34] so daß im Winter 1946/47 praktisch jeder Bezirk über mehrere Lebensmitteldepots in ehemaligen Schutzbunkern verfügt. Im Tiefbunker am Sachsendamm 2–4

Eine Kommission besichtigt Bunkeranlagen, die gesprengt werden sollen, 1947.

müssen sich anfangs Kartoffeln und Flüchtlinge den engen Raum teilen. Ab dem Jahr 1949 herrscht dann in dieser Anlage Tropenklima. Ein Gärtnereibetrieb richtet hier »Reiferäume« für Bananen ein, wozu der Bunker beheizt und befeuchtet wird.[35]

Die dunklen Räume eignen sich auch ideal für die Pilzzucht. Bereits im Dezember 1945 fragt das Ernährungsamt Zehlendorf bei der Abwicklungsstelle des GBI an, ob es möglich sei, LS-Deckungsgräben zur Einrichtung von Pilzkulturen zu nutzen. Als erstes wird die Schutzanlage auf dem städtischen Wirtschaftshof am Fischerhüttenweg freigegeben, da sie »durch einen verschließbaren Zaun gesichert ist«[36]. In den beiden Flachbunkern an der Sachtlebenstraße in Zehlendorf, in denen »eine umfangreiche Champignonzucht angelegt wurde«, so der »Tagesspiegel« im November 1946, »konnte gerade in diesen Tagen über die ersten, überraschend guten Anbauerfolge berichtet werden«[37]. Weitere Champignonzüchter nutzen noch bis Anfang der 60er Jahre zwei Neuköllner Bunkeranlagen.[38] Im Tiefbunker Littenstraße in Berlin-Mitte werden trotz einer bestehenden Tunnelverbindung zu der vom Westen betriebenen heutigen U-Bahnlinie 8 sogar noch bis 1963 allseits der Sektorengrenzen begehrte Speisepilze gezüchtet. In den unterirdischen Bunkerkammern erntet der VEB Champignonzucht Dieskau die Sorten »Brut Cremeling Torgau« und »Schneeköpfchen Dieskau«. Der Dung dazu kommt aus dem Berliner Tierpark und von der Rennbahn Hoppegarten.[39]

Schließlich avancieren Luftschutzanlagen in der weitgehend zerstörten Innenstadt Berlins zu durchaus interessanten Immobilienobjekten. Parallel zum Ausbau staatlicher Unterkünfte beteiligen sich private Investoren am durchaus lukrativen Bunkergeschäft. Am 1. März 1946 wird in den Gasometer-Bunkern

»Ham Se keene Angst, det Se den Bunka mal räumen müssen?« »Ne, mit der Zeit spricht et sich bestimmt in de janze Welt rum, det Champignon-Pilze bedeutend bekömmlicher sind als Atompilze!« (Zeitgenössische Karikatur)

an der Sellerstraße das zu diesem Zeitpunkt größte Hotel Berlins, das sogenannte »Volkshotel«, eröffnet. Rund 150 Einzelzimmer »mit einer komfortablen Einrichtung« sollen »den müden Wanderern die nötige Ruhe und Erholung bieten«[40]. Vater der Idee ist ein gewisser Markus Boy. Die Ein- und Zweibettzimmer bieten für die unmittelbaren Nachkriegsverhältnisse eine angenehme Wohnlichkeit: »Eine schöne große Schlafcouch oder ein Bett mit zwei Decken, ein umlegbarer Tisch, ein Schrank, ein Stuhl, ein Spiegel und ein paar kleine Bilder« sind Standardausstattung. Selbst fließend warmes und kaltes Wasser in den Waschräumen sowie funktionierende Fahrstühle stehen den Gästen zur Verfügung; etwas später wird sogar noch eine Gaststätte in dem Doppelbunker eröffnet.

1947 übernachten monatlich etwa 4 000 Gäste. 200 Betten stehen dafür zur Verfügung. Allerdings gerät der anfangs so hochgelobte Hotelbetrieb im Bunker immer stärker in die Kritik, je mehr der Wiederaufbau Berlins voranschreitet und zusätzliche Unterbringungsmöglichkeiten geschaffen werden: »Die kleinen fensterlosen Zimmer erinnern an Gefängniszellen«, heißt es in einem zeitgenössischen Zeitungsartikel. »Die Einrichtung ist genauso primitiv. Ein Luftschutzbett, ein Hocker, ein angeschraubter Klapptisch und Kleiderhaken. Das ist die ganze Ausstattung. Die Spiegel hat man abnehmen müssen, weil sie zu viele ›Liebhaber‹ fanden. Aus dem gleichen Grunde werden Schlafdecken auch nur gegen 100 Mark Pfand abgegeben.«[41] Innerhalb nur eines Jahres haben sich die Ansprüche erkennbar verändert. Immerhin, das »Volkshotel« verfügt über eine funktionierende Heizung und bleibt damit weiterhin eine beliebte Unterkunftsmöglichkeit für Durchgangsreisende und Geschäftsleute.

Die besten Tage des Bunkerhotels sind jedoch bereits gezählt. Der Pächter Markus Boy verstrickt sich im Schwarzmarkthandel und weiteren dubiosen Untergrundgeschäften; die Herberge wird nicht mehr im notwendigen Maße instand gehalten. 1951 hausen im »anspruchslosesten aller Westberliner Hotels«, das inzwischen zu einem billigen Übernachtungsheim verkommen ist, dichtgedrängt zweihundert Menschen, die meisten von ihnen Notstandsarbeiter, Flüchtlinge, Arbeitslose, kinderreiche Familien oder Prostituierte.«[42]

Immer öfter finden hier nun zwielichtige Gestalten ein Obdach; die Beamten des zuständigen 45. Polizeireviers können bei ihren regelmäßigen Razzien im Bunker so manchen guten Fang machen. Das Bezirksamt Wedding befürchtet schließlich eine »moralische Gefährdung der dort hausenden Jugendlichen und der etwa dreißig Kinder unter sechs Jahren« durch die »asozialen Elemente, die sich unter den Bewohnern eingeschlichen haben«, und fordert vom Polizeipräsidenten die sofortige Schließung sowie vom Amt für Liegenschaften die Kündigung des Pachtvertrages.[43]

Vertreter der Senatsverwaltung für Bau- und Wohnungswesen, die im Januar 1951 vor Ort einer Beschwerde des bezirklichen Sozialamtes nachgehen, machen dagegen »unter Berücksichtigung des früheren Nutzungscharakters keine gesundheitlichen Bedenken« geltend.[44] Die Bunkerbewohner selbst scheinen sich dort auch recht wohl zu fühlen und legen sogar Einspruch gegen die geplante Räumung des »Volkshotels« ein. Aufgrund fehlender Ersatzquartiere für die Bunkerinsassen bleibt das Bunkerhotel noch über ein halbes Jahr bestehen, bis schließlich am 19. November 1951 mit einem massiven Polizeiaufgebot der »Schandfleck am Wedding« zwangsgeräumt und geschlossen wird.[45]

Auch im Fichte-Bunker zeigt sich, daß in diesen Notunterkünften vor allem der »soziale Bodensatz« der Gesellschaft hängenbleibt. Am 1. Mai 1956 kommt es – man könnte hier gewissermaßen den Beginn einer spezifisch Kreuzberger »Tradition« festmachen – am Fichte-Bunker zu regelrechten Straßenschlachten mit der Polizei, als sich »Kreuzberger Halbstarke und Bewohner des Fichte-Bunkers zusammenrotten und eine drohende Haltung gegen die Polizisten einnehmen«[46].

Der »Bunker der Hoffnungslosen« bleibt noch bis in die 60er Jahre hinein in Betrieb. Im September 1956 ziehen die letzten Flüchtlinge aus, einen Tag später belegen Obdachlose die freigewordenen Kammern. Die Zustände verschlimmern sich immer mehr. Eine Reporterin will, undercover sozusagen, die wahren Verhältnisse im ehemaligen Gasometer aufdecken und wohnt selbst für einen Tag in der Anlage. Ihre Erlebnisse offenbaren einen traurigen Zustand: »Da ist nichts als Beklemmung, als ich den Bunker betrete. Ich werde selbst Teil dieser grauen Masse, die hier lebt. Ich erhalte meinen Heimausweis, meinen Essensbon und den Kabinenschlüssel. Im Dienstzimmer bekomme ich drei Decken, ein Laken, einen blaugewürfelten Bezug, eine Plastikschüssel mit Blechlöffel, einen Trinkbecher. Ich ziehe ein. [...] Nach drei Stunden hab' ich den Bunkerkoller. Ich weiß nicht, ob die Sonne scheint, ob es regnet, ob es Nacht ist, ich drehe durch. Wie um alles in der Welt halten die Menschen

»Jetzt hat die Volkspolizei 'ne ruhige Woche, wo alle unsere Leute hierher geflitzt sind.« (Zeitgenössische Karikatur)

es hier aus? Lernt man hier weinen? Verlernt man es?«[47] Erst im August 1963 werden »die letzten 250 Höhlenbewohner« Berlins in moderne Neubauten umquartiert.[48]

Welche Potentiale in einer friedlichen Nachkriegsnutzung von Bunkern steckt, läßt sich sehr gut an den Flaktürmen Zoo und Humboldthain ablesen, deren besondere technische Ausstattungen über die Wirren des Kriegsendes gerettet werden können. Im Zoo-Bunker gibt es immer noch das vollständig eingerichtete Luftwaffenlazarett XII/3.[49] Es wird am 10. August 1945 von einer Zweigstelle des stark zerstörten Robert-Koch-Krankenhauses in Moabit bezogen, von dessen 1850 Betten im Juni 1945 gerade noch 340 übriggeblieben sind, davon 200 in Bunkerstationen. Im Kampf gegen die um sich greifenden Infektionskrankheiten – vor allem Typhus und Ruhr grassieren nach Kriegsende in der Stadt – findet man hier ideale Voraussetzungen für ein Hilfskrankenhaus. Der Hochbunker verfügt über eine eigenständige Wasserversorgung aus zwei Tiefbrunnen, über »eine eigene Be- und Entlüftungsanlage, 6 große Fahrstühle, eine Operationsabteilung und Laboratorien, eine Röntgenabteilung, eine Apotheke, eine elektrisch kochende und bratende Küche mit guten Lagerräumen und überaus günstige Liegemöglichkeiten für die Kranken auf der 45 m hohen Plattform des Bunkers«.[50] Zwar werden die Entfernung zum Stammhaus und die schlechten Lichtverhältnisse als Nachteil angesehen, aber im Februar 1946 stehen im Zoo-Bunker bereits 328 Betten für das Krankenhaus in Moabit zur Verfügung, davon 100 Betten für die Chirurgische und 228 Betten für die Innere Abteilung.[51] Zudem werden noch ein Altersheim und Wärmestuben in dem Riesenbau untergebracht.[52]

Im Flakturm Humboldthain vermietet das Finanzamt für Liegenschaften einen Teil der Räume an Wirtschafts- und Handwerksbetriebe. So hat eine Papierfirma »hier ihr Engros-

Zweigstelle des Robert-Koch-Krankenhauses im Flakturm Zoo.

Lager eingerichtet, etwas weiter haben Spritfirmen ihre Fässer abgestellt (leider leere), und ein Unternehmer ist gerade dabei, eine Autogarage einzubauen. Im ersten Stockwerk ist das frühere Bunkerinventar untergestellt. In den höher gelegenen Etagen hat sich eine Firma für Feingerätebau etabliert; Büro, Konstruktionsräume und Werkstätten liegen dicht nebeneinander«, berichtet 1946 der »Kurier«.[53] Viele andere Betriebe, darunter eine Schlosserei, eine Firma für Ofen- und Herdbau, eine Nähstube mit über 30 Beschäftigten oder aber auch Studenten, die hier ihre Zimmer und Arbeitsräume einrichten, finden in dem »Mammutbauwerk« eine geeignete Unterkunft. Auch eine Spezialfirma, die mit der Sprengung von Ruinen beauftragt ist, unterhält dort ihre Arbeits- und Lagerräume. Daß die Firma ihren Standort bald wieder aufgeben muß, wird zumindest deren Mitarbeiter kaum gestört haben. Sie werden in den Folgejahren noch gut zu tun haben beim Sprengen und Beseitigen der Berliner Bunker.

III Zertrümmerung und Umnutzung – Die »Frontstadt«-Phase 1945–1990

Unter der Wucht der Sprengladung platzt die 1,40 m starke Stahlbetondecke eines Flachbunkers in Neukölln auf, 1948.

2 Die Spreng-Versuche der Alliierten

Obwohl von den Berliner Bunkeranlagen nach der Kapitulation keine Bedrohung mehr ausgeht, werden sie – noch in seltener Einigkeit – von allen vier Besatzungsmächten als militärische Objekte betrachtet, die unter das Potsdamer Abkommen fallen. An ihnen soll demonstriert werden, wie ernst man es mit der Demilitarisierung Deutschlands nimmt, gerade hier in der zertrümmerten Reichshauptstadt, wo sich die vier Mächte bestens gegenseitig kontrollieren können. Sozusagen in »offener Konkurrenz« zueinander versucht jede einzelne Besatzungsmacht, den Auftrag zur Bunkerbeseitigung in ihrem jeweiligen Sektor möglichst schnell – und oftmals nicht besonders rücksichtsvoll – durchzusetzen.

Noch vor dem Eintreffen der Westalliierten wird vom sowjetischen Stadtkommandanten eine Verfügung erlassen, sämtliche »Luftschutzbunker und öffentlichen Luftschutzgebäude jeder Art« zu erfassen.[1] Diese Aufgabe überträgt man der Berliner Polizei. Die abschließenden Meldungen der einzelnen Polizeireviere sollen einschließlich aller Bunkerpläne bis zum 26. Mai 1945 um 18.00 Uhr bei der Präsidial-Abteilung des Polizeipräsidenten eingereicht werden. Jedoch sind die einzelnen Dienststellen kaum in der Lage, der Aufforderung nachzukommen. So muß die gesetzte Frist mehrmals verlängert werden.

Besonders bei den drei fast baugleichen Flaktürmen gibt es gravierende Unterschiede in den Ermittlungsergebnissen. Der Geschützturm Humboldthain habe laut dem 50. Polizeirevier ein Fassungsvermögen von nur 4 000 Personen, während nach Angaben der Polizeiinspektion Friedrichshain in das dortige Pendant etwa 25 000 Personen passen sollen. Für den Zoo-Bunker werden ca. 20 000 Plätze angegeben.[2]

Die Sowjetischen Behörden nutzen die mehr oder weniger systematische Erfassung als Grundlage dafür, um vor allem die »demontagewürdigen« Ausstattungen der in den künftigen Westsektoren gelegenen Schutzräume festzustellen und weitere Plünderungen durch die Zivilbevölkerung zu unterbinden. In diesem Zusammenhang ergeht am 15. Juni 1945 der »Befehl Nr. 3« der sowjetischen Militäradministration (SMA), der eine Zerstörung, Beschädigung oder Verlagerung militärischer Objekte, zu denen auch alle Bunkeranlagen zählen, ausdrücklich verbietet.[3]

Bis zur Ankunft der westlichen Alliierten am 1. Juli 1945 durchstreifen sowjetische Demontagetrupps die leerstehenden Schutzbauten

Britisches Sprengkommando am Bunker Unionplatz, 1947.

und entfernen vor allem technisch wertvolles Gerät wie Lüftungsmotoren und Notstromaggregate. Besonders sind hiervon die ehemaligen Wehrmachts-, Reichsbahn- und Reichsposteinrichtungen betroffen. Die gesamte Fernsprechanlage des BASA-Bunkers am Halleschen Ufer wird innerhalb einer Woche zerlegt und abtransportiert,[4] ebenso die Nachrichtenzentrale im Hochbunker des Bendlerblocks im Diplomatenviertel. Gleichermaßen demontiert man die technische Ausstattung aller Flaktürme, teilweise sogar noch unter den Augen der Westmächte.

Was sich an militärischen Geräten nicht ausbauen läßt, wird fast immer kurzerhand zerstört oder dauerhaft unbrauchbar gemacht. Zeitzeugen berichten über Explosionen, die durch sowjetische Soldaten Ende Mai 1945 im Flakturm Humboldthain ausgelöst werden.[5] Mit diesen Sprengungen macht man vor allem die Munitionsaufzüge sowie die Stahltüren der Zugänge unbrauchbar. Der mehrgeschossigen Tiefbunkeranlage des einstigen Wehrkreiskommandos III am Hohenzollerndamm 144 setzen sowjetische Pioniere besonders gründlich zu. Mitte Juni erschüttern mehrere schwere Explosionen das Gelände vor dem heutigen Eisstadion Wilmersdorf. Sämtliche Zugangsbauwerke und Treppenhäuser brechen in sich zusammen. Der Lastenfahrstuhl, mit dem sogar Fahrzeuge nach unten gelassen werden konnten, saust in die Tiefe und wird von nachstürzenden Betonplatten verkeilt.[6] Den halb eingefallenen Bunker sichern später britische Pioniere.[7]

Gewichtige Beute machen die sowjetischen Soldaten in den als Kunstschutzdepot hergerichteten Flaktürmen. Im Zoo-Bunker lagern immer noch wertvolle Museumsbestände, die in den letzten Kriegswochen aufgrund unzureichender Transportkapazitäten nicht mehr nach Westen verlagert werden konnten, darunter der Schatz des Priamos, die berühmten vorgeschichtlichen Goldfunde von Eberswalde oder auch die Friese des Pergamon-Altars.[8] Mit der Bergung der Schätze ist hier eine sowjetische Pionierbrigade unter Führung von Major Arnold Kulaschowski beauftragt,[9] die ihre Arbeit bereits am 13. Mai 1945 aufnimmt, da eben »dieses Gebiet [...] unter die Oberhoheit der Westalliierten« fallen soll.[10] Zeitgleich beginnen allerdings auch die Westalliierten, die Kunstschatzdepots in Thüringen und anderswo in der späteren sowjetischen Zone rigoros zu beräumen – ein Zeichen, daß der »Kalte Krieg« bereits begonnen hat.

Gesprengter M 1200 Hochbunker in Johannisthal, 1947.

Hochbunker der ehemaligen Reichsanstalt der Luftwaffe nach der Sprengung 1949, heute Kfz-Zulassungsstelle.

Geradezu tragisch verlaufen die Ereignisse im Leitturm Friedrichshain. In der Kriegszeit war dieser Bunker eines der bedeutendsten Kunstdepots. »Auf 735 Quadratmetern lagerten hier unter strenger Geheimhaltung Bestände der Gemäldegalerie und die wertvollsten Stücke aus dem Schloßmuseum, Kupferstichkabinett, Kunstgewerbe- und Völkerkundemuseum.«[11] Zwischen dem 5. und dem 18. Mai 1945 kommt es hier zu mehreren Bränden. Dabei gehen angeblich etliche Originalgemälde verloren, darunter zehn von Rubens, sechs von van Dyck, weitere von Veronese, Caspar David Friedrich, Adolph Menzel und Caravaggio. Die genauen Tatumstände der Feuerkatastrophe konnten bislang nicht geklärt werden. Anzunehmen ist, daß der Brand von den neuen Machthabern selbst gelegt worden ist, um einen der größten Kunstdiebstähle in der Menschheitsgeschichte zu verschleiern.[12] Ein Teil der angeblich verbrannten Kunstschätze tauchte 2005 bei einer Ausstellung im Moskauer Puschkin-Museum wieder auf.

Das Ende der Bunker wird am 6. Dezember 1945 mit Unterzeichnung der Direktive Nr. 22 durch das Koordinierungskomitee des Alliierten Kontrollrates eingeleitet, die das Entminen und die Vernichtung von Befestigungen, unterirdischen Anlagen und militärischen Bauten in Deutschland vorsieht.[13] Die sowjetischen Besatzungsbehörden müssen ihre Sprenglisten bereits vorbereitet haben, da ihre Pioniere unmittelbar darauf schon mit der Bunkervernichtung beginnen. Bei einem Treffen mit dem sowjetischen General Smirnow am 9. Januar 1946 weisen sämtliche Bezirksbürgermeister des Sowjetischen Sektors in ihren Referaten darauf hin, »daß durch die Sprengungen der Roten Armee wesentliche Glas- und Gebäudeschäden entstanden sind«, was vor allem darauf zurückführen sei, daß die Anwohner in vielen Fällen von den beabsichtigten Sprengungen nicht unterrichtet worden seien. Im

Bezirk Mitte sind dabei sogar Straßenbahnoberleitungen und neuangelegte Teile der Kanalisation demoliert worden.

Die Bürgermeister bitten, weitere Zerstörungen »nicht während des Winters vorzunehmen, damit die Bevölkerung bei zunehmender wärmerer Jahreszeit die Fenster herausnehmen kann, wenn die Sprengungen angesetzt sind«[14]. Immerhin erreichen sie eine

Sprengung des Befehlsbunkers an der Dreilindenstraße, 1948.

vorläufige Unterbrechung der Sprengungen und die Zusicherung, daß diese Maßnahmen »in Zukunft sachgemäß erfolgen« sollen.[15] So besteht die Möglichkeit, noch bis Ende März 1946 »die Einrichtungsgegenstände aus den Bunkern im russischen Sektor« zu bergen, sofern sie nicht bereits »von der Besatzungsbehörde entfernt worden« sind.[16]

Am 1. April 1946 ergeht der Befehl Nr. 101 der amerikanischen Besatzungsmacht, der die »Schleifung von Befestigungsanlagen im amerikanischen Sektor von Berlin« vorsieht.[17] Ein deutschlandweit geltendes Verbot militärischer Anlagen und Bunker trifft der Alliierte Kontrollrat mit Verabschiedung des Gesetzes Nr. 23 neun Tage später.[18] Das Gesetz untersagt vor allem die Planung und Errichtung neuer militärischer Einrichtungen.[19] Eine Beseitigung vorhandener Schutzanlagen wird hier nicht ausdrücklich gefordert. Nach der Definition des Gesetzes hätte dies nämlich das Aus für fast jedes Gebäude in Berlin bedeutet, enthielten doch die meisten Keller Luftschutzräume.

Am 11. April 1946, einen Tag nach Bekanntgabe des Gesetzes Nr. 23, erschüttert eine gewaltige Detonation den nahe dem französischen Sektor gelegenen Häuserblock Brunnen-, Bernauer und Strelitzer Straße.[20] Unter dem dortigen Hofgelände befindet sich eine riesige mehrgeschossige und fast vollkommen intakte Tiefbunkeranlage für rund 3000 Personen,[21] die um 1941/42 in die Gewölbe der einstigen Oswald-Berliner-Brauerei eingebaut worden ist. Durch die Sprengung hebt sich die gesamte Hoffläche kurz an, um dann in sich zusammenzufallen und in den zerstörten Bunker hinabzustürzen. Mehrere Fabrikgebäude werden dabei zum Teil erheblich beschädigt. Die meisten Hohlräume füllt man ein Jahr später mit Trümmerschutt auf, danach wird die Fläche planiert.

Diese Sprengung läutet das Ende der Winterpause für die sowjetischen Pioniere ein.

Zerstörter Reichsbahn-Bunker am Ostbahnhof (ehemals Schlesischer Bahnhof), 1947.

Allerdings hält man sich kaum an die Zusagen, die Bevölkerung ausreichend zu informieren. Die Bezirksämter des Sowjetischen Sektors werden oft mit derart kurzen Fristen aufgefordert, die Bunker zu beräumen, daß ein Ausbau verwendungsfähiger Materialien kaum noch möglich ist, beschwert sich der Magistrat.[22] Meist taucht bei solchen Ereignissen überraschend ein Pioniertrupp auf und sperrt die umliegenden Straßen. Die deutsche Polizei wird, wenn überhaupt, erst im letzten Moment hinzugebeten, wie ein Bericht des Reviervorstehers vom 258. Polizeirevier in Mahlsdorf verdeutlicht. Dieser wird am 17. April 1946 um 12.00 Uhr zur sowjetischen Ortskommandantur bestellt. Dort erklärt man ihm, daß um 13.00 Uhr der Bunker in der Kastanienallee gesprengt wird und er sofort drei Beamte zur Absperrung zu stellen habe. Dem Reviervorsteher bleibt nur noch wenig Zeit, sämtliche Einwohner im 100-Meter-Umkreis aufzufordern, die Fenster zu öffnen und die Häuser zu verlassen, um in größerer Entfernung Schutz zu suchen.[23]

Manchen Bunker füllt man vor der Sprengung zudem mit Munitionsrückständen und Blindgängern auf, die sich bei solcher Gelegenheit gleich billig mit entsorgen lassen. Wie rigide die Sprengungen mitunter durchgeführt werden, beweist die Zerstörung des großen Tiefbunkers an der Chausseestraße in Mitte. Dabei werden 17 Wohnungen nebst Hausrat und Möbel der darin wohnenden Familien völlig zerstört sowie weitere Gebäude in der Umgebung zum Teil schwer beschädigt.[24]

Am Sonnabend, dem 20. April 1946, kommt es dann zur ersten Großsprengung in Berlin. Der Flakbunker im Friedrichshain soll beseitigt werden.[25] Zunächst versuchen sich die sowjetischen Sprengtrupps am Leitturm. Doch zeigt die Aktion nicht den gewünschten Erfolg, die Sprengung muß wiederholt werden.[26] Dabei klappen die Außenwände wie von einem Hammer getroffen auseinander. Aufgrund dieser Erfahrung wird die Sprengung des Geschützturms am 2. Mai 1946 schon beim ersten Versuch ein voller Erfolg. Die unteren Etagen werden förmlich auseinandergerissen, beim Niedersinken zerbrechen die oberen Stockwerke des Betongiganten in drei große Blöcke, die Frontseite des Bunkers zur Friedenstraße hin wird dabei völlig aufgespalten.

Das endgültige Schicksal der übrigen Berliner Bunkeranlagen wird dann auf der 41. Sitzung der Alliierten Kommandantur am 19. Juli 1946 besiegelt. Die Beratungen über eine Direktive,[28] welche die »Zerstörung von Festungs- und sonstigen militärischen Anlagen« regelt, enden mit dem Beschluß, sämtliche »in Berlin noch verbliebenen Anlagen dieser Art beschleunigt abzutragen oder zu vernichten«[27]. Den ganzen Sommer und Herbst 1946 über ziehen die sowjetischen Pionierkommandos ihre Spur durch die östlichen Bezirke. Fast täglich fällt eine Bunkeranlage. Bevor die westlichen Alliierten in ihren Sektoren überhaupt richtig loslegen können, ist hier das Soll bereits mehr oder weniger erfüllt. Mitte November vermeldet die »Neue Zeit« das vorläufige Ergebnis: »Am weitesten fortgeschritten ist die Zerstörung der Bunker im sowjetischen Sektor, wo von den 112 Bunkern nur noch 19 stehen, meist in Verbindung mit Krankenhäusern.«[28]

Den krönenden Abschluß bildet schließlich die Niederlegung des Großbunkers am Schlesischen Bahnhof (Ostbahnhof), knapp ein Jahr später. Am 5. Dezember 1947 zerreißt um 16.00 Uhr ein scharfer Knall die Luft, ein gewaltiger Rauchpilz steht über der Sprengstelle und hüllt die Straßenzüge in eine Wolke von Staub und Rauch. Das Ergebnis kann sich sehen lassen: »Der Bunker wurde so zerstört, daß nur noch eine Fassade zur Fruchtstraße stehenblieb. Kurz nach der Sprengung eilten die Bewohner der ›Bannmeile‹, mit Handköfferchen bewaffnet, wieder in ihre Wohnungen zurück. In den Geschäften und Wohnungen

Zerstörter Flakturm Friedrichshain, 1946.

Reste der gesprengten Eingangsbauwerke zum »Führer-Bunker«, 1959.

wurde eine hohe Schicht des Sprengstaubs entfernt und die Fenster und Türen wieder eingehängt«, so ein Zeitungsbericht.[29]

Am gleichen Tag fliegt auch der »Führer-Bunker« in die Luft. Knapp zwei Wochen vorher erscheint im »Telegraf« ein Artikel, der die letzten Eindrücke aus dem schaurigen Bauwerk der Nachwelt überliefert:

»Vierzig Stufen führen hinab in den acht Meter unter der Erde gelegenen Bunker mit der 4,20 m starken Stahlbetondecke. Selbst als Laie erkennt man, daß selbst Bomben schwersten Kalibers hier wirkungslos geblieben wären. Zwanzig cm hoch steht noch das tiefschwarze ölig-schmierige Wasser. Zwei matte Taschenlampen erhellen die Räume nur notdürftig. Hohe Gummistiefel schützen gegen das Wasser. Wir stolpern und rutschen vorwärts, tasten uns an den glitschigen Wänden entlang. Unsicher geht's vorwärts. Dreck, Drähte und Gerümpel liegen haufenweise unter Wasser. Einer der Schweißer liegt plötzlich im Wasser, seinen Gummistiefel hat er sich zerrissen. Auch hier sind in die Wände Namen eingeritzt, meistens russische Schriftzüge.

An einem Ende des 30 x 30 m großen Bunkers gehen die Schweißer an die Beseitigung einer Entlüftungsanlage, die der Feuerwehr beim endgültigen Auspumpen Schwierigkeiten bereitet. Die Bunkerräume, in denen, entgegen allen Erwartungen, eine ganz gute Luft herrscht, sind auch bis aufs letzte ausgeräumt. Selbst die Toilettenbecken und Lichtschalter sind nicht mehr vorzufinden. Ein paar Gasmaskenfilter schwimmen umher. Panzertüren lauern gleich tückischen Fallen unter dem undurchsichtigen Wasser. An den Hauptgang stoßen links und rechts Räume, alle nicht sonderlich groß, Türen sind nicht mehr vorhanden. Das Zimmer, in dem Hitler seine letzten Tage verbrachte, erkennt man an einer herausgebrochenen Schiebetür, mit der er sein

Aufschriften im Treppenhaus des »Führer-Bunkers«, 1947.

Zimmer in zwei Räume teilen konnte. Ein zertrümmertes Waschbecken liegt in der Ecke. In der Telefonzentrale stehen noch ein paar Blechregale herum. Ein Garderobenständer steht einsam in der Ecke. Die Tür, die [...] nach oben führte, ist durch zwei mit Rost und Schimmel überzogene Warmwasserspeicher versperrt. Dicht neben dem Eingang ein senkrechter Schacht mit einer Eisenleiter; sie endet in dem zuckerhutförmigen Beobachtungsbunker neben dem Haupteingang.

Ich steige die Treppe wieder nach oben. Unter den Worten: ›Es lebe der Führer‹ hat ein anderer: ›Restlos hysterisch‹ gekritzelt. Wie sehr recht er hat!«[30]

Die Sowjets schenken dem Areal an der Neuen Reichskanzlei und rund um die Wilhelmstraße noch länger ihre besondere Aufmerksamkeit. Am 27. Januar 1948 wird der Befehl für die Sprengung aller weiteren Bunker in diesem Bereich erteilt. So stehen der Adlon-Bunker unter dem Pariser Platz, der Kaiserhof-Bunker unter dem Wilhelmplatz sowie die Bunker von Ribbentrop, Goebbels als auch von Speer am Pariser Platz Nr. 3 auf der schwarzen Liste. Die Sprengungen aber werden von nun an den deutschen Behörden überlassen. Diese verschleppen die Angelegenheit bewußt. Offiziell stehen nicht ausreichend Sprengtechnik und zuwenig Sprengstoffe zur Verfügung. Das eigentliche Problem ist aber, daß man befürchtet, die wenigen noch intakten Gebäude der Umgebung würden Schaden nehmen. Die Sowjets gehen schließlich auf die Bedenken ein und ändern ihre Anweisung dahingehend, daß die Anlagen durch andere »geeignete Maßnahmen« unbrauchbar zu machen sind.[31] Die Deutschen lösen das Problem schließlich dadurch, daß man mit einigen Kubikmetern Trümmerschutt die Zugänge zukippt und die Anlage unzugänglich macht. Anschließend läßt man Gras über die Sache wachsen.

Im Januar 1947, mitten im Winter, laufen die Sprengungen in den westlichen Sektoren an. Zuvor ist vom britischen Hauptquartier die Forderung an die Bezirksverwaltungen ergangen, »bis Donnerstag Mittag, 28. November 1946, einen Bericht zu übermitteln, der die Lage aller deutschen Befestigungen, Bunker, Luftschutzräume etc.« enthält.[32] Die von den Sowjets in Auftrag gegebenen Bunkerbestandslisten sind offensichtlich nicht mehr vorhanden oder werden angezweifelt. Das Bezirksamt Tiergarten meldet, erstaunlich detailliert, neun militärische Bunkerbauten,[33] 71 zivile Luftschutzeinrichtungen in Kelleranlagen, 23 öffentliche Luftschutzräume in Schulen, einen Operationsbunker des Krankenhauses Moabit sowie zwölf Bunkeranlagen ausländischer Missionen im Diplomatenviertel. Weitere Bunker werden auf Industriearealen und dem Gelände der Reichsbahn vermutet. Hier erklärt sich das Bezirksamt allerdings für nicht zuständig. Einige Anlagen können aufgrund der bereits für den 20. und 21. Januar 1947 angesetzten ersten Sprengtermine aus organisatorischen Gründen nicht mehr beräumt werden.[34] Aus anderen Bunkern schafft man rasch das heraus, was bis dahin nicht schon geplündert worden ist. Meist kommt jedoch nur noch eine sehr karge Ausbeute zusammen. Einzig der ausgebrannte Leitturm des Zoo-Bunkers scheint immer noch voller verwendungsfähiger Materialien zu stecken. Diese beginnt man im Dezember 1946 zu demontieren, darunter die gesamte »Niederspannungsverteilung einschließlich aller Kabel, sämtliche Heizungsradiatoren, Reste der ›Auer-Entgiftungsanlage‹, Pumpwerk, Aufzüge, Treppenstufen und Geländer.«[35]

Die in der Presse angekündigten ersten britischen Sprengungen fallen dann mehr oder weniger ins Wasser. 150 Kilo Sprengstoff, über vier Ladungen verteilt, die den Tiefbunker am Tiergartenufer zerlegen sollen, zünden nur unvollständig.[36] Fünf andere Betonbunker, die ebenfalls in die Luft gehen sollten, müssen kurzfristig wieder aus den Sprenglisten gestrichen werden, da die britische Militärverwaltung unangenehme diplomatische Verwicklungen befürchtet. Diese Anlagen liegen, wie man plötzlich feststellt, auf den Grundstücken einstiger Botschaften und damit auf exterritorialem Gebiet.[37]

In Charlottenburg kommen die Briten ebenfalls nicht wie geplant voran. Zwar fliegt der Flachbunker Passenheimer Straße am 22. Januar 1947 in die Luft, und nur zwei Tage später folgen einige Bunkeranlagen der Organisation Todt in der Nähe des Avus-Tores am Eichkamp. Der Rundfunk-Bunker zwischen Masurenallee und Messedamm aber kann nicht gesprengt werden, da er zusammen mit dem Haus des Rundfunks von sowjetischen Soldaten besetzt ist.[38] Die sowjetische Kommandantur widersetzt sich einer Räumung, da der Komplex einen wunderbaren Stützpunkt inmitten des britischen Sektors darstellt und nicht so einfach aufgegeben werden soll.

Sprengung des Himmler-Bunkers am Prinz-Albrecht-Palais, 1948.

Bereits zwei Wochen vor den Briten teilt der Direktor der amerikanischen Militärregierung, Oberst Frank L. Howley,[39] dem Berliner Magistrat mit, daß im amerikanischen Sektor nun ebenfalls alle ehemaligen Luftschutzbunker gesprengt würden. Die Sprengungen verzögern sich allerdings vorerst, da »die Ingenieure der amerikanischen Armee, die mit der Zerstörung beauftragt sind, unter Mangel an Sprengstoff und den erforderlichen schweren Geräten zu leiden haben«[40]. Die Amerikaner scheinen den Auftrag zur Bunkerbeseitigung ohnehin nicht ganz so ernst zu nehmen wie ihre britischen Verbündeten. Etwa die Hälfte der insgesamt vierzehn größeren Bunker im Bezirk Steglitz werden wegen bereits vorhandener ziviler Nutzungen von den geplanten Sprengungen bis auf weiteres ausgenommen.[41] Aufgrund der Bitten des Magistrats, die Bunker wegen der extremen Winterkälte bis zum Frühjahr als »Unterkunftsmöglichkeiten für Kältegefährdete« zu erhalten, werden im amerikanischen Sektor sogar alle weiteren Sprengungen vorläufig aufgeschoben.[42]

Mit dem Ende der Kälteperiode setzt man ab Mitte April 1947 die Bunkersprengungen in den Westsektoren dann aber um so intensiver fort. Als erstes sprengen britische Pioniere den inmitten des Industriegebiets liegenden ehemaligen Werkluftschutzbunker an der Sternfelder Straße in Siemensstadt,[43] dann eine kleinere Schutzanlage am Holsteiner Ufer in Moabit nahe dem Borsigsteg.[44] Acht Tage später zertrümmern amerikanische Sprengladungen den Flachbunker an der Brahmsstraße in Lichterfelde auf dem Gelände des heutigen Universitätsklinikums »Benjamin Franklin«, eine Stunde später folgt das Betongeviert an der Dessauer Straße gegenüber der Zietenstraße auf dem Gelände des Tierheims Lankwitz.

Vom Bunker zur »Pagode«, Krämerweg in Spandau, 1947.

Bis zu fünf Bunker schaffen die Briten an einem Tag, darunter in Spandau die Bunker an der Schulenburgbrücke (10.00 Uhr), der Grunewaldstraße (10.30 Uhr) und am Lindenufer (12.00 Uhr).[45] Die Betonbauten klappen dabei auseinander wie Kartenhäuser. Die amerikanischen und britischen Sprengtrupps arbeiten sich an ihren Listen entlang, fast täglich knallt es in der Stadt.[46] Für den Juni 1947 stehen im britischen Sektor zwölf Spandauer, sieben Charlottenburger, drei Tiergartener sowie ein Wilmersdorfer Bunker auf dem Programm.[47] Die amerikanischen Sprengmeister absolvieren an manchen Tagen sogar bis zu sieben Stück.[48]

Die Druckwellen der Detonationen haben oft eine erhebliche Wirkung auf die nähere Umgebung. Allein bei der Sprengung der sechs Flachbunker am Diedersdorfer Weg in der Stadtrandsiedlung Marienfelde entsteht im August ein Sachschaden von über 200 000 RM. Die Kosten für die Instandsetzungsarbeiten gehen vorerst zu Lasten der jeweiligen Bezirksämter.[49] Diese müssen wiederum beim Hauptamt für Kriegsschäden und Besatzungskosten des Magistrats einen Antrag auf Erstattung stellen und die tatsächlichen Kosten nachweisen, was das Entschädigungsverfahren insgesamt sehr verzögert.[50] Erst mit Beschluß des Magistrats vom 12. Mai 1948 werden Entschädigungen für Sachschäden »als unvermeidliche Folgen von Sprengungen von Luftschutzanlagen« offiziell anerkannt.[51]

Manch kurzfristig angekündigte Sprengung wird ebenso spontan wieder abgesagt. Im »Schöneberger Nervenkrieg« verschiebt man

Abräumung des Hochbunkers an der Falkenseer Chaussee in Spandau, 1949.

die geplante Sprengung des Hochbunkers an der Pallasstraße insgesamt dreimal. Die verunsicherten Bewohner der Umgebung sind immer wieder damit beschäftigt, Türen und Fenster auszuhängen und die Schaufenster der Geschäfte auszubauen. Zudem müssen die Anwohner ihre Wohnungen stundenlang ohne Aufsicht offenstehen lassen, was wiederum allerlei Kleinkriminelle anlockt, die nur auf eine günstige Gelegenheit warten. Entschädigungen bei Sachverlusten oder Beschädigungen aber können nur für den Sprengtag selbst geltend gemacht werden, wie die Polizei bekanntgibt.[52]

Letztendlich aber können die Schöneberger rund um den Pallas-Bunker noch ganz zufrieden sein, werden doch beim vierten und letzten Sprengtermin nur die innenliegenden Treppenhäuser und Decken ohne Auswirkung auf die Umgebung zerstört. Auch der große Hochbunker am Anhalter Bahnhof bleibt verschont. Die für Juni 1947 festgelegte Sprengung wird aufgrund erheblicher Bedenken der Reichsbahndirektion aufgehoben. Der Bunker könnte beim Zusammenstürzen den eben erst wiederhergestellten Tunnel der Nord-Süd-S-Bahn abermals zerstören.[53]

Die französischen Streitkräfte gehen zwar nicht gerade im britisch-amerikanischen Tempo vor, sie sind aber auch nicht zimperlich bei ihren Sprengungen. Als erstes fallen im Mai 1947 die beiden Flachbunker am Elchdamm in Heiligensee.[54] Am 18. Juni wird der Bunker Nr. R[einickendorf] 9 in der Oranienburger Straße in Wittenau gesprengt,[55] neun Tage später folgt der Bunker Nr. R4 an der Klemkestraße.[56]

Kontinuierlich wird die Bunkervernichtung fortgesetzt, am 26. Juli ist der Luftschutzbunker Nr. W[edding] 13 an der Soldiner Straße an der Reihe,[57] drei Tage später fliegen die beiden Mutter-und-Kind-Bunker im Volkspark Humboldthain in die Luft.[58] Während bei dieser Sprengung im Humboldthain die nächsten Wohngebäude relativ weit entfernt liegen und so keine Schäden zu verzeichnen sind, liegt der Soldiner-Bunker inmitten dichter Wohnbebauung. Durch den starken Luftdruck werden mehrere angrenzende Gebäude zum Teil schwer beschädigt.[59] Ein besonderer Höhepunkt, der viele Schaulustige anzieht, ist die Niederlegung des riesigen, auf freiem Feld stehenden Hochbunkers an der Quickborner Straße in Lübars im August 1947.[60]

Stärkste öffentliche Beachtung finden die Zerstörungen der Flakturmpaare am Zoo und im Humboldthain. Am 28. Juli sprengen britische Pioniere mit zwölf Tonnen Dynamit den Leitturm Zoo. Der »Tagesspiegel« berichtet am Folgetag ausführlich darüber: »Die Millionenstadt hatte gestern ihre Sensation, eine mit Voranmeldung sozusagen: der kleinere der beiden Zoo-Bunker wurde gesprengt, und der Bedeutung des Objektes entsprechend war alles mit Bedacht organisiert.[...]

Auf der Plattform des großen Hochbunkers hatten sich Photographen zu Dutzenden eingefunden, Wochenschauen bauten ihre Geräte auf, und um einen hemdsärmeligen Mann standen, Deutsch und Englisch sprechend, Zeitungsleute mit Block und Bleistift im Kreise. [...] Der Mann mit den Hemdsärmeln sah nervös auf seine Uhr. ›Nehmen Sie Deckung, meine Herren‹, sagte er und ging. Es war kurz vor drei. Die Photographen probierten noch einmal an ihren Apparaten, setzten einen neuen Gelbfilter vor das Objektiv, rückten um eine winzige Nuance zur Seite. Noch eine dreiviertel Minute Zeit. Ein Reporter nahm seine Pfeife aus dem Munde und machte ihn – er mochte es einmal so gelernt haben – weit auf. Eine halbe Minute vor drei ...

Gesprengter Hochbunker in der Quickborner Straße in Reinickendorf, 1948.

Pallas-Bunker in Schöneberg, 1952.

Es hatte kein Vorsignal gegeben und kein Hauptsignal. Ein dumpfer Knall war zu hören gewesen, eine große weißgelbe Wolke zu sehen, die der Wind schnell herübertrieb. Dann roch es ein paar Minuten nach Pulver und knirschte sandig zwischen den Zähnen. Als sich die Staubwolke gehoben hatte, lag der Bunker zusammengesunken und seitlich verrutscht darunter. Ein grauer Schleier hing über dem Wasser des Landwehrkanals, über Bäumen und Sträuchern. Zimmergroße Brocken ringsum verstreut, dazwischen Patronenhülsen, Draht, armdicke Stahltüren, Sprungfedern, silbrig glänzende Glaswollfetzen, ein rostiges verbogenes Ofenrohr ... und über allem Staub, grauer Staub, fingerdick ... Zum Schluß gab es noch eine Gruppenaufnahme: das englische Sprengkommando vor dem gestürzten Riesen – ›many lucky greetings from Berlin‹.«[61]

Einen Monat später folgt die Sprengung des großen Zoo-Bunkers. Nachdem die Abteilungen des Robert-Koch-Krankenhauses bis Mitte April ihre Stationen geräumt haben, sind zwölf Firmen mit rund 150 Arbeitern dabei, alle noch brauchbaren Gegenstände und Einbauten zu entfernen. Da die Arbeiten länger als geplant andauern, muß der Sprengtermin um einen Monat verschoben werden. Danach sind fünf Wochen lang rund 60 Angehörige der »Royal Engineers« am Bunker, bohren Sprenglöcher, verlegen Kabel und verteilen die

Sprengladungen auf die einzelnen Stockwerke. Im Umfeld des Betonkolosses fahren die Kleingärtner noch eilig ihre Ernte ein, und Vögel und Tiere des Zoos werden – zum Teil in Käfigwagen – am Tag der Sprengung zum Rankeplatz evakuiert.[62]

Am 30. August 1947, Punkt 16.00 Uhr, läßt ein Hebeldruck 25 000 Kilo des hochwirksamen Sprengstoffes TNT mit einem Mal zünden. Wenig später steht ein riesiger Rauchpilz, mehr als doppelt so groß wie bei der Sprengung des Leitbunkers, in der Luft und hüllt den Flakturm minutenlang völlig ein. Um 16.25 Uhr meldet, wohl etwas verfrüht, die Nachrichtenagentur DPD: »Der Zoo-Bunker wurde ein Trümmerhaufen.«[63] Doch nichts dergleichen. Kaum lichtet der Wind die Rauchwand, taucht etwas Dunkles, Großes wieder auf und gewinnt an Konturen. Die wartenden Kinder am Bahnhof Zoo brechen in Jubelgeschrei aus, und eine große Menge an Zuschauern durchbricht kurz daraufhin die Absperrungen, um sich vom Resultat der Sprengung zu überzeugen: »Der Bunker steht!!!«[64], titeln am nächsten Morgen die Zeitungen. Die an der Sprengung beteiligten britischen Pioniere sind über ihren Mißerfolg mehr als bestürzt und ziehen, merklich betroffen, ab. Zwar erklärt Major Soden von der britischen Militärregierung – »entgegen anderer Behauptungen« – die Sprengung für sehr erfolgreich, da das Innere des Bunkers völlig zerstört und somit für seinen ursprünglichen Zweck unbrauchbar gemacht worden sei;[65] doch auch das kann über die Blamage der britischen Besatzungsmacht nicht hinwegtäuschen. »Made in Germany«, kommentiert ein

Bei der Sprengung im Juni 1948 sinkt der Flakturm Zoo endgültig in sich zusammen.

Britische Pioniere beim Bohren von Sprenglöchern, 1947.

amerikanischer Fotograf auf trocken-ironische Art die Tatsache, daß 25 Tonnen britischen Sprengstoffes den Zoo-Bunker nicht haben zerstören können.[66]

Knapp einen Monat nach dem Fehlschlag rücken die britischen Pioniere dem großen Zoo-Bunker wieder zu Leibe. Nun versucht man sich mit einer Teilsprengung und konzentriert sich dabei ausschließlich auf den nordwestlichen Eckturm. Abermals werden Hunderte von Sprenglöchern gebohrt und mit rund 24 000 kg TNT gestopft, die Sicherheitsmaßnahmen verschärft, und selbst der Presse ist es diesmal nicht gestattet, sich am Sprengtag innerhalb des äußeren Sperrkreises aufzuhalten. Die Detonation ist »fast heftiger als bei der ersten Sprengung. Und aus den zurückweichenden Rauch- und Staubschwaden tauchte ein – nicht eingestürzter – Nordwestturm auf. Die Spannung löste sich in allgemeines Gelächter auf. Zu den Rissen, die der Bunker bei der ersten Sprengung erhielt, weist er nun ein paar weitere kleine Schönheitsfehler auf: ein zwei mal fünf Meter großes Loch in der Nordwestmauer und einen leicht ausgefransten Betonsockel«[67], berichtet die »Berliner Zeitung«. Nur die Innenwände sollen weitere Beschädigungen erlitten haben.

Im Britischen Hauptquartier entschließt man sich daraufhin zu einer weiteren Großsprengung, die allerdings um ein Jahr verschoben wird, um der Zivilbevölkerung kurz vor dem Winter keine weiteren Belastungen zuzumuten. Nun, Anfang Juni 1948, werden 40 000 kg Sprengstoff verdämmt – diesmal will man ganz sichergehen.[68] Tatsächlich kann sich das Resultat auch sehen lassen. Der Flakturm ist restlos zerstört, alle vier Ecktürme sind in sich zusammengesunken, der Mittelteil ist geborsten und auseinandergebrochen. Der Preis dafür war allerdings hoch. Die Umgebung bedeckte eine zentimeterhohe Staubschicht, und »durch die Sprengung des Bunkers hat der Zoologische Garten erheblichen Schaden erlitten. Tiere gingen nicht verloren. Die Fasanerie ist sehr zerstört, so daß die Vögel vorläufig noch nicht aus ihren Käfigen genommen werden können. Fast alle Dächer und Oberlichter sind in Trümmer gegangen.«[69] Das Bezirksamt Tiergarten meldet, daß sich die Schäden im Zoologischen Garten auf mindestens 100 000 Mark belaufen.[70]

Im französischen Sektor beginnen die Sprengungen am Flakturm Humboldthain trotz des herannahenden Winters Ende Oktober 1947. Von den Mißerfolgen der Briten vorgewarnt, versucht man es anfangs mit mehreren Teilsprengungen. Die Maßnahmen werden, wohl um die Presse fernzuhalten, weder öffentlich

Zoo-Bunker nach der Sprengung, 1948.

angekündigt noch den zuständigen Polizeirevieren mitgeteilt. Als Folge einer größeren Sprengung am 25. Oktober gehen daher fast alle Fensterscheiben »in den Gebäuden der Brunnenstraße zwischen Rügener und Ramlerstraße« zu Bruch, wie das »Neue Deutschland« in Ost-Berlin mitteilt.[71]

Die ersten Sprengversuche zeigen nicht den gewünschten Erfolg und werden bald darauf abgebrochen. Völlig überraschend erfolgt dann am 12. Dezember die Anordnung der französischen Militärregierung, daß am nächsten Tag der Nachrichtenbunker W 6, der Leitturm Humboldthain an der Gustav-Meyer-Allee, gesprengt werden soll. Lapidar wird die Bevölkerung aufgefordert, »ab 10.00 Uhr das Bunkergelände im Umkreis von 800 m zu räumen. Haus- und Nutztiere sind mitzunehmen, Gas- und Wasserhähne zu schließen.«[72]

Am Sonnabend früh haben deutsche Polizei und französische Gendarmerie alle Hände voll zu tun, die Schaulustigen aus der Sperrzone fernzuhalten. Schließlich, kurz vor 11.00 Uhr, gibt das Horn eines französischen Soldaten das entscheidende Signal. Es kracht gewaltig, »und der Leitturm Humboldthain war einmal«[73]. Doch nach der Sprengung gleicht der gegenüberliegende Bereich des AEG-Geländes einem durch Meteoritenhagel verwüsteten Areal.

Im Februar 1948 bereiten die Sprengkommandos das Ende des 350 Meter entfernten Geschützturms vor. Termin ist Sonnabend, der 28. Februar, 11.00 Uhr. Das Ergebnis ist ein weiterer Fehlschlag. »Ach, er steht ja noch. Nun kriegen wir den Ärger noch einmal ...«, sagt resigniert eine Anwohnerin, als nach der Sprengung aus den abziehenden, mehrere hundert Meter hohen Rauchwolken die Konturen des großen Bunkers wieder sichtbar werden.[74] Immerhin hat die Anlage deutlich mehr Schäden davongetragen als der Zoo-Bunker nach dem ersten Versuch: »Die Außenwände des südwestlichen Eckturms sind zusammengestürzt. Von den anderen drei Ecktürmen ist der nordwestliche mit einigen Rissen davongekommen, während bei den anderen beiden die Außenwände der unteren Hälfte herausgedrückt wurden.«[75]

Zerstörter Leitturm Humboldthain, 1947.

Luftschutzstollen unter dem Fichteberg, Steglitz 1998.

Fahrer-Bunker, Mannschaftsunterkunft.

Toiletten und Lüfterraum im Fahrer-Bunker.

»Schutzfantasien« aus der NS-Zeit.

Zugang zum Fahrer-Bunker, Berlin-Mitte 1998.

Freigelegter Kinder-Bunker unter der Chausseestraße in Mitte, 2001.

Werkluftschutzstollen aus Stahlprofilen in Tempelhof, 2000.

Fehlgeschlagene Teilsprengung am Flakturm Humboldthain, 1948.

Die letzte Sprengung folgt zwei Wochen später und läßt die südlichen Ecktürme endgültig zusammenbrechen. Der starke Explosionsdruck und ein Hagel von Steinen und kleinen Betonbrocken beschädigen wieder viele Häuser in der Umgebung. Die beiden nördlichen Türme allerdings halten abermals stand. Angeblich darf aufgrund einer Auflage der Sowjets das unter Reichsbahnverwaltung stehende nahe Bahngelände nicht in Mitleidenschaft gezogen werden, so daß hier etwas schwächere Sprengladungen verwendet wurden, um ein Abkippen des Bunkers in die falsche Richtung zu verhindern.[76] Im Volksmund jedoch heißt es kurz darauf: »Der Schtaub vajeht, die Sonne scheint, der Bunker fracht: War ick jemeint?«[77]

Die Kritik an den Bunkersprengungen nimmt im Laufe des Jahres 1947 an Heftigkeit zu. Nicht nur bei der Bevölkerung und bei den letztendlich den Alliierten gegenüber machtlosen Berliner Behörden macht man sich über die »sinnlose Zerstörung Gedanken«, auch bei den Alliierten selbst scheinen die Sprengungen nicht unumstritten. Eine Mrs. Brailsford aus England, die im Oktober 1947 den Berliner Schriftstellerkongress besucht, beschreibt anhand eines Gespräches recht eindrucksvoll die Situation: »Und dann bin ich nach Berlin gekommen und hörte Explosionen. Ich sage: was ist da los? Der Bunker wird gesprengt. – Der Bunker, aha! – Ja wissen Sie auch, was der Bunker bedeutet? – Nein, sage ich. – Ja, da haben Hunderte von Familien ihr Obdach gefunden, höre ich. Es war ein wunderbares Hospital, dieser Bunker war für viele Menschen die Wohnstätte. Das ist auch unbedingt notwendig; solange unser Bauprogramm nicht vorwärtsgeht, ist dieser Bunker überhaupt eine Notwendigkeit für uns Menschen in Berlin. – Ja, warum ist er denn zerstört worden, frage ich. – Ach, ich weiß nicht, sagt meine Freundin, erkundigen Sie sich mal bei den Briten. – Da habe ich mich bei den Briten erkundigt, und ich habe nicht einen Briten gefunden, der mir nicht gesagt hätte: Ja, das ist furchtbar, wir sind alle dagegen gewesen, wir haben auch versucht, ob man nicht wenigstens im Winter diesen Bunker noch stehen lassen könnte. Im Grunde genommen weiß kein Mensch, warum der Bunker zerstört wird, obwohl er heute keine militärische Angelegenheit mehr ist, sondern ein Heim für Obdachlose.«[78]

Vereinzelt gelingt es den Bezirksämtern, Bunkersprengungen zu verschieben oder auch ganz aufzuheben. So verhandelt das Bezirksamt Neukölln eigenständig mit den amerikanischen Besatzungsbehörden, um zivil genutzte Schutzbunker zu erhalten oder als Hausfundamente zu verwenden.[79] Ende Oktober 1947 erklären die Amerikaner dann, daß in ihrem Sektor keine Pläne bestehen, weitere Bunker zu sprengen: »Bis zur Beendigung der Besatzung werden noch bestimmte Bunker zerstört werden. 90 Bunker sind jedoch überhaupt von der Vernichtung ausgeschlossen worden. Im Augenblick darf jeder Bunker für ›friedliche Zwecke‹ genutzt werden.«[80] Diese Anordnung dürfte zumindest eine der Ursachen dafür sein, daß bis heute in den Stadtbezirken Neukölln und Tempelhof überdurchschnittlich viele Bunkeranlagen erhalten geblieben sind.

Im britischen und im französischen Sektor dagegen laufen die Sprengungen auf Hochtouren weiter. Bei den Franzosen, die ihre Arbeit im wesentlichen bis Anfang 1949 vollenden, bleiben einzig zwei große Hoch- und ein Flachbunker an der Lübarser Straße in Wittenau erhalten, da diese noch bis in die 50er Jahre von der französischen Militärverwaltung genutzt werden.[81] Bei den Gasometer-Bunkern an der Sellerstraße verzichtet die französische Militärregierung auf die Sprengung, da zu Recht befürchtet wird, daß herabstürzende, tonnenschwere Betonblöcke in die Panke stürzen und den Wasserabfluß blockieren könn-

Flachbunker Saltykowstraße in Neukölln, 1952.

Sprengung des Flachbunkers Unionplatz in Tiergarten, 1947.

ten – ein steigender Grundwasserspiegel und überschwemmte Keller wären die Folge.[82]

Die Briten halten an ihrem Sprengprogramm noch bis Anfang 1950 fest. Im November 1949 ereignet sich dabei eine Sprengkatastrophe am Elsterplatz in Wilmersdorf. Am Hohenzollerndamm/Ecke Kissinger Straße steht seit Kriegsende ein nie fertiggestellter Bunkertorso, dessen Zerstörung bereits für den Juni 1947 angesetzt war. Als die Briten zu diesem Zeitpunkt feststellten, daß die Abschlußdecke fehlt, wurde die Sprengung auf unbestimmte Zeit verschoben.[83] Nun, da den britischen Pionieren langsam die Arbeit ausgeht, erinnert man sich wohl wieder an die Anlage.

Die Sprengung erfolgt am 3. November, geht allerdings im wahrsten Sinne des Wortes völlig daneben. Der Druck der Explosion ist so stark, daß in den umliegenden Straßen in bis zu einem halben Kilometer Entfernung Mauerwände zusammenbrechen und die Dächer abgedeckt werden. Fensterscheiben gehen noch in bis zu 1 000 Metern Entfernung zu Bruch, ein in der Nähe befindliches Barackenlager stürzt in sich zusammen. Bei der Sprengung wird eine Person getötet, die Zahl der Verletzten wird lange Zeit geheimgehalten.[84] Riesige Betonbrocken, zum Teil über eine beträchtliche Entfernung fortgeschleudert, liegen überall herum, viele Holzhäuser der Kleingärtner sind vollkommen zerstört, die Obstbäume in den Gärten umgeknickt wie Streichhölzer. »Die Bewohner der betroffenen Häuser und die Laubenkolonisten sind völlig verzweifelt, da sie zum großen Teil gerade jetzt ihre Pappfenster durch Glas ersetzt hatten und den bevorstehenden Winter fürchten,«[85] heißt es im »Telegraf«.

Erste Schätzungen sprechen von einem entstandenen Schaden in einer Höhe zwischen 600 000 und einer Million DM.[86] Für die Bereitstellung von finanziellen Hilfen muß das Bezirksamt Wilmersdorf im Dezember 1949 alle anderen Enttrümmerungsmaßnahmen vorübergehend einstellen.[87] Es wird zu Recht die Frage gestellt, ob ein Bunker ohne Abschlußdecke überhaupt als ein militärisches Objekt zu betrachten ist. Am 10. November beschäftigt sich die Stadtverordnetenversammlung mit dem Vorfall. Der bei den westlichen Alliierten angesehene Regierende Bürgermeister Ernst Reuter bezeichnet die Bunkersprengung am Elsterplatz offiziell als bedauerlich: »Sie war nicht notwendig, und sie hätte vermieden werden können. Wenn schon ein Bunker gesprengt werden sollte, warum nicht der in der Masurenallee?«[88] Franz Neumann von der SPD fordert in diesem Zusammenhang, die noch vorhandenen Bunker »wie in Westdeutschland für wirtschaftliche Zwecke« zu verwenden, und fügt gleichzeitig provokant hinzu, »daß es innerhalb des Berliner Weichbildes auf keinen Fall ein Übungsfeld für dilettantische britische Offiziere geben dürfe. Diese sollten sich bei den sowjetischen Pionieren Ratschläge einholen, wie man ohne Schaden Bunkersprengungen durchführen könne.«[89]

»He, was machen sie denn da?« – »Ick bau mir 'n Bunka, falls die Tommys den da ooch sprengen wollen!« (Zeitgenössische Karikatur)

Im Gegensatz zu ihren Ebenbildern in Hamburg, Braunschweig oder Lübeck werden die Berliner Bunker nur in einigen wenigen Ausnahmefällen durch das Einsprengen von Tür- und Fensteröffnungen entmilitarisiert oder – wie die Fachleute sagen – entfestigt. Lediglich vier Fälle sind bislang bekannt geworden: Im Juli 1949 erteilen die Briten die Genehmigung, Fensteröffnungen in die als Bunker ausgeführten Erdgeschosse der Kasernengebäude auf der ehemaligen »Speerplatte« am Saatwinkler Damm zu sprengen, um weiteren Wohnraum zu schaffen.[90] Auch der Hochbunker auf dem

Entmilitarisierte Bunker in der Dernburgstraße und ...

... auf der sogenannten Speerplatte in Charlottenburg, 1952.

Gelände der Landespostdirektion an der Dernburgstraße in Charlottenburg darf nun durch Einsprengen von Fensteröffnungen »entschärft« werden. Zeitgleich sorgen im Frühjahr 1950 britische »Demonteure für mehrere meterbreite Schlitze« in den dicken Betonwänden des ehemaligen Nachrichtenbunkers im Bendler-Block am heutigen Reichpietschufer. Eine Vollsprengung hätte hier die gerade eben erst wiederinstandgesetzten Bürogebäude zerstört.[91] Geradezu euphorisch feiert man die im Frühjahr 1950 begonnene Entfestigung des eingeschossigen Operationsbunkers im Kinderkrankenhaus Reinickendorf. Durch das Einsprengen von Fensteröffnungen in die 1,10 Meter starken Außenwände gelingt es, »dem Bunker seinen militärischen Charakter zu nehmen«[92].

Im Januar und Februar 1950 werden die britischen Pioniere letztmalig in Berlin aktiv und versuchen, den Blaupunkt-Bunker, der in die Unterkonstruktion des Olympia-Stadions eingebaut ist, zu zerstören. Doch schon nach den ersten »vorsichtigen« Sprengungen weisen die Wände und Säulen der Stadionkonstruktion gefährliche Risse auf, die »nach der Meinung von Fachleuten die statische Festigkeit erheblich gefährden«. Bei einer Fortsetzung der Sprengarbeiten droht das Stadion in Teilbereichen einzustürzen, die bereits entstandenen Schäden schätzt man auf mehrere 100 000 Mark.[93] Die Sprengungen werden daraufhin eingestellt, eine deutsche Firma soll den Bunker »neutralisieren«.[94]

Schließlich gibt das britische Hauptquartier im Mai 1950 bekannt, daß die unterirdischen Operationsbunker der Krankenhäuser Spandau, Westend und der Frauenklinik Pulsstraße »von der Liste der zu zerstörenden Anlagen gestrichen« worden sind und weiterhin als Operationsräume benutzt werden können.[95] Eine merkwürdig späte Entscheidung, da die Alliierten bereits im November 1946 übereingekommen waren, sämtliche Operationsbunker von den Sprengungen auszunehmen.[96] Nun gilt dies endlich auch für den britischen Sektor.

Entfestigter Nachrichtenbunker im Bendler-Block in Tiergarten, 1950.

III Zertrümmerung und Umnutzung – Die »Frontstadt«-Phase 1945–1990

Solche Abenteuerspielplätze gab es nach dem Krieg reichlich. Leitturm Zoo, 1948.

3 Neue Funktionen im Kalten Krieg

60 bis 70 Millionen Kubikmeter Trümmerschutt hat der Krieg in Berlin hinterlassen. Von dieser Gesamtmenge sind etwa drei Viertel wiederverwertbar und können zu neuen Baustoffen verarbeitet werden. Der Rest aber muß irgendwo entsorgt werden. Eine Anhäufung von immer noch enormer Größenordnung: »Man könnte damit so viele Loren beladen, daß sie, zu einem einzigen Trümmerzuge zusammengestellt, vom Nordpol bis zum Südpol reichten«, errechnet 1948 der »Tagesspiegel«.[1] In dieser Situation kommen die für den Wiederaufbau zuständigen Planer unter Federführung des ehemaligen Bunkerarchitekten und nunmehrigen Stadtbaurats Karl Bonatz auf die Idee, ehemalige Bunkerareale zum Abladen des nicht mehr nutzbaren Materials zu verwenden. Auf diese Weise verschwinden sowohl die unansehnlichen Bunkerruinen als auch der Trümmerschutt auf recht einfache Art, und man spart sich zudem weite Transportwege. Hauptabladeplätze werden die gesprengten Flaktürme. Als erstes legt man die Flächen für einen Trümmerberg am Friedrichshain fest, der Bezirk Mitte beispielsweise bekommt »die Westseite des großen Bunkers zum Bekippen zugewiesen«[2]. Ebenso übererdet man die Ruinen der Flachbunker auf dem Arkona- und dem Koppenplatz in Mitte.

Im Sommer 1946 werden die ersten Feldbahngleise zum Volkspark Friedrichshain verlegt. In den kommenden Monaten rollen hier die Trümmerbahnen heran. Das sind recht »abenteuerliche« Fahrten. »Hart rattert unser Zug am Abhang entlang, nur schmal ist die Spur«, berichtet ein Reporter der »Berliner Zeitung«. »Beim Hinunterblicken wird mir ein wenig weich in den Knien und hart klopft das Herz an die Kittelschürze. Die Menschen unten im Friedrichshain, die Häuser ringsum werden immer kleiner. Aus der Mitte des Berges ragt der gesprengte Bunker. Ein Riesenbetonklotz, ein gestürzter Koloß mit rostigen Eisenarmen. An seinen Mauerresten hier und dort noch Beschriftungen: ›Gasmasken‹, ›Sanitätsraum‹ ... Schaurige Erinnerung an eine schaurige Zeit. Endlich landet der Zug an der Kippstelle. Eine Kette von Helfern steht bereit, unsere Ladung in den Hohlraum zu schütten, der sich wie ein Staubecken um die Bunkerruine zieht. Die Männer fassen die Kippstangen der Loren. Einer zählt: ›Eins, zwei, drei ... Los!‹ Mit tosendem Gepolter sausen die Trümmer in die Tiefe. Dichter Sand und Staub hüllen uns ein. [...] ›Heute geht's‹, sagt Lokführer K. [bei der Rückfahrt] und drückt sein ganzes Körpergewicht auf die Bremse. ›Bei nassem Wetter kommt

Trümmerbahn am Flakturm Friedrichshain, 1947.

Pflanzenansaat auf dem Trümmerberg Humboldthain, 1949.

man hier leicht ins Rutschen.‹«[3] Hin und wieder springen die Loren aus den Gleisen, einige Male kippt der ganze Zug um, wobei es auch zu Todesfällen kommt.[4]

Bis zum Frühjahr 1950 werden rund um die beiden Bunkerruinen 2,1 Millionen Kubikmeter Trümmerschutt aufgehäuft, so daß die Ruinen fast vollständig verschwinden.[5] Nur vom Geschützturm ragen bis zum heutigen Tag noch ein paar kleine Ecken hervor.

Im Volkspark Humboldthain beginnen die Einschüttungsarbeiten im Frühsommer 1948. Ursprünglich sollten hier nur 400 000 Kubikmeter Schutt aufgetürmt werden,[6] doch die Trümmerbahnen schaffen aus den zerstörten Weddinger Wohngebieten dann insgesamt 1,6 Millionen Kubikmeter heran, um die Ruinen der Flaktürme wie auch der beiden gesprengten Flachbunker an der Brunnenstraße mit Trümmern zu übererden.[7] Als erstes versinken die Reste des Leitturms fast vollständig unter einem neuen Berg.[8] Auch um die Ruine des Geschützturms wächst nach und nach ein gewaltiger Schuttberg in die Höhe; nur die beiden nördlichen Türme ragen schließlich noch heraus. Sie können nicht vollständig bedeckt werden, da zwischen dem Bunker und dem S-Bahngraben am Gesundbrunnen zuwenig Fläche für einen weit auslaufenden Berghang vorhanden ist.

Jedoch hat man von den Schwierigkeiten am Friedrichshain gelernt: Die Trümmerbahn fährt nur bis zum Fuße des Berges, dann befördern Lkws und Pferdefuhrwerke den Schutt über schmale, steile Transportwege, die sich mehrmals um den Berg schlängeln, bis auf den Gipfel hinauf. Anschließend werden die künstlichen Berghänge begrünt, um ausreichende Befestigung zu schaffen. Da Trümmerschutt nur schlecht Regenwasser speichern kann und zudem sehr kalkhaltig ist, pflanzt man ausschließlich äußerst anspruchslose, Trockenheit vertragende und kalkliebende Gehölze.[9] Ein Teil des Berggipfels wird danach zu einer Aussichtsfläche umgestaltet, den Zugang zur Bunkerruine sperrt man mit Stacheldraht ab.

Doch nicht alle Hohlräume sind vollständig verfüllt, so daß es in den Folgejahren immer

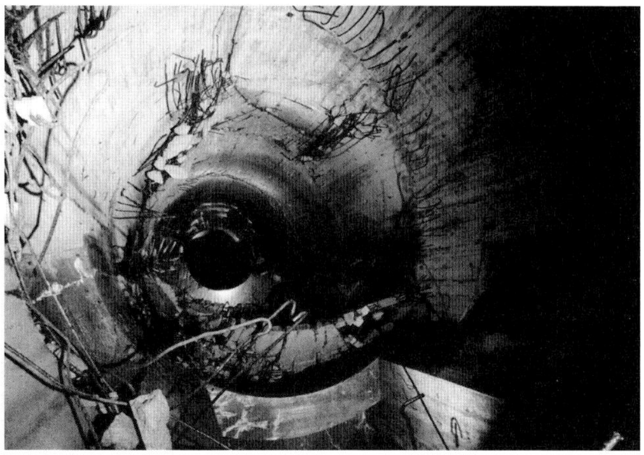

Eingestürztes Treppenhaus im Turm C, Humboldthain.

Beginn der Zuschüttung des Flakturms Humboldthain, im Vordergrund die später abgerissene Himmelfahrtskirche, 1948.

wieder zu Erdeinbrüchen kommt, wodurch auch Einstiegsmöglichkeiten entstehen. Die Kinder aus der näheren Umgebung nutzen diese Gelegenheiten und klettern, »an verschlungenem Drahtgeflecht hängend«, neben den 15 bis 20 Meter tiefen Schächten des Bunkers herum. »Der kleinste Fehltritt oder das Abbröckeln von Betonstücken können hier den Tod zur Folge haben. Die Rangen lassen sich jedoch nicht abschrecken: ›Üba de Ferien soll'n wa 'nen Uffsatz vom Bunka schreiben‹, haben zwei Ertappte schnell eine Ausrede zur Hand«[10], berichtet 1949 der »Telegraf«. Um dem Treiben am Flakturm und den damit verbundenen Gefahren ein Ende zu setzen, läßt das Bezirksamt Wedding schließlich alle Einstiege mit dicken Ziegelwänden vermauern.[11]

Den Gipfel des inzwischen in »Humboldthöhe«[12] getauften Bunkerberges krönt ab Anfang der 50er Jahre jährlich zu Weihnachten ein weithin sichtbarer großer Tannenbaum, der von den Medien als »bedeutungsschweres« Friedenssymbol und »sinnvollster Weihnachtsbaum«[13] Berlins bezeichnet wird, da er weit in den Osten hinein leuchtet. Nach dem 17. Juni 1953 finden auf der Bergspitze regelmäßig politische Veranstaltungen statt. Im Rahmen der vorabendlichen Gedenkfeierlichkeiten zum »Tag der deutschen Einheit« wird hier viele Jahre lang ein Mahnfeuer entzündet, um über die Grenzen des geteilten Berlins hinaus ein Zeichen zu setzen.[14] Sechs Jahre nach dem Mauerbau wird auf der alten Geschützplattform schließlich ein Mahn- und Denkmal des Bielefelder Bildhauers Arnold Schatz plaziert. Die elf Meter hohe Plastik besteht aus zwei sich einander zuneigenden Nadeln aus einer Aluminiumlegierung, die die beiden Teile

Deutschlands symbolisieren sollen und von einem Ring als Sinnbild der Einheit umschlossen werden.[15] Sechs Scheinwerfer strahlen das Gebilde an, damit es auch in Ost-Berlin noch gut zu sehen ist.

Jenseits der großen Politsymbolik auf der Spitze ist die Bunkerruine in ihrem Innern eher ein Anziehungspunkt für Obdachlose und Asoziale, die hier einen Unterschlupf suchen, und ein Magnet für Abenteuerlustige. Regelmäßig werden die Eingangsvermauerungen wieder aufgebrochen.[16] Im März 1966 gerät der Flakturm in die Schlagzeilen, als ein Schüler aus Waidmannslust im Geschützturm abstürzt. Die »Nachtdepesche« berichtet: »Mit sechs Freunden hatte der Junge einen neuen Einschlupf entdeckt und war mit seinen Kameraden in das Labyrinth von Gängen und abgrundtiefen Schächten hinabgeklettert. Dabei stürzte der 14jährige in den 30 Meter tiefen Schacht der ehemaligen großen Wendeltreppe. Wie durch ein Wunder blieb er an keinem der aus den Wänden herausragenden spitzen Eisen hängen. Unweigerlich wäre er aufgespießt worden.«[17] Die schwierigen Rettungsarbeiten dauern fast zweieinhalb Stunden, bis der schwerverletzte Junge geborgen werden kann. Nach dem Unglück wird unter der Weddinger Bevölkerung heftige Empörung laut, da die Gefahr seit langem bekannt gewesen ist und schon öfters Kinder beim Spielen am Bunkerberg verunglückt sind.[18] Das Bezirksamt läßt daraufhin einen neuen Zaun aus Maschen- und Stacheldraht um die herausstehenden Bunkerteile ziehen, alle Einstiege werden noch einmal kräftig vermauert, und es wird vorübergehend ein »ständiger Wächter« angestellt, der rund um den ehemaligen Flakturm patrouillieren soll.

Beginn der Sicherungsmaßnahmen im Humboldthain, 1988.

Doch mit der Zeit werden die Kontrollregime wieder gelockert. Im März 1982 stürzt dann ein 36jähriger Student tödlich im Treppenturm ab. Nur mit einem Feuerzeug ausgerüstet, hatte er bei einem Spaziergang einen Einstieg entdeckt und war aus Neugierde in die unbekannte Finsternis hineingeklettert.[19] Vier Jahre später ereignet sich ein weiterer schwerer Unfall. Abermals gelingt es spielenden Kindern, an einer beschädigten Stelle die Umzäunung zu überwinden. Als sie über die überstehende untere Plattform der Bunkerruine laufen, löst sich eine Steinplatte, und ein siebenjähriger Junge stürzt rund 15 Meter außen an der Bunkerwand hinunter.[20] Er überlebt schwerverletzt.

Diese Ereignisse führen dazu, daß die Forderungen nach einer vollständigen Einebnung der Flakturmruine immer lauter werden. 1986 gibt es konkrete Pläne, die aus dem Berg ragenden Bunkerteile zu sprengen, den Rest komplett zuzuschütten und auf der Bergspitze ein Café zu errichten.[21] 2,7 Millionen Mark werden

Ein Mitglied des Vereins Berliner Unterwelten bei Stemmarbeiten zu einem neuen Eingang für den Bunker Humboldthain, 2002.

vom Bezirksamt Wedding dafür vorgesehen,[22] doch bei genaueren Berechnungen werden Gesamtkosten von 20 Millionen DM ermittelt, so daß man davon wieder Abstand nimmt. Statt dessen entscheidet man sich dafür, die Bunkerruine erneuert zu sichern, vollständig zu einer Aussichtsplattform umzubauen und das Ganze in die Grünanlage einzubeziehen, damit dem Bunker »auch der letzte Reiz des Abenteuerlichen« genommen wird. Die Bauarbeiten beginnen im Sommer 1988. Zweieinhalb Meter hohe, eher etwas martialisch wirkende Sicherheitszäune sollen fortan verhindern, daß jemand vom Turm hinunterstürzen kann. Mögliche Einstiegsstellen werden versiegelt, lediglich für die Fledermäuse bleiben schmale Einflugspalten erhalten.[23] An der Nordwand des Bunkers richtet die Berliner Sektion des Deutschen Alpenvereins mehrere Kletterstrecken mit unterschiedlichen Schwierigkeitsstufen ein. Damit kommt man auf eine Idee aus dem Jahre 1950 zurück, als hier schon einmal eine »Matterhorn-Nordwand« angelegt werden sollte.[24]

Schließlich wird am 11. Juli 1990 nach zweijähriger Bauzeit die neue Aussichtsplattform der Öffentlichkeit übergeben. Die Gesamtkosten der Umbauarbeiten belaufen sich auf drei Millionen Mark.[25] Seit dem Sommer 2002 ist nun eine Arbeitsgruppe des Vereins Berliner Unterwelten damit beschäftigt, die Bunkerruine – mit offizieller Genehmigung – von innen zu erforschen und weitere von außen kaum erkennbare Gefahrenstellen endgültig zu sichern. Inzwischen gibt es einen regulären Zugang in die Bunkerruine, und es entsteht hier eine Ausstellung über die Flaktürme und die Trümmerberge.

Beginn der Übererdungsarbeiten am Flakturm Zoo, 1949.

Ganz anders als im Friedrichshain und im Humboldthain ist die Entwicklung rund um die Ruinen der Flaktürme am Zoo verlaufen. Hier beginnen die Übererdungsmaßnahmen im Frühjahr 1949. Der größere Bunkerberg soll in einen »Affenfelsen« des Zoologischen Gartens verwandelt werden, die Überreste des Leitturms künftig als »Vogelparadies« dienen.[26] Zusätzlich werden neue Kanäle ausgehoben und mit den Gewässern im Tiergarten verbunden, um künftig jede Störung der Tiere von außen fernzuhalten.

Nahe dem Innenstadtbereich »soll der Eindruck eines Berges vermieden werden«,[27] doch die Trümmerberge am Zoo sind einfach nicht zu übersehen und werden schnell eine neue Attraktion. »Und jetzt, meine Herrschaften, sehen Sie zur Linken die neue Tiergartenpyramide!« erläutert ein Fremdenführer das Großvorhaben. »Der Vergleich mit einer Pyramide schien ihm treffend gewählt, als sie den vierzig Meter hohen Tiergarten-Bunker sahen, der schon fast bis zum obersten Sims mit Steinen und Erde bedeckt ist. Winzig klein wirken die Arbeiter und Fahrzeuge. Dicke schwarze Rauchwolken quellen aus den Schloten der Zugmaschinen, der Bagger und Bulldozer. Mehr als zwanzig Lastwagen poltern manchmal gleichzeitig den schmalen ausgefahrenen Weg hinauf, der in Serpentinen auf den grauen Berg führt.«[28] Die Arbeiten gehen gut voran. Am 29. Dezember 1950 feiert man bereits den 250 000sten Kubikmeter Trümmerschutt und spendet »dem Treckerfahrer als dem Helden des Tages eine zuckersüße Torte«.[29] Ein großes Plakat verkündet zuversichtlich: »Det Bunkermausoleum entsteht im Handumdrehum [sic!], und kiekste morjen her, siehste keen' Bunker mehr«.[30]

Nachdem 400 000 Tonnen Schutt über den Bunkerruinen angehäuft sind, wird der deutlich angewachsene Berg plötzlich zu einem Problem der Stadtplaner, die für West-Berlin eine neue City konzipieren. Überraschend ist

Stand der Übererdung ein Jahr später, 1950.

Feier für den 250 000 Kubikmeter Schutt, Dezember 1950.

davon die Rede, daß die Begrünung nicht gelingen will, da sich die angepflanzten Bäume und Sträucher auf dem Schutt kaum entwickeln könnten.[31] Selbst die Vögel würden »aus unerklärlichen Gründen« das ihnen zugedachte »Paradies« meiden. Mitte 1952 beschließt der Senat, den kleineren Berg wieder abzutragen. Im September beginnen rund 40 Notstandsarbeiter damit, die Ruine des kleinen Zoo-Bunkers vom Schutt zu befreien. Die freigelegten Betonmassen werden dann bis zum Jahresende 1954 mit 800 Einzelsprengungen zerlegt, wobei rund 12 000 Kubikmeter Betonbrocken und 20 000 Zentner Moniereisen abfallen. Nur noch ein kleiner Hügel bleibt schließlich übrig, der für die Bauausstellung 1956 mit Muttererde versehen und neu bepflanzt wird.[32] Die Berliner allerdings sprechen inzwischen statt vom Affenfelsen nur noch vom Affentheater am Zoo.

Als Begründung für den Schildbürgerstreich gibt Bausenator Rolf Schwedler (SPD) an, daß der künstliche Berg in der Zoogegend einen Fremdkörper darstelle und zudem einer geplanten U-Bahnlinie (die spätere U9) im Weg liege.[33] Um die Gemüter zu beruhigen, erklärt der Senat, man hoffe, die auf rund vier Millionen DM geschätzten Kosten für die Beseitigung des gerade erst mühsam aufgeschütteten Bunkerberges durch die Verwertung von Trümmerschutt, Betonbrocken und Stahl gegenfinanzieren zu können. Wie sich später herausstellt, steckt hinter der ganzen Aktion ein Grundstücksdeal größeren Ausmaßes. Für die Neubebauung rund um die Hardenberg-, Joachimsthaler und Budapester Straße wird von den Investoren Gelände des Zoologischen Gartens benötigt. Damit der Zoo fast 58 000 Quadratmeter abgibt, erhält er auf der anderen Seite das Gelände des ehemaligen Geschützturms und einen Streifen am Landwehrkanal mit insgesamt rund 70 000 Quadratmetern. Dem Zoologischen Garten wird das Geschäft zudem durch Barzahlungen erleichtert, die »Mietausfälle und den Abriß von Tierhäusern« im Zoo kompensieren sollen.[34]

Drei Jahre lang sind rund 130 Arbeiter damit beschäftigt, die Betonmassen klein zu bekommen.[35] Aus dem Bunkerberg läßt sich dabei allerlei gewinnen: »Ziegelbrocken, Ziegelschotter, Füllboden, Betonbrocken, Betonschotter, Betongrus. In riesigen Sortieranlagen werden die verschiedenen Materialien voneinander getrennt. Die Bewehrungseisen, die man aus dem Beton schneidet, kommen in die Aufbereitungsanlage, wo sie ›gebügelt‹ werden. Dann schweißt man die Einzelteile zusammen und kann sie für Neubauten verwenden. Die Betonbrocken werden für den Straßenbau, die Ziegelstücke zur Herstellung neuer Bausteine benutzt. Und was wirklich nicht mehr ›auf neu‹ zu machen ist, kommt zum Teufelsberg im Grunewald, wo es immerhin noch als Füllmaterial dienen kann«.[36]

Auf diese Weise werden »Gustavs« Reste über die ganze Stadt verteilt. Man verwendet sie beispielsweise beim Bau der U-Bahn sowie beim Wiederaufbau der Deutschlandhalle, »bei der Pflasterung der Kreuzberger Bergmannstraße und der Argentinischen Allee in Zehlendorf« dienen seine Betonbrocken als »Packe, um den Straßen Halt zu geben«[37]. Doch es gibt auch unerfreulichere Seiten. Mehrere Unfälle ereignen sich, die sogar ein Todesopfer fordern. Einmal stürzt ein Arbeiter aus 20 Meter Höhe ab, ein anderer stößt mit seinem Schneidbrenner auf eine Dynamitladung, die bei den britischen Sprengungen nicht gezündet hat.[38]

Beim Abriß aufgefundene Sprengladungen, 1960.

Mit Sauerstofflanzen wird der Beton zerschnitten, 1959.

Notstandsarbeiter beim Abriß eines Flachbunkers in Spandau, 1953.

Im Sommer 1958 kommen die Arbeiten endlich zum Abschluß. Als einziges Originalstück des Zoo-Bunkers bleibt eine der sechs Zentimeter starken Bunkertüren erhalten, die heute der Schlosserei des Zoos als Werkbank dient.

Außerhalb der Innenstadt verläuft die Enttrümmerung deutlich schleppender und oft auch problematischer. Viele Grundstücke mit Bunkerruinen verwandeln sich in illegale Schutt- und Müllabladeplätze oder dienen als gefährliche Abenteuerspielplätze. Vier Kinder kommen an der Ludwigstraße auf tragische Weise ums Leben, als sie »auf dem Sandberg des halbfertigen Bunkers« spielen.[39] Dabei gerät der Sandaushub ins Rutschen und reißt die Kinder mit sich. Diese werden von den Sandmassen dermaßen tief verschüttet, daß es der Feuerwehr erst nach tagelangem Suchen gelingt, die toten Kinder auszugraben.[40]

Ganze Aktenbände füllen die Ereignisse rund um die Bunkerruine auf dem Unionplatz in Tiergarten. Bereits im Mai 1948 wird hier das erste Mal Schutt und Müll beräumt. Doch schon ein gutes Jahr später fordert der leitende Amtsarzt die Baupolizei auf, zu veranlassen, »daß die mit alten Matratzen, Töpfen, Fäkalien, Lumpen usw. aufgefüllten Überreste des gesprengten Bunkers baldmöglichst beseitigt werden. Bei steigender Temperatur werden die in der Umgebung wohnenden Bürger durch die hierdurch entstehende Fliegen- und Rattenplage gesundheitlich gefährdet.«[41] Außerdem haben sich streunende Kinder in der Ruine eingerichtet, so daß »die sofortige Beseitigung der noch stehenden Wände sowie die restlose Zufüllung aller Hohlräume bzw. deren Abdeckung« gefordert wird. Doch lange Zeit rührt sich nichts. Erst Anfang November 1949 erscheint eine vom Bezirksamt beauftragte Abbruchfirma, die schon einmal beim Bunkerbau eingesetzte Gottlieb Tesch GmbH. Doch die Enttrümmerungsarbeiten werden gleich von einer Pannenserie begleitet. So beschwert sich ein empörter Anwohner, daß »die Sprengung am Bunker kaum was bewirkt hat, in die gegenüberliegenden Häuser aber [...] Steine im Durchmesser von 20–30 cm geflogen« sind. Auch die mangelnde Absperrung der Baustelle sorgt wiederholt für Kritik. Erst nach Androhung, die Firma vom Auftrag zu entbinden und zu verklagen, werden Strohballen, Holzblenden und Schutztafeln verwendet, um Sprengschäden in der Umgebung zu verhindern. So bleibt wenigstens die Hauptsprengung am 28. Dezember 1949 ohne Folgen. Verbliebene Bunkerreste verschwinden unter einer

Notstandsarbeiter, 1952.

neuen Grünanlage. 13 Jahre später allerdings muß man alles wieder ausgraben und sprengt erneut. Die letzten 3000 Kubikmeter Stahlbeton liegen einem neuen Sportzentrum im Weg.[42]

Die meisten West-Berliner Bunkerruinen werden in der ersten Hälfte der 50er Jahre im Rahmen eines »Notstandsprogramms« beseitigt. Das Hilfsprogramm wird im April 1950 ins Leben gerufen, um die Auswirkungen der Berlin-Blockade abzumildern, die zu schweren wirtschaftlichen Einbrüchen mit entsprechend hoher Arbeitslosigkeit in den westlichen Sektoren geführt hat. Innerhalb der ersten fünf Jahre des Programms fließen rund 800 Millionen DM, davon allein 630 Millionen DM aus amerikanischen Quellen, in die Stadt. Ein Teil des Geldes entstammt sogenannten Garioa-Mitteln, die zur Beschaffung von in Deutschland nicht ausreichend vorhandenen Nahrungsmitteln und Rohstoffen dienen.[43]

Da das Zertrümmern von Bunkern Schwerstarbeit ist, wird dies auch etwas höher vergütet als die sonstigen Aufräumarbeiten auf Ruinengrundstücken. Trotzdem liegen die Sätze nur unwesentlich über dem Arbeitslosengeld, weshalb manche Notstandsarbeiter das Programm als Ausbeuterei betrachten. Von einem »Antreibersystem« vieler Firmen ist die Rede, die trotz der geringen Löhne zahlreiche Überstunden verlangen. Während einer Rede des Wirtschaftssenators Paul Hertz (SPD) anläßlich des fünfjährigen Bestehens des Notstandsprogamms kommt es daher zu Tumulten, die der Senator auf »kommunistische Quertreibereien« zurückführt. Er muß jedoch einräumen, daß »tatsächlich Sorgen und Nöte im Notstandsprogramm« bestehen. Daraufhin wird unter anderem die Arbeitszeit von 48 auf 40 Stunden heruntergesetzt, der Stundenlohn von 1,10 auf 1,48 DM erhöht sowie die Weiterbeschäftigung nach einer Mindestarbeitszeit von 13 Wochen eingeführt.[44]

Innenraum im Zombeck-Turm, Revaler Straße 1998.

Erschließungsgang im Fichte-Bunker, Kreuzberg 2001.

Bettenraum im Bunker Gesundbrunnen.

te der einstigen Berliner Senatsreserven.

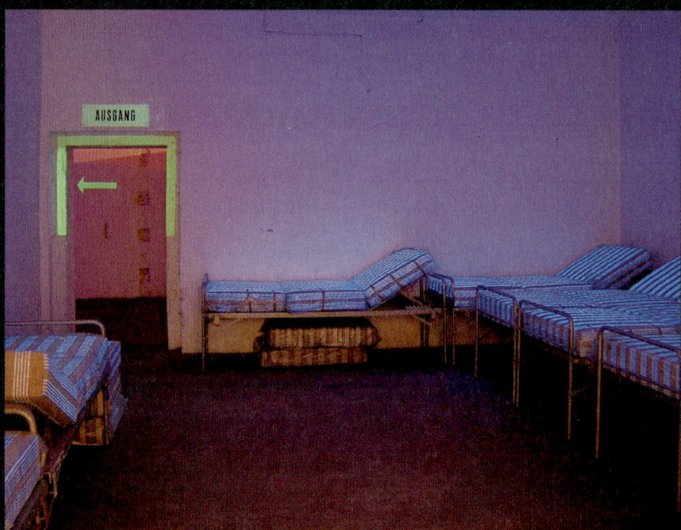

Zivilschutzanlage im Bunker Blochplatz.

Frauenabort in der denkmalgeschützten Bunkeranlage des Vereins Berliner Unterwelten im Gesundbrunnen.

Hochbunker am Anhalter Bahnhof, 2001.

Bunkerstollen unter den Haveldünen, 2002

Bergung von Stahl für den Wiederaufbau aus dem Bunker Krämerweg in Spandau, 1953.

Kosten und Zeitaufwand für die Bunkerbeseitigungen im Notstandsprogramm sind erheblich. Ab September 1952 wird für rund 10 000 DM Martin Bormanns Privatbunker in der Helfferichstraße 7 in Grunewald zerlegt und abgetragen.[45] Etwa zur gleichen Zeit verschwindet auch die größte Neuköllner Ruine, ein ehemaliger Hochbunker an der Marienfelder Chaussee in Buckow-West. Dafür sind über 50 Notstandsarbeiter bis Ende März 1953 im Einsatz. Die Kosten belaufen sich auf 140 000 DM.[46] Beim Flachbunker Ernststraße in Borsigwalde dauern die Abbrucharbeiten neun Monate.[47] Mit dem etwas kleineren Flachbunker an der Klemkestraße in Reinickendorf wird man in knapp vier Monaten fertig.[48] In Steglitz werden vorerst nur die Bunker in der Brauer- und Brahmsstraße sowie der Bunker in der Goerzallee enttrümmert.[49] Parallel zu den laufenden Abbrucharbeiten gibt es politische Überlegungen, die noch intakten Bunker besser zu erhalten. Anläßlich des Korea-Krieges (1950–1953), der deutlich zeigt, wie schnell der »Kalte Krieg« in einen »heißen« umschlagen kann, beginnen im Frühjahr 1951 Verhandlungen zwischen der Bundesregierung und der Hohen Alliierten Kommission über die Aufhebung des Verbots eines zivilen Luftschutzes.[50] Im Ergebnis dessen wird im Juni 1951 der Westteil Berlins Mitglied im Bundesluftschutzverband, einer Vereinigung, die »die Bevölkerung über die Gefahr bei Angriffen aus der Luft aufklären, sie bei Selbsthilfemaßnahmen beraten sowie die Organisation und Ausbildung des Selbstschutzes vornehmen soll«.[51] Intern untersagt der Senat bereits am 12. April 1951, intakte, aber ungenutzte Bunker weiterhin zu sprengen. Sie sollen statt dessen desinfiziert und verschlossen werden. Für die Sicherung und Versiegelung der Bauten werden 600 000 DM bereitgestellt, die Senatsabteilung für Arbeit angewiesen, 200 Notstandsarbeiter dafür freizustellen.[52]

Beim Ost-Berliner Magistrat löst dieser Beschluß nach Bekanntwerden heftige Proteste aus. »Bunkerbau in Westberlin«[53] oder gar »Luftschutzrummel nach Nazi-Art in Westberlin« titeln Ost-Berliner Zeitungen im Juni 1951, und sie haben mit der Behauptung, daß sich die Führung des Bundesluftschutzverbandes »ausschließlich aus leitenden Faschisten des Nazi-Reichsluftschutzbundes zusammensetzt«, nicht einmal ganz so Unrecht.[54] In der Tat sind hier einige zu NS-Zeiten maßgebliche Führungskräfte in leitenden Funktionen aktiv. Aus West-Berlin ist derweil zu hören, daß »gegenwärtig in allen Dienstgebäuden der Grotewohl-Regierung, der kommunistischen Organisationen und in den von der sowjetdeutschen Prominenz bewohnten Villen« Pläne für den Bau von Luftschutzbunkern ausgearbeitet werden. »Im Amtssitz Piecks in Niederschönhausen sowie in den Villen Grotewohls und Zaissers haben die Vorbereitungsarbeiten für den Bau der Bunker bereits begonnen.«[55]

Funkempfangsantennen der Deutschen Post auf dem Hochbunker Heckeshorn, 1948.

»Wachtmeister: Können Sie nicht hören? Sie sollen alle raus hier, die Bunker werden wieder gebraucht! Was heißt hier Wohnhäuser bauen? Luftschutz tut not!« (Zeitgenössische Karikatur)

Der Medienkrieg eskaliert in den folgenden Jahren. Die Luftschutzplanungen in den Westsektoren werden in Ost-Berlin als Kriegsvorbereitungen gebrandmarkt. »Im Westen unserer Heimat werden an Stelle von Wohnungen Atombunker gebaut«, verkündet 1954 das »Neue Deutschland«.[56] »Heute Bunker – morgen Bomben«, wertet 1958 die ostdeutsche »Nationalzeitung« die Anordnung der französischen Besatzungsmacht, für ihr Personal Schutzanlagen zu errichten, und teilt mit, daß einige der »Luxusbunker« am Spandauer Weg in Tegel bereits fertiggestellt seien.[57]

Doch zeitgleich mit dem Aufbau eigener Streitkräfte plant man auch in der DDR die Schaffung neuer bzw. die Reaktivierung noch verbliebener Bunker. Am 16. August 1955 beschließt das SED-Politbüro die Errichtung eines zivilen Luftschutzes in der DDR, der dem Innenministerium unterstellt wird. 1957 erhält dann die Volkspolizei in Ost-Berlin den Auftrag zur »Erfassung und Feststellung ehemaliger Luftschutzanlagen«[58]. Nach eingehender Untersuchung scheinen 29 ehemalige Bunker- und Schutzanlagen mittelfristig für eine Wiedernutzung geeignet. Bei einigen Bauten macht man sich sogleich an die Instandsetzung und Modernisierung. Der große Flachbunker nahe der Ostsee-/Ecke Goethestraße beispielsweise wird als »Leitpunkt für den LS-Operationsstab und die Einsatzleitung Prenzlauer Berg« hergerichtet, im Flachbunker Grünau an der Regattastraße sollen im Ernstfall der »Leitpunkt des Stadtbezirks und der Militärische Stab Köpenick« unterkommen. Den ehemaligen Kommandobunker an der Herzbergstraße 128/129 in Lichtenberg baut man als Leitpunkt des VEB Elektrokohle aus, der zweigeschossige Bunker Ostendstraße 1–5 in Oberschöneweide soll den Leitpunkt des VEB Werk für Fernsehelektronik aufnehmen. Eine Bunkeranlage an der Grünauer Straße 154 reserviert man für den Wäschereibetrieb VEB Blütenweiß, auch wenn sie zu diesem Zeitpunkt noch unter Wasser steht.

Mit dem 1958 verabschiedeten Gesetz über den Luftschutz in der DDR folgt dann der systematische Aufbau der »Zivilverteidigung«. Hierzu schafft man mehrere Spezialgremien, darunter die »Kommission Bevölkerungsschutz« und die »Katastrophenkommission«, die sich auch für den Aufbau des »Sirenen-Alarmnetzes« verantwortlich zeigt. Um das künftige Personal für derartige Tätigkeiten zu schulen, schickt man sogar einen Lichtbildervortrag mit dem vielsagenden Titel »Helft mit im Luftschutz« in den östlichen Stadtbezirken auf Tournee.

Bei der Beseitigung der Bunkerruinen läßt man sich Zeit. In der ersten Hälfte der 50er Jahre werden fast ausschließlich die Überreste von Großbunkern abgetragen, um Rohstoffe zu gewinnen.[59] Zuständig hierfür ist das Ost-Berliner »Amt für Abräumung«. Es orientiert seine Arbeit auf die zu erwartende Materialausbeute. Daher werden zuerst »besonders nutzeisenreiche Objekte« angegangen. Um die hochgesteckten Pläne zur Rundstahlgewinnung erfüllen zu können, werden zusätzlich Helfer »des freiwilligen Arbeitseinsatzes im Rahmen des Nationalen Aufbauprogramms« herangezogen.[60] Nach einer »günstigen Schrottausbeute« ziehen die Sprengkolonnen gleich

Titel einer DDR-Broschüre, 1954.

weiter, so daß manche Bunker, wie etwa die Anlagen an der Straße vor Schönholz (Pankow), nur teilweise abgeräumt werden.[61]

Nach dieser ersten Abbruchwelle, die vor allem auf verwertbares Material zielt, wird die Bunkerzertrümmerung im Ostteil Berlins für einige Jahre weitgehend eingestellt. Erst nach Klärung der Frage, welche Anlagen möglicherweise reaktiviert werden sollen, gehen Anfang der 60er Jahre die Abräumungen weiter. 1961 liegen die Schwerpunkte in den Bezirken Pankow, Lichtenberg, Treptow und Köpenick. Insgesamt werden in diesem Jahr für den Ostteil der Stadt 2,15 Millionen Mark für 13 500 Kubikmeter Bunkertrümmer angesetzt, während im Vergleich für rund 11,25 Millionen Mark fast 480 000 Kubikmeter Trümmerschutt aus der Beseitigung herkömmlicher Ruinen abgefahren werden können. Diese Zahlen belegen recht deutlich die hohen Kosten bei der Bunkerentsorgung.[62]

Auch hier gehen die Sprengungen nicht ohne unliebsame Begleitschäden ab. Beim Flachbunker Treskowstraße in Heinersdorf etwa, für dessen Zerlegung von Oktober 1962 bis Januar 1963 insgesamt 36 Teilsprengungen notwendig sind,[63] werden Dächer und Hauswände der Lauben in den umliegenden Gartenkolonien durchschlagen. Mittlere Schäden entstehen bei der Enttrümmerung des Flachbunkers an der Kastanienallee in Pankow-Wilhelmsruh, wofür der VEB Tiefbau 1960/61 verantwortlich zeichnet. Im Falle des »Risiko-Bunkers Buchholz« lehnt die (Ost-Berliner) Vereinigte Großberliner Versicherungsanstalt sogar eine Übernahme von Sprengschäden in der Umgebung ab.[64] In der zweiten Hälfte der 60er Jahre werden dann auch die Bunkerruinen am Stadtrand von Ost-Berlin abgetragen. Bis April 1966 verschwinden die beiden Flachbunker in der Stadtrandsiedlung Blankenfelde. Mit Beseitigung der zwei Bunker an der Siedlungskolonie Arkenberge verschwinden dann auch die Überreste von Berlins nördlichsten Schutzanlagen.[65]

Im Westteil Berlins spielen die verbliebenen Bunker neben den Luftschutzplanungen für die Vorratshaltung eine weitere wichtige Rolle.

Materialbergung aus dem Bunker Friedlander Straße in Adlershof, 1957.

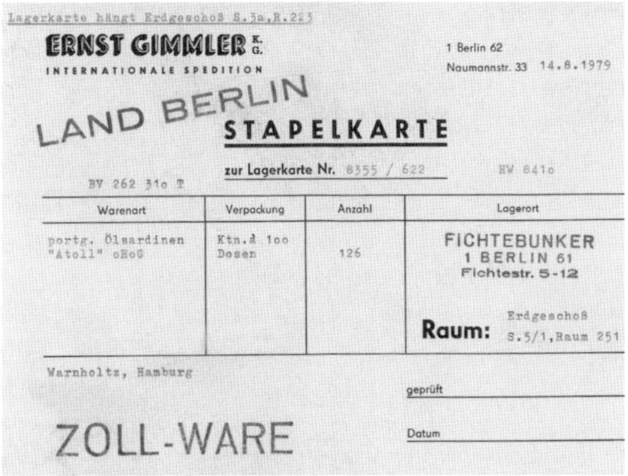

Lagerkarte hängt Erdgeschoß S.3a,R.223

ERNST GIMMLER K.G.
INTERNATIONALE SPEDITION

1 Berlin 62
Naumannstr. 33 14.8.1979

LAND BERLIN

STAPELKARTE

zur Lagerkarte Nr. 8355 / 622 HW 841o

BV 262 31o T

Warenart	Verpackung	Anzahl	Lagerort
portg. Ölsardinen "Atoll" oHoG	Ktn.à 1oo Dosen	126	FICHTEBUNKER 1 BERLIN 61 Fichtestr. 5-12 Raum: Erdgeschoß S.5/1,Raum 251

Warnholtz, Hamburg

geprüft

Datum

ZOLL-WARE

Neue »Bunkerbewohner«: Portugiesische Ölsardinen, 1979.

Nach den Erfahrungen der Blockade von 1948–1949 hält der West-Berliner Senat stets eine strategische Reserve bereit, um im Falle einer erneuten Abriegelung der Stadt damit die Zeit so lange überbrücken zu können, bis die logistischen Voraussetzungen für eine zweite »Luftbrücke« geschaffen sind und Lebensmittel eingeflogen werden können. Eigens dafür baut man von 1959 bis 1962 den BASA-Bunker am Halleschen Ufer für rund 100 000 DM um.[66] 1963, nach dem Auszug der letzten Obdachlosen, wird auch der Fichte-Bunker zum Bevorratungslager für Lebensmittel. Insgesamt lagern in einem Drittel der 81 größeren Luftschutzbunker West-Berlins Senatsreserven. Hier warten nun Erbsen, Bohnen und Sardinen auf ihre Verwendung in Krisenzeiten.[67] Die Bestände müssen ständig aufgefrischt werden, ohne daß abzusehen wäre, ob sie auch jemals Verwendung finden. Sinnvollerweise verkauft man die Konserven kurz vor dem Erreichen ihres Verfallsdatums als Billigangebote regelmäßig über West-Berliner Supermärkte. Bis zum Fall der Mauer wird an diesem System festgehalten. Dann gehen die letzten Bestände auf Reisen. Zu Beginn der 90er Jahre werden sie als humanitäre Hilfe in die sich auflösende Sowjetunion geschickt.[68]

In den 60er Jahren gelten für beide Teile Berlins noch immer die Alliierten Gesetze und Verordnungen aus der Nachkriegszeit. Danach dürfen keine alten Bunkeranlagen reaktiviert oder neue errichtet werden. Dies stößt sich aber mit den neuen politischen Plänen in Zeiten der Konfrontation nach dem Mauerbau. Um trotzdem entsprechende Bunkeraktivitäten entfalten zu können und gleichzeitig die Vorrangstellung der alliierten Rechte in Berlin zu wahren, erlassen die drei West-Alliierten am 14. Oktober 1965 eine vielsagende Anordnung, »die den Berliner Senat verpflichtet, alle notwendigen Maßnahmen zum Schutz der Berliner Bevölkerung« zu treffen.[69] Dazu gehört auch die »Errichtung von Schutzräumen für die Bevölkerung und von Schutzbauten für lebenswichtige Betriebe, Anlagen und Einrichtungen«. In Ost-Berlin bezeichnet man diese neue Zivilschutzverordnung als »Ausdruck offener Annektionspolitik« und behält sich die sich daraus ergebenden »notwendigen Maßnahmen« vor. Es sei offensichtlich, heißt es, »daß Westberlin als ein Stützpunkt der Nato und als ein Zentrum der Provokationen gegen die DDR und andere sozialistische Staaten weiter ausgebaut werden soll«[70].

Die ganze Aufregung scheint jedoch recht übertrieben angesichts der Tatsache, daß man

Zu einer Garage umgebauter Flachbunker in Spandau, 1960.

Abriß des Volkshotels im Gasometerbunker Sellerstraße, 1965.

im Westteil weiterhin mehr Bunker abbricht als instand setzt. Von »den 181 intakten Luftschutzanlagen« sollen allein 75 beseitigt werden, um die Flächen neu bebauen zu können.[71] Im August 1966 beginnt der Abbruch des völlig intakten Flachbunkers am Sachsendamm, der bis zuletzt noch als Senatslager diente. Die Anlage liegt dem »weiteren Ausbau des Schnellstraßennetzes – hier der Westtangente« im Weg.[72]

Die Beseitigungsarbeiten gehen auch im einstigen Botschaftsviertel im Bezirk Tiergarten voran. Rund um die Rauchstraße verschwinden zwischen 1964 und 1971 mehrere Bunker früherer diplomatischer Vertretungen.[73] Sie stören die Wiederaufbaupläne für dieses prestigebeladene Berliner Stadtviertel. Zeitgleich wird auch der »geheimnisumwitterte [...] Privatbunker von Hitlers Feldmarschall Keitel in der Kielganstraße 6« nördlich des Nollendorfplatzes abgetragen, wofür das Schöneberger Baulenkungsamt 80 000 DM ausgeben muß.[74]

Als extrem teuer erweist sich die Beseitigung der beiden Gasometerbunker an der Sellerstraße, obwohl eigentlich kein dringender Handlungsbedarf besteht.[75] Der Bezirk Wedding gibt vor, das Gelände für eine Straßenverbreiterung und für Parkplätze einer projektierten Kunsteisbahn nutzen zu wollen.[76] Vermutet aber wird eher ein lukrativer Auftrag für eine Abbruchfirma. Im August 1965 beginnen die Arbeiten, allerdings erweist sich der Doppelbunker als äußerst widerstandsfähig.[77] In mühsamer Kleinarbeit müssen die meterstarken Decken und Außenwände zerlegt werden, da man Dynamit wegen der umliegenden Bebauung nur sparsam einsetzen kann.[78] So ziehen sich die Abbruchmaßnahmen über sechs Jahre hin. Am Ende belaufen sich die Gesamtkosten auf über drei Millionen DM, die ursprünglich angesetzte Summe wird um mehr als die Hälfte überschritten. Das Projekt erobert Platz 2 auf der Liste der teuersten Abbrüche in der Geschichte Berlins. Anschließend verkündet das Bezirksamt: »Wie die Fläche künftig genutzt werden soll, ist noch nicht bekannt.«[79]

In den 70er Jahren werden in West-Berlin dann auch neue Bunker gebaut. Das Zauberwort dafür heißt »Mehrzweckanlage«. Als erstes Vorhaben dieser Art projektiert die Excelsior-Tankstellen GmbH & Co. KG ein Wohn- und Geschäftshaus an der Stresemannstraße in Kreuzberg, das eine befestigte Tiefgarage mit 3102 Plätzen für den »Schutzfall« bekommt. Gebäude samt Schutzraum werden im März 1976 von der Oberfinanzdirektion Berlin abgenommen. Im Zuge der Errichtung des »Ku'damm-Karrees« entsteht »ein Parkhaus mit neun Obergeschossen, einem Erdgeschoß und zwei Kellergeschossen«. In der untersten Ebene befinden sich zwei »Großschutzräume«, die bei Bedarf insgesamt 3592 Personen Platz bieten. Diese Anlage wird im Dezember 1974 fertiggestellt.[80] Zwei weitere »Mehrzweckanlagen« entstehen beim Bau neuer U-Bahnlinien. Die Verlängerung der Linie 8 nutzt man 1977, um den U-Bahnhof Pankstraße so auszubauen, daß im »Ernstfall« 3346 Menschen Schutz finden können. Zudem ist vorgesehen, zwei U-Bahnzüge einzufahren, die den Schutzsuchenden als Sitzgelegenheit dienen und zugleich verhindern, daß die Menschen auf die Gleise fallen. Riesige Stahlbetonschwenktore und spezielle »Drängelsperren« mit manueller Zählautomatik riegeln alles hermetisch ab und stellen sicher, daß nicht mehr Menschen als vorgesehen hineingelangen können. Im August 1980 wird schließlich noch eine fast baugleiche Anlage im U-Bahnhof Siemensdamm mit 4332 Plätzen in Betrieb genommen.[81] Allen vier »Mehrzweckanlagen« ist gemein,

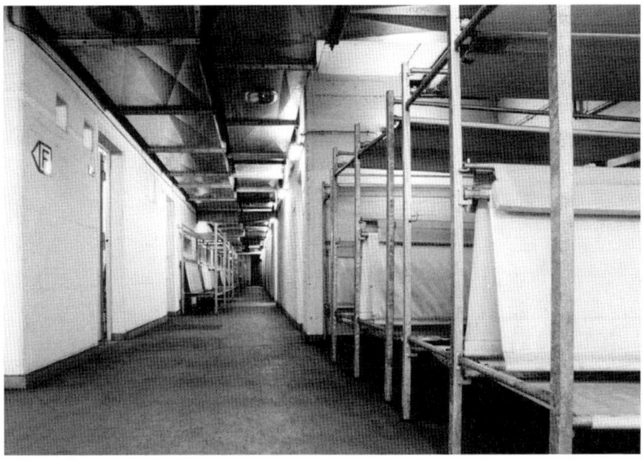

Mehrzweckanlage Pankstraße, Hauptgang im Zwischengeschoß.

Hydraulische Tore am Ende des Bahnsteiges, Pankstraße.

Mehrzweckanlage Siemensdamm, Bettenraum.

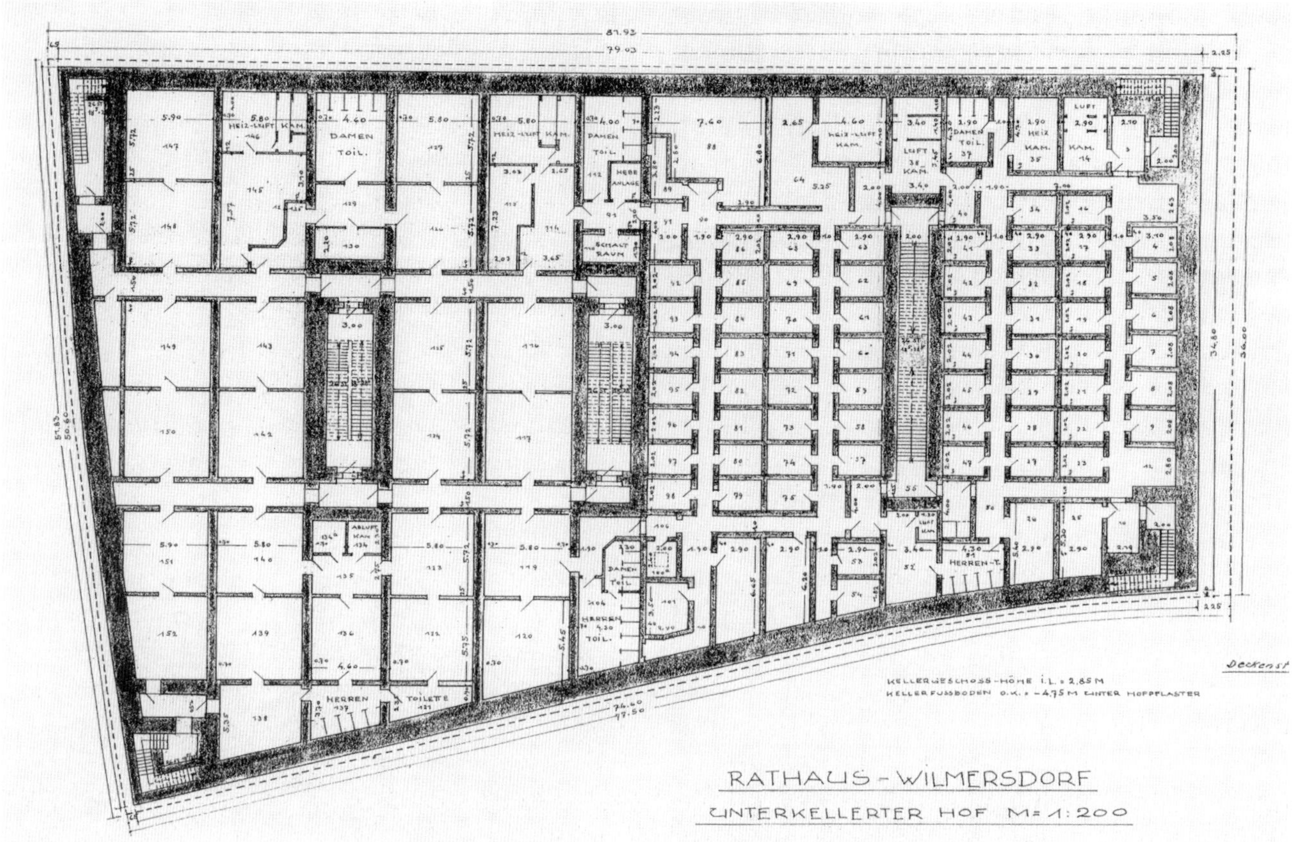

Plan der reaktivierten Zivilschutzanlage unter dem Innenhof des Rathauses Wilmersdorf, in der sich heute ein Rechenzentrum befindet.

daß sie für »einen Daueraufenthalt von 14 Tagen geeignet« sind und über Notstromaggregate und Tiefbrunnen zur Förderung eigenen Trink- und Kühlwassers verfügen. Spezielle Filteranlagen sollen zudem das Eindringen »radioaktiver, chemischer und biologischer Kampfstoffe verhindern. Zusammengenommen stehen damit den knapp zwei Millionen Einwohnern West-Berlins ganze 14 500 Schutzplätze zur Verfügung, was den Steuerzahler rund 15 Millionen Mark gekostet hat.[82]

Manche Berliner greifen sogar selbst zur Schippe. Am Kückenweg in Rudow beispielsweise schachtet ein Taxiunternehmer 240 Kubikmeter Erde in seinem Garten aus und baut sich dort seinen eigenen Schutzraum. Für den Ernstfall hat er gut vorgesorgt: Eine vollgepackte Tiefkühltruhe steht im Bunker, ein Kohlendioxid-Meßgerät ermittelt den Sauerstoffgehalt der Luft, und ein Geigerzähler kann die »verschiedenen Atomstrahlungen« anzeigen.[83] Per Videoüberwachungssystem lassen sich zudem oben Garten und Straße beobachten.

Dem Regierungsbunker des Senats am Fehrbelliner Platz, der 1989 erstmalig für die Presse zugänglich gemacht wird, billigt man dagegen gerade noch den Charme eines Polizeireviers zu, »das von seinen Benutzern 1965 aufgegeben worden ist«[84]. Im Grunde genommen handelt es sich auch nicht um einen richtigen Bunker, sondern um zwei Tiefgeschosse mit 48 Räumen auf insgesamt 2 500 Quadratmetern. »Im Ernstfall sollen dort etwa 180 Mitglieder des Landes-Katastrophenstabes Platz finden. Auch der Regierende Bürgermeister und die Mitglieder des Senats können in diesen Personenkreis einbezogen werden«, heißt es offiziell.[85] Zur Einrichtung gehört neben »40 Amtsleitungen, Fernschreibern, Telefax und Kurzwellenfunk« ein komplettes Rundfunkstudio, über das »im Notfall Aufrufe und Verhaltenshinweise an die Bevölkerung verbreitet werden können«. Die zugehörige Antenne auf dem Dach der Innenverwaltung mit inbegriffen.

Bis 1989 werden insgesamt elf Kriegsbunker mit einer Gesamtkapazität von 11 128 Schutzplätzen wiederhergerichtet.[86] Hinzu kommen noch 25 neue Schutzräume für 1 250 Anwohner, die man bis 1987 für die neue Gartenstadt Düppel mit errichtet. Zu den letzten großen Reaktivierungsprojekten zählt der Umbau des Großbunkers an der Pallasstraße in Schöneberg. 1965 wollte man ihm noch zu Leibe rücken, da das Gelände für den Wohnungsbau genutzt werden soll.[87] Schließlich fällt zwar der berühmte Sportpalast auf der anderen Straßenseite den Neubauten der Klingbeil-Gruppe zum Opfer, der Bunker jedoch bleibt aufgrund der Zivilschutzgesetze stehen. Planungen der Architekten sehen danach vor, den Schutzbau als Fundamentlager für das als Wohnbrücke projektierte Hochhaus zu verwenden.[88] Doch kurioserweise ergeben statische Berechnungen, daß es fraglich sei, ob der Bunker diese vorgesehenen Lasten überhaupt aushalten kann.

Also überbaut man schließlich Straße und Bunker. Die Pfeiler unmittelbar neben dem Betonkoloß, auf denen die riesige Hochhaus-Wohnanlage für 469 Mieter nun ruht, müssen eine Last von insgesamt 16 000 Tonnen tragen.[89] »Blumen drauf, Häuser drüber – wie Berlin seine häßlichen Bunker versteckt«, titelt die Boulevardpresse über diese heute noch merkwürdig anmutende städtebauliche Situation.[90] Der Regisseur Wim Wenders nutzt die

Dreharbeiten zum Film »Himmel über Berlin« im Pallas-Bunker, 1986.

recht surreal wirkende Situation und dreht hier sehr eindrucksvolle Szenen für seinen mittlerweile legendären Spielfilm »Der Himmel über Berlin«[91].

1986 wird dann der Beschluß gefaßt, den eingebauten Bunker für den Zivilschutz herzurichten. Die Bundesrepublik Deutschland als Bauherr steckt zehn Millionen DM in den Umbau, damit dort 4 809 Menschen im Krisenfall »für 10 Stunden Schutz finden können«[92]. Die Arbeiten werden nach drei Jahren kurz vor dem Mauerfall 1989 abgeschlossen.

Auch der Hochbunker an der Eiswaldtstraße 17 in Steglitz, mit dessen Reaktivierung man im Frühjahr 1987 beginnt, wird mit 1 074 Schutzplätzen noch im Jahre 1989 fertiggestellt.[93] Für den baugleichen Bunkertyp an der Friedrich-Karl-Straße in Tempelhof dagegen, dessen Umbaubeginn für den Herbst 1990 angesetzt ist, bedeutet die Wende das Aus. Ein halbes Jahr nach dem politischen Umbruch in der DDR verkündet die zuständige Senatsverwaltung im März 1990 den endgültigen Stopp für jeglichen weiteren Bunkerausbau.[94] Aus dem Ostteil der Stadt erbt der Senat vom Magistrat zugleich zusätzlichen Bunkerbeton. Zwölf Anlagen werden vorerst von den West-Berliner Zivilschützern beäugt. »Einstweilen dreien von ihnen gibt man die Chance, als kriegsverwendungsfähig eingestuft zu werden«, teilt die Tageszeitung »Neues Deutschland« mit.[95] Daraus werden schließlich sieben verwendungs-

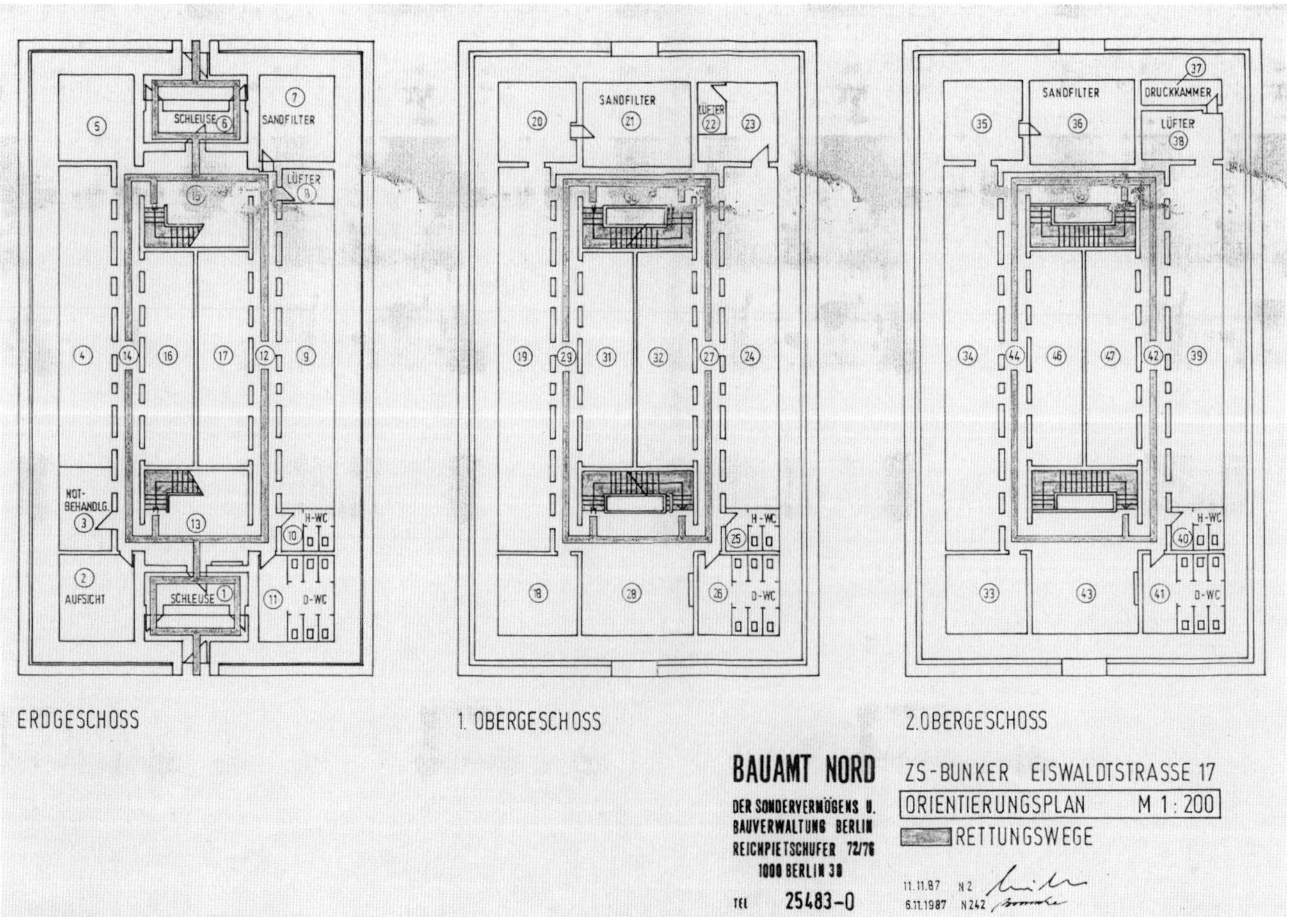

Pläne für die Umnutzung eines ehemaligen M 500 Hochbunkers als Zivilschutzanlage, 1987.

Die Zeit der Bunker geht endgültig zu Ende: Abriß eines Flachbunkers am Koppenplatz, 1995.

fähige Schutzbauten mit »ca. 2 550 Schutzplätzen«.[96] Als letztes Projekt des Kalten Krieges nimmt man 1994 noch ein Notkrankenhaus im einstigen Weltkriegsbunker am Heckeshorn in Wannsee in Betrieb. Zwölf Millionen DM verschlingt das Projekt, aber alle Einrichtungsgegenstände für die vier Operationssäle und die 407 Bunker-Betten bleiben in Kisten verpackt, denn niemand glaubt mehr so richtig an das Vorhaben.[97] Tatsächlich wird das Hilfskrankenhaus 1998 auch wieder aufgegeben.

Insgesamt verfügt Berlin gegenwärtig noch über 23 offizielle und funktionsfähige Bunker. Die Unterhaltskosten von etwa 150 000 Euro im Jahr trägt weiterhin der Bund. Doch angesichts leerer Kassen taucht immer häufiger die Frage auf: »Was tun mit den Berliner Bunkern?«[98] Ihr Nutzen ist ohnehin fraglich, denn im Falle eines Krieges würde darin gerade einmal ein Prozent der Berliner Bevölkerung Schutz finden. Doch die Zeit der Bunker ist abgelaufen – nun endgültig.

Anmerkungen

Expedition in den »Mont Klamott«

1 Vgl.: Kohnz, Manfred: Die unterirdische Stadt. Ab in die Bunker. In: Prinz (Stadtmagazin Berlin) vom 10.5.1990, S. 28 ff. Zuvor schon: Kohnz, Manfred: Ganz unten fast gemütlich. In: Tip (Stadtmagazin), 11/1983, S. 58 ff. Im Tip 8/1989, S. 86 ff. erschien, zum Teil unter Verwendung von gleichen Fotografien, der Artikel »Brauner Wedding«, in dem der Flakturm erneut als neonazistischer »Wallfahrtsort« herhalten muß. So ist das entdeckte Schlauchboot, »das Unbekannte zurückließen«, bereits fotografisch im oben erwähnten Beitrag des Magazins Prinz abgelichtet. Es scheint sich also eher um einen selbstgeschaffenen Mythos zu handeln.

Der schwierige Umgang mit dem betonierten Erbe

1 Schätzung der Autoren, die Standorte von 779 Bunkern definitiv nachweisen können. Etwa 350 weitere Hinweise konnten noch nicht endgültig überprüft werden. Sehr nahe an die Zahl kommt ebenfalls ein Artikel im Abend vom 18.7.1947: »Bisher wurden in Berlin etwa 250 Bunker gesprengt. Die genaue Zahl ist noch nicht bekannt, sie liegt eher noch etwas höher. Etwa 500 bis 700 Bunker stehen noch.«

2 Das Bunkerbauprogramm für die Reichshauptstadt war Teil des sogenannten »Führersofortprogramms«, in dessen Rahmen in 61 Städten Deutschlands mit dem Bau von Bunkeranlagen begonnen wurde. Vgl. hierzu: Foedrowitz, Michael: Bunkerwelten. Luftschutzanlagen in Norddeutschland. Berlin 1998, S. 9 ff.

3 Zu den Sonderprogrammen vgl.: Landesarchiv Berlin (LA Berlin), A Pr. Br. Rep. 107 Nr. 115/1-4. In den Akten werden auch die Begriffe »LS-Führerprogramm – Sonderaktion Luftschutzraumbau«, »Führersonderaktion Mutter und Kind«, »Sonderaktion Luftschutzraumbau« u. a. verwandt, wobei man den Eindruck gewinnen muß, daß die einzelnen am Bunkerbau mitwirkenden Verwaltungen zum Teil selbst keinen richtigen Überblick hatten, an welchem Programm sie gerade beteiligt wurden. Das »LS-Führerprogramm – Sonderaktion Luftschutzraumbau« war der Berliner Bestandteil des sogenannten »Führersofortprogramms« für den Bau von LS-Bunkern in den ausgewählten Luftschutzorten der I. Ordnung; die »Aktion Mutter und Kind« war ein untergeordnetes Programm speziell für Berlin, bei dem sowohl Bunker als auch herkömmliche Luftschutzräume für die Aufnahme von Müttern und Kleinkindern, aber auch Schulkindern speziell hergerichtet wurden.

4 Vgl.: Bunker verschwinden. In: Neue Zeit, 12.11.1946; oder auch: Übungsfeld für dilettantische britische Pioniere. Westverwaltung empfiehlt sowjetische Sprengtrupps als Vorbild. In: Tägliche Rundschau, 11.11.1949.

5 Zu den Hintergründen vgl.: Arnold, Dietmar: Stolpersteine der Vergangenheit. In: Berliner Zeitung – Magazin, 13./14.11.1999, S. 6–7.

6 Lessen, Christian van: Küchenabfall. In: Tagesspiegel, 21.9.2001.

7 Siehe u. a.: Pönitz, Markus und Klug, Andreas: Hoffentlich müssen wir hier nie rein. Wie sicher ist unsere Stadt? 23 Bunker gibt es in Berlin. Der größte steht in der Pallasstraße. In: BZ, 20.9.2001.

8 Schaper, Rüdiger: Der Bunker. Menetekel, Propaganda, Wahrheit? Was von den Kriegsbildern übrigbleibt. In: Tagesspiegel, 24.3.2003, S. 25.

9 Sinske, Horst: 1942 begann in Berlin der Luftkrieg (Zeitzeugenbericht). In: Heimatmuseum Lichtenberg (Hrsg.): Wie Silberfische flimmerten Bomber am Himmel. Erinnerungen an das Inferno des Krieges in Berlin-Lichtenberg (Edition Berliner Unterwelten. Bd. 1. Berlin 2003, S. 110–113. Siehe ebenso: Die Berliner U-Bahn im Zweiten Weltkrieg (1939–1945). In: Berliner Verkehrs-Blätter, 10/1969, S. 144. Die Angaben der BVG belaufen sich hier auf etwa 200 Menschen, fast nur Frauen und Kinder.

10 Foedrowitz, Bunkerwelten, S. 185.

11 Es handelt sich um die Bestandsakten R 46.06. Nach Zusammenführung der Bestände des Bundesarchivs Koblenz (gekennzeichnet durch Alt R 120) und des ehemaligen Zentralen Staatsarchivs der DDR (Potsdam/Merseburg), woher der überwiegende Teil der Akten stammt, sind die GBI-Bestände heute im Bundesarchiv in Berlin-Lichterfelde (künftig: BA Berlin) einsehbar.

12 Nähere Angaben dazu finden sich im Internet unter: www.sonderarchiv.de.

13 Vgl. dazu vor allem die Bestände im LA Berlin, A Pr. Br. Rep. 107: Der Generalbauinspektor für die Reichshauptstadt.

14 Bundesarchiv-Militärarchiv Freiburg (künftig BA Militärarchiv) Bestand RLM 2 und RLM 4.

15 So finden sich u. a. im Public Record Office in London (künftig: PRO) wichtige Unterlagen zum Bunkerbau: PRO-AIR (Air Ministry, Royal Air Force and related bodies) 55/158. Report on Luftwaffe Flak Towers in Berlin, Hamburg and Vienna. 1941–1945. Eine weitere wichtige Quelle findet sich in den Beständen des britischen Kriegsministeriums, nämlich ein bereits im Juli 1945 erstellter Geheimdienstbericht über die Organisation der deutschen Luftschutzanlagen in zwanzig größeren deutschen Städten. In: PRO-WO 205/834: German air-raid shelters: Report on organisation. July 1945. Für die amerikanische Sicht auf die Bunkersprengungen sei auf die in den Washingtoner National Archives lagernden Bestände des Office of Military Government – US-Berlin District (OMGBS), vor allem auf den Bestand RG 260 verwiesen, der inzwischen auch im Landesarchiv Berlin unter der Signatur B Rep. 036 in Form von Mikrofilmen einsehbar ist. Probleme dieser Art gibt es in anderen Städten der einstigen Westzonen weniger, da die Aktenbestände relativ komplett bis in die heutige Zeit erhalten geblieben sind. So finden sich z. B. in Emden noch sämtliche Planunterlagen über die dort errichteten Großbunker.

16 Vgl. Braune Suppe im Boden. In: Der Spiegel, 8/1998, S. 28 f. Hier kommt das langjährige Vereinsmitglied Eberhard Elfert zu Wort, der sich für den Erhalt wichtiger NS-Bunker ausspricht.

17 Frings, Ute: Was die einen erhalten wollen, ist den anderen lästig. In: Frankfurter Rundschau, 14.3.1998. Es handelt sich um einen zusammenfassenden Beitrag der Diskussionsveranstaltung: Goebbels-Bunker – weg damit? des Berliner Unterwelten e.V. in der Akademie der Künste in Tiergarten am 12.3.1998.

18 Zum Zeitpunkt der Debatte war eine Dokumentation des Goebbels-Bunkers in Vorbereitung, dessen Ergebnisse für eine Bewertung des Sachverhaltes abgewartet werden sollten. Die oberste Denkmalbehörde vertrat jedoch von Beginn an die Meinung, daß die Ministergärten mit den Bunkern »allenfalls Teil einer umfassend identifizierten Geschichtslandschaft sein dürften, die das Büro Adolf Eichmanns ebenso einschließen müßte wie die Rampe im Grunewald, von der die Züge nach Auschwitz abfuhren« (vgl. Frings, Ute). Zumeist erschienen die Denkmalschützer zu spät auf dem Gelände der Ministergärten, wo im Rahmen der Baufeldfreimachung schon vollendete Tatsachen geschaffen und durch den Munitionsbergungsdienst sämtliche interessanten Funde beseitigt worden waren.

19 Richter, Peter: Ganz unten, ganz dunkel (Berlin-Spaziergänge 2). In: Süddeutsche Zeitung, 10.10.2000: »Der Verein hat originale Türen und klapprige Holzbänke besorgt, damit alles so aussieht wie damals. Nur die Wanzen hat er dankenswerterweise weggelassen.«

20 Merten, Jola: Erfolg der »Bunkerküsser«. Die Schaustelle führt erstmals in die Unterwelt. In: Berliner Morgenpost, 6.6.1999.

21 Vgl. den Tagungsband: Erinnerungsorte aus Beton. Bunker in Städten und Landschaften. Hrsg. von Silke Wenk. Berlin 2001.

22 Vgl. den Beitrag von Jedermann, Katja: Es hat mit den Erlebnissen von damals nichts gemeinsam. In: Erinnerungsorte, S. 216 ff.

23 Friedrich, Jörg: Der Brand. Deutschland im Bombenkrieg 1940–1945. München 2002 (3. Aufl.).

24 Diese Meinung vertrat Friedrich mehr oder weniger wörtlich auch in einem Vortrag in der Berliner Urania im März 2003.

25 Bei dem Film handelt es sich um eine Koproduktion mehrerer Filmgesellschaften und Fernsehanstalten. Siehe hierzu: www.salzgeber.de/presse/ratschlaege/bunker_wr.pdf.
26 In den Beständen der Preußischen Finanz- und Baudirektion findet sich eine Akte der Riefenstahl Film GmbH, in der wohl die meisten der Pläne und Produktionsskizzen für diesen geplanten Bunker-Film enthalten sind. In: LA Berlin, A Pr.Br.Rep. 042-2023.
27 Vgl. Girbig, Werner: Im Anflug auf die Reichshauptstadt. Stuttgart 1973. S. 229 ff. Girbig spricht von rund 410 000 Luftkriegstoten, davon 49 600 in Berlin. Andere Zahlen finden sich bei: Hampe, Erich: Ziviler Luftschutz im Zweiten Weltkrieg. Frankfurt a. M. 1963, S. 141 ff. Hampe geht von 537 000 Luftkriegstoten im Deutschen Reich (in den Grenzen von 1937) aus, setzt die Zahl der Opfer in Berlin dagegen mit ca. 35 000 an. Noch niedriger fällt die Zahl der Toten bei Laurenz Demps aus. Vgl.: Luftangriffe auf Berlin. Ein dokumentarischer Bericht. In: Jahrbuch des Märkischen Museums. Teil 1: Bd. IV (1978). S. 27–68. Teil 2: Bd. VIII (1982). S. 7–44. Demps spricht von mindestens 11 367 Zivilisten, die während des fünfjährigen Luftkrieges auf Berlin ums Leben gekommen sind; »nach den offiziellen, aber nicht ganz zuverlässigen Zahlen der Berliner Behörden waren es 18 029 Tote«. Vgl. dazu auch: die Einleitung von Sven Felix Kellerhoff zu: Als die Tage zu Nächten wurden. Berliner Schicksale im Bombenkrieg. Hrsg. von Sven Felix Kellerhoff und Wieland Giebel. Berlin 2003, S. 9–30; hier: S. 12. Jörg Friedrich übernimmt die Zahlen von L. Demps, während der Spiegel im Januar 2003 die Zahl von 49 000 Luftkriegsopfern in Berlin angibt (Spiegel Special: Als Feuer vom Himmel fiel. Der Bombenkrieg gegen die Deutschen. Hamburg 1/2003, S. 9). Die Autoren halten Zahlen von über 35 000 Bombenopfern in Berlin für durchaus realistisch. Allein am 3. Februar 1945 dürften fast 10 000 Menschen ihr Leben verloren haben, und in den letzten Kriegswochen sind kaum noch Statistiken geführt worden.

Propagandakampagnen und Luftschutzprogramme

1 Die genauen Bestimmungen finden sich im Versailler Vertrag in den Paragraphen §§ 169 und 198. Zitiert nach: Der Vertrag von Versailles. München 1978. S. 213–215; 226.
2 Denckler, Ernst: Deutschland!! Schläfst Du?? Luftgefahr droht! [...] Eine Aufklärungsschrift für alle! Berlin 1931.
3 Denckler, S. 45–51. Hier heißt es (Auswahl): »1. Weisung: Haben Sie schon an die ungeheuren, unaufhörlichen Fortschritte in der Luftschiffahrt gedacht? 2. Weisung: Im Falle eines Krieges wird ein plötzlicher Luftangriff furchtbar sein! – Von heute ab wollen wir auf der Hut sein, seine Auswirkungen zu mildern!! [...] 4. Weisung: Vorzügliche Unterkünfte müssen vorgesehen und verwirklicht werden. [...] 5. Weisung: Die Mehrzahl der jetzt vorhandenen Keller ist im Augenblick ungenügend zum Schutz!! [...] 6. Weisung: Beginnen wir schon jetzt mit der Feststellung und Einteilung der als Schutz brauchbaren Unterkünfte!! [...] 7: Weisung. Bei Neubauten vergesst nicht die notwendigen Unterkünfte!!«
4 Vgl. aus der umfangreichen Literatur nur: Bähr, Willy: Luftschutz und Schule. Langensalza, Berlin, Leipzig 1935, 2. Aufl.; Luftschutz-Unterricht an den Schulen. Wien 1936; Luftfahrt, Luftschutz und ihre Behandlung im Unterricht. Ein Handbuch für Lehrende Hrsg. von Karl Metzner. Leipzig 1937. 2. verm. und verb. Auflage; Luftschutz in der Familie. Werbeschrift. Berlin 1938; Luftschutz in der Hitlerjugend. Anweisung für HJ, DJ, BDM, JM, BDM-Werk. Berlin 1942.
5 Ursprünglich stammt das Wort aus dem Schottischen, wo man im 17. Jahrhundert darunter eine befestigte Kiste auf Segelschiffen verstand, die man zum Schutz wichtiger Ladung installierte. Vgl.: The Oxford Dictionary of English Etymology. Oxford 1966. S. 126.
Eine zweite Bedeutung erhält das Wort im 19. Jahrhundert, als das Golfspiel populär wird. Hier ist der »Bunker« ein künstlich angelegtes Sandhindernis. Schließlich bezeichnete man auch die Laderäume für Kohlen auf Dampfschiffen als »Kohlebunker«. Vgl.: Etymologisches Wörterbuch des Deutschen. Erarbeitet von einem Autorenkollektiv des Zentralinstituts für Sprachwissenschaft unter der Leitung von Wolfgang Pfeiler. Berlin 1989. S. 232.
6 Eine Ausnahme bildet der Ende der zwanziger Jahre veröffentlichte Roman »Bunker 17« des Nürnberger Schriftstellers Karl Bröger, der die Erlebnisse eines sechsköpfigen Beobachtungstrupps im Stellungskampf während des Ersten Weltkrieges an der Westfront schildert. Die Männer verteidigen dort einen Betonbau mit Sehschlitzen und Schießscharten. Karl Bröger (10.3.1886 in Nürnberg geboren und am 4.5.1944 in Erlangen gestorben) ist ein Musterbeispiel, wie man vom Sozialisten zum Nationalisten und also zum »Nationalsozialisten« konvertieren konnte. Er sah sich selbst als einen vom einfachen Arbeiterjungen zum Kaufmannslehrling, Arbeiter und Dichter aufgestiegenen Menschen und stand einer sogenannten »Schicksalsgemeinschaft von Volk und Arbeitern« sowie den Nationalsozialisten nahe.
7 Siehe hierzu: Groehler, Olaf: Geschichte des Luftkriegs. Berlin 1981.
8 Rumpf, Hans: Das war der Bombenkrieg. Oldenburg 1961. S. 15.
9 Als Beispiel sei der Angriff deutscher Luftstreitkräfte auf London vom 13.6.1917 erwähnt. 1914 erfolgen acht, 1915 rund 50, 1916 rund 75, 1917 rund 370 und 1918 rund 650 Luftangriffe auf Westdeutschland, vor allem auf Köln und Essen. Neben Groehler siehe auch: Roskoten, Richard: Ziviler Luftschutz. Ein Buch für das deutsche Volk. Düsseldorf 1932. S. 9.
10 Groehler, Geschichte, S. 70. Die Pläne für Giftgasangriffe gegen Städte werden durch die »Independent Air Force«, Vorläuferin des späteren Bomber Command der Royal Air Force, ausgearbeitet.
11 Thomas, Alexander: Deutschland – Freiwild? Der Luftschutzroman von Bomben, Geld und Liebe. Berlin 1933. S. 78–79. Das Buch wird kurz nach seinem Erscheinen in Berlin noch von der alten preußischen Regierung verboten.
12 Ohlinger, Ernst/Lehmann, Otto: Bomben auf Kohlenstadt. Ein Roman, der Wirklichkeit sein könnte. Oldenburg/Berlin, 1935.
13 Vgl.: Grimme, Hugo: Der Reichsluftschutzbund. Aufgaben, Organisation, Tätigkeit. Berlin 1937. 2. Aufl. Siehe auch BA Berlin, R 23.01 MF 37571: Satzung des Reichsluftschutzbundes. Die Akte stammt aus den Beständen des Rechnungshofes des Deutschen Reiches. Der Reichsluftschutzbund wird erst 1944 unmittelbar von der NSDAP übernommen. Bis dahin ist er, wohlgemerkt rein rechtlich gesehen, nicht mehr als ein eingetragener Rechtsverein.
14 Zu nennen wären vor allem der Verein Ehemaliger Angehöriger der Flugabwehr (kurz: Flak-Verein, gegründet schon Anfang der 1920er Jahre, als Auffangorganisation für in den turbulenten ersten Jahren der Weimarer Republik gestrandete Frontsoldaten), dann der Deutsche Luftschutz e. V. (seit 1927) sowie, als eine unangenehme Konkurrenz empfunden, da nicht von der NSDAP unterstützt, jedoch von den Regierungsstellen geduldet, die Deutsche Luftschutz-Liga (1931). Vgl. dazu: Cohrs, Wilhelm: Die Mitwirkung der Vereine und Verbände am zivilen Luftschutz. In: Gasschutz und Luftschutz. Jg. 2 (1932). S. 49–52.
15 Grimme, Reichsluftschutzbund, S. 18–20. In den Worten Hugo Grimmes (1872–1941), eines ehemaligen Generals und des ersten Präsidenten des RLB, wird besonders deutlich, worauf es künftig ankommen soll: »Eine Volksbewegung des Luftschutzes hat ihren Anfang genommen. [...] Wohl aber muß die gesamte Organisation vom soldatischen Wesen und Geist erfüllt sein, sonst wird sie ihrer Aufgabe auf dem Teil des Schlachtfeldes des Luftkrieges, auf dem sie zu kämpfen gezwungen ist, nicht gerecht. Wie der Soldat zum Draufgehen [sic!], zur Offensive erzogen wird, so auch der Selbstschutzkämpfer des RLB. [...]. Diesem soldatischen Wesen des RLB hat der Staat auch äußerlich dadurch Rechnung getragen, daß er seinen Führern eine eigene Dienstbekleidung verliehen hat.«
16 Fünf Jahre Reichsluftschutzbund. Berlin 1938. S. 23.
17 Ebd., S. 24 f.
18 BA Berlin, R 21.01-MKF 26745: Die Finanzierung erfolgt aus-

schließlich aus Sondermitteln eines sogenannten Reinhard-Programms, und zwar von der Deutschen Gesellschaft für öffentliche Arbeiten.

19 Ebd.: In städtischen Gebäuden sind 2 651 Schutzräume für 98 417 Personen, in staats- und reichseigenen Gebäuden 235 Schutzräume für 8 919 Personen geplant.

20 Ebd.: Dreiseitiger Brief des Berliner Oberbürgermeisters an den Finanzminister Schwerin von Krosigk vom 20.4.1934.

21 Knipfer, Kurt/Hampe, Erich: Der zivile Luftschutz. Ein Sammelwerk über alle Fragen des Luftschutzes. 2. Aufl., Berlin 1937, S. 146 f.

22 Verstoß gegen das Luftschutzgesetz. [Fallbeispiel einer 35jährigen Berlinerin, die wiederholt die Teilnahme an einem Luftschutzkurs verweigert und schließlich »zur Abschreckung« zu vier Monaten Gefängnis verurteilt wird.] In: Luftschutz durch Bauen, S. 341 f., zusammengestellt aus Veröffentlichungen der »Bauwelt«.

23 Der Grundrißplan des Luftschutzkellers unter dem Saalanbau (Festsaal) vom 29.7.1935 wurde erstmals veröffentlicht in: Joachimsthaler, Anton: Hitlers Ende. Legenden und Dokumente. München/Berlin 1995, S. 49.

24 BA Berlin, R 43-2, Nr. 1297: Anordnung für die Dienstgebäude Wilhelmstraße 77–78 und Voßstraße 1 anläßlich der zivilen Luftschutzübung in Berlin vom 20.–26.9.1937. Hier heißt es, daß sich »die Bewohner des Hauses Wilhelmstraße 77 in den Schutzraum unter dem Saalbau« zu begeben haben. Im Haus Nr. 77 ist zu diesem Zeitpunkt Hitler mit seinem Mitarbeiterstab untergebracht.

25 BA Berlin, R 43-1, Nr. 1533 (Schnitte und Grundrisse des Saalanbaus aus dem Atelier Troost).

26 Siehe Erste Ausführungsbestimmungen vom 13.5.1937, abgedruckt in: Luftschutz durch Bauen, S. 336, Abs. 3.

27 BA Militärarchiv, RL 4-354: Schreiben des Reichsministers der Luftfahrt vom 17. Juni 1938. Betr. Luftschutzturm der Deutschen Versuchsanstalt für Luftfahrt in Berlin-Adlershof. Vgl. auch BA Berlin, R 46.06, Nr. 717. In einem Schreiben vom 22.4.1940 (Betr. Bekanntgabe Rüstungsvorhaben) werden sogar zwei Luftschutztürme erwähnt.

28 Borsigwalde – einst und jetzt. Berlin 1989. S. 863 f.

29 Archiv des Bundesbeauftragten für die Unterlagen des Staatssicherheitsdienstes der ehemaligen Deutschen Demokratischen Republik. MfS-HA IX/11: Hier liegen Lichtpausen der Originalzeichnungen (Philipp Holzmann AG) der Neuen Reichskanzlei vom 25.4.1938 vor.

30 BA Militärarchiv, RL 4-354: Schreiben des Reichsministers der Luftfahrt vom 25.6.1938; sowie BAM RL 4-354: Schreiben an die Luz-Bau-GmbH vom 6.4.1939.

31 Nach der 1934 vorgenommenen geheimen Einteilung aller deutschen Städte in Luftschutzorte I., II. und III. Ordnung galten nur die Orte der ersten Kategorie als luftschutzwürdig. Für die ausgewählten 106 Großstädte wurden dann in größerem Umfang Mittel für den Luftschutzbau bereitgestellt.

32 BA Berlin, R 46.06-660. Mit dem 1.12.1941 übernimmt das LGK III auch den Bereich des bisherigen Luftgaues IV, wozu auch Jena, Halle, Dessau, Leipzig und Dresden zählen, und führt künftig die Bezeichnung Luftgaukommando III/IV. Sitz ist Berlin-Dahlem, Kronprinzenallee 170–172.

33 LA Berlin, A Pr. Br. Rep. 260, Nr. 164: Betr. BVG. Hier: Plan der LS-Großübung vom 22.2.1935 sowie das Heft Planspiel im Luftschutzort Berlin am 19.3.1935.

34 Demps, Laurenz: Berlin-Wilhelmstraße. Eine Topographie preußisch-deutscher Macht, 2. durchges. Auflage. Berlin 1996, S. 235 u. 237.

35 Neunte Durchführungsverordnung zum Luftschutzgesetz (Behelfsmäßige Luftschutzmaßnahmen in bestehenden Gebäuden) vom 17.8.1939. Abdruck des Textes in: Zentralblatt der Bauverwaltung, Jg. 1939, S. 936.

36 BA Berlin, R 46.06-690, Nr. 22.

37 BA Berlin, R 46.06-667: Schreiben des Polizeipräsidenten in Berlin, Kommando der Schutzpolizei, an den GBI vom 3.9.1939.

38 BA Berlin, R 46.06-690, Nr. 21.

39 BA Berlin, R 46.06-686: Mitteilung an Speer vom 6.9.1939 und Anschreiben des Architekten an den GBI vom 9.9.1939.

40 BA Berlin, R 46.06-683. Siehe Auflistung aller Objekte vom 8.9.1939 und Meldung an den GBI vom 11.9.1939.

41 BA Berlin, R 46.06-683: Verschiedene Briefwechsel zwischen dem GBI und der BVG.

42 BA Berlin, R 46.06-667: Aktenvermerk über eine Besprechung beim Oberkommando der Schutzpolizei, Karlstraße 34–35 am 23.11.1939.

43 Ebd.: Zur baulichen Durchführung der Luftschutzmaßnahmen kommt es beim GBI erstmals zu einer Gründung von mehreren Baustäben, die für jeweils zugeteilte einzelne Stadtbezirke die Koordination und Verantwortung der Luftschutzmaßnahmen tragen sollen.

44 In Reinickendorf, Ortsteil Tegel, Treskowstraße (zwei Anlagen), Hatzfeldallee, Bollestraße sowie am Lindenufer in Spandau konnten die Autoren bisher fünf vom Grundriß halbwegs identische Schutzanlagen für Schulen aus Stahlbeton mit Wand- und Deckenstärken von etwa 80 cm ermitteln. Die Schutzanlagen können aufgrund der Anlage der Zugangstreppen als Vorläufer der wenig später errichteten eingeschossigen Typenbunker betrachtet werden.

45 BA Berlin, R 46.06-667.

46 BA Berlin, R 46.06-664. Aus dieser Vorgabe entwickelt sich ein Disput zwischen dem LGK III einerseits als auch der Gemeinnützigen Siedlungs- und Wohnungsbau-Gesellschaft Berlin mbH sowie dem GBI andererseits, die sich in ihren Planungen für die Neugestaltung Berlins erheblich behindert fühlen.

Normung in der Bunkerwelt

1 Girbig, Werner: Im Anflug auf die Reichshauptstadt, 4. Aufl. 1973, S. 21 u. 26 ff. Siehe auch Arnold, Dunkle Welten, S. 113 f.

2 Demps, Laurenz: Die Luftangriffe auf Berlin. In: Jahrbuch des Märkischen Museums, Bd. IV, Berlin 1978. S. 37.

3 BA Berlin, R 46.06-659 fol. 270 und 271: Niederschrift vom 27.9.1940 über die Anordnung des Führers nach einer Besprechung über das Waffen- und Munitionsprogramm am 26.9.1940.

4 Ebd., fol. 270.

5 Ebd., fol. 271.

6 BA Berlin, R 46.06-659, fol. 272: Massenschlafunterkünfte für Berlin. Handskizzen Hitlers vom 26.9.1940.

7 BA Berlin, R 46.06-659, fol. 269: Schreiben von Fritz Todt an Speer vom 27.9.1940.

8 Alle vorangegangenen Zitate aus: BA Berlin, R 46.06-659, fol. 258: Anordnung und Vollmacht vom 30.9.1940.

9 Speer, Albert: Erinnerungen. Frankfurt am Main, 1971 (9. Aufl.). S. 192.

10 Ebd., S. 197. Hier schreibt Speer: »Daneben war mir die Beseitigung der Bombenschäden in Berlin und der Bau von Luftschutzbunkern übertragen worden.« Dies ist mehr oder weniger die einzige Bemerkung von Speer in seinen Erinnerungen über diese neue Aufgabe.

11 Vergleiche hierzu: Joachimsthaler: Hitlers Ende, S. 57.

12 BA Berlin, R 46.06-659, fol. 257: Anordnung Albert Speers vom 30.9.1940.

13 BA Berlin, R 46.06-659, fol. 154: Meldung vom 19.10.1940 über bereits 442 für Kinder und 87 für Frauen vorhandene Schutzplätze in der Neuen Reichskanzlei.

14 Sereny, Gitta: Albert Speer. Das Ringen mit der Wahrheit und das deutsche Trauma. München 1995, S. 272. Hier heißt es: »Er widmete die zweite Hälfte des Jahrs 1940 fast ausschließlich den Berliner Bauprojekten.« Siehe auch: Speer, Erinnerungen, S. 191. Am 17.1.1941 erklärt Speer gegenüber Hitler, daß es besser sei, wenn er sich ausschließlich auf die ihm übertragenen Bauten in Nürnberg und Berlin konzentrieren würde. Er erhält daraufhin entsprechende Vollmachten.

15 BA Berlin, R 46.06-659, fol. 256: Beauftragung an Brugmann und Fränk vom 1.10.1940. Vergleiche hierzu: Reichhardt, Hans J./Schäche, Wolfgang: Von Berlin nach Germania, Berlin 1998. S. 53–57. Speer hat in der Auswahl seiner Mitarbeiter, die stets nach dem Leistungsprinzip erfolgte, zumeist eine gute Hand gehabt. Walter Brugmann kommt am 26.5.1944 bei einem Flugzeugabsturz in den Karpaten ums Leben. Fränk (*16.7.1908) ist ein alter Mitarbeiter Speers und Leiter der Zentralabteilung für Organisation und Verwaltung, erst beim GBI, dann auch im Ministerium für Rüstung und Kriegsproduktion. Fränks Personalakte in: BA Berlin, – Speer A–Z. Personalakte Fränk. Nr. 00016.
16 BA Berlin, R 4606-659, fol. 244 und 245: Schreiben Speers an den Staatssekretär Syrup im Reichsarbeitsministerium vom 1.10.1940.
17 Ebd.: Speer schreibt hier wörtlich: »zur Durchführung meines Programms mir unverzüglich gleichfalls« bereitzustellen [Herv. d. Verf.].
18 Brugmann, Walter: Baustab Speer im Luftschutz. In: Baulicher Luftschutz. 6. Jg. (1942), H. 1, S. 4 f.
19 BA Berlin, R 46.06-659, fol. 45. Hier: Schreiben Fränks an Nagel vom 4.10.1940. Die Transportstandarte Speer des NSKK, zu der Nagel abkommandiert ist, wird mit all ihren Fahrzeugen im Oktober 1940 von Frankreich zum Bunkerbau nach Berlin zurückbeordert, »da England vorläufig doch ins Wasser fällt«. Zu Wilhelm (»Will«) Nagel (* 23.2.1902) vgl. seine Personalakte im BA Berlin, – SA (Nagel). Siehe auch: Sereny: Albert Speer, S. 119.
20 Ebd.: Hier wird der Begriff »Bunker« in Zusammenhang mit dem Thema Luftschutz zum ersten Mal offiziell angewendet.
21 BA Berlin, R 46.06-659, fol. 200.
22 Vgl. Foedrowitz, Michael: Bunkerwelten. Luftschutzanlagen in Norddeutschland, Berlin 1998. Siehe hier das Kapitel »Planung und Bau der Bunker«, S. 9 ff. Die Ausführungen von Foedrowitz sind grundlegend für den gesamten Themenkomplex Bunker.
23 BA Berlin, R 46.06-659, fol. 200.
24 BA Berlin, R 46.06-659, fol. 165–167: Betrifft Anordnungen des Führers zur sofortigen Durchführung baulicher Luftschutzmaßnahmen vom 13.10.1940. Potsdam wird im Frühjahr 1941 aufgrund der Nähe zur Reichshauptstadt ebenfalls zum Luftschutzort 1. Ordnung ernannt und erhält insgesamt 15 Bunkeranlagen für die Bevölkerung. Siehe hierzu: BA Berlin, R 46.06-660.
25 Foedrowitz, Bunkerwelten, S. 15 f.
26 BA Berlin, R 46.06-659, fol. 155: Meldung mit Stand vom 19.10.1940. Die Zahl 68 000 ist handschriftlich auf 75 000 geändert.
27 BA Berlin, R 46.06-659, fol. 18: Meldung an das LKG III vom 13.12.1940.
28 BA Berlin, R 46.06-659, fol. 116: Betrifft Luftschutzbunker. Zusammenfassung interner Besprechungen vom 6. und 8.11.1940 beim GBI über die Standortfragen.
29 Wolters, Rudolf: Chronik der Dienststellen Speer (GBI), Berlin 1941. In: BA Berlin, R3-1733. Karl Bonatz (6.7.1882– 24.09.1951) ist der jüngere Bruder des weit bekannteren Architekten Paul Bonatz. Er wählt ebenfalls den Beruf des Architekten. Zu Beginn der 30er Jahre erhält er einen Posten als Stadtrat der SPD in Neukölln. Seine Karriere erleidet im Dritten Reich einen Knick. 1937 wird er aus der Reichsarchitektenkammer ausgeschlossen, da er mit einer »Halbjüdin« verheiratet ist, von der er sich bald daraufhin aber scheiden läßt. Nach dem Kriege wird er Senatsbaudirektor unter Ernst Reuter. Vgl. seine Personalakte in: BA Berlin, RKK 2400. Box 32. File 24 sowie: Geist, Johann Friedrich/Kürvers, Klaus: Das Berliner Miethaus. Bd. 3. 1945–1989. München 1989. S. 247.
30 Wolters, Chronik. Die Originalchronik befindet sich im Bundesarchiv Koblenz (BA Koblenz), NL 1318 (NL Wolters), Nr. 1, bzw. in einer »frisierten Fassung« aus dem Jahre 1964. In: ebd., Nr. 15. Warum es zu diesen unterschiedlichen Fassungen gekommen ist, vgl. Fest, Speer, S. 452 ff. und jetzt auch bei: Willems, Susanne: Der entsiedelte Jude. Albert Speers Wohnungsmarktpolitik für den Berliner Hauptstadtbau. Berlin 2000.
31 LA Berlin, A Pr. Br. Rep 107, 43/1: Rundschreiben der Generalbauleitung GBI an alle LS-Baugruppen vom 25.10.1941. Betr. Verfahren bei der Inanspruchnahme von Grundstücken für den Bau von Luftschutzanlagen.
32 LA Berlin, A Pr. Br. Rep. 107, Nr. 117/1-5: Betr. Gatower Straße 75.
33 Plan zum Bau bombensicherer Luftschutzräume – Übersicht über die Typen vom 18.11.1940, GBI-Baugruppe Langer. In: Archiv der Autoren.
34 Betr. Durchführung des Luftschutz-Bauprogramms in Berlin. Nov. 1940. In: BA Militärarchiv. RL 4-340. S. 3. Die Zahlen der eingesetzten Arbeiter werden in den Dokumenten zum Teil recht unterschiedlich angegeben. Vgl. hierzu auch BA Berlin, R 46.06-659, fol. 18: Meldung an das LGK III vom 13.12.1940. An diesem Stichtag werden 10 442 Arbeiter im Einsatz, davon 7 682 Mann im Bunkerbau, gemeldet.
35 BA Berlin, R 46.06-659, fol. 110-112: Niederschrift über die am 14.11.1940 stattgefundene Besprechung beim Generalbauinspektor.
36 BA Berlin, R 46.06-674, fol. 88: Betrifft Ankunft von italienischen Arbeitern. Schreiben vom 18.11.1940 mit Auflistung der Zugfolgen.
37 LA Berlin, A Pr. Br. Rep. 107-10/2: Einsatz italienischer Bauarbeiter in Berlin. Verteilerschreiben des GBI, Hauptamt für Verwaltung und Wirtschaft, vom 12.11.1940.
38 BA Berlin, R 46.06-676, fol. 42: Betrifft Lastwageneinsatz im Barakkenbau. Schreiben der Bauleitung Große Halle an Transportstandarte Speer vom 4.11.1940.
39 BA Berlin, R 46.06-674, fol. 174: Betrifft Italienische Arbeitskräfte. Schreiben vom 23.10.1940.
40 Ebd., fol. 40: Betrifft LKW-Einsatz für Barackenbau und Italiener-Lager. Schreiben vom 9.11.1940.
41 Ebd.: Bericht des Baustabs Stachowitz an die GBI-Generalbauleitung vom 7.6.1941 über beim Bunkerbau auftretende Schwierigkeiten.
42 LA Berlin, A Pr. Br. Rep. 107-10/2: Schreiben der Th. Sievers Bauunternehmung vom 30.4.1941.
43 Ebd.: Beschwerdeschreiben der Baufirma Joseph Stock & Söhne an den GBI, Baugruppe Stachowitz vom 31.5.1941 über handgreifliche Auseinandersetzungen auf der Bunkerbaustelle Chausseestraße 30/31.
44 BA Berlin, R 3-1733: Chronik des Generalbauinspektors 1941, zusammengetragen von Rudolf Wolters. S. 72f.
45 BA Berlin, R 46.06-674: Zusammenstellung des Bestandes an Arbeitskräften für die Sonderaktion Luftschutzraumbau; Arbeiter-Bestandsmeldungen für die Sonderaktion Luftschutzraumbau 1940/41. Am 13.12.1940 sind auf 462 Baustellen gemeldet: 3 804 Deutsche, 4 958 Italiener, 25 Slowaken, 163 Tschechen, 38 Polen, 136 Holländer, 492 Belgier, 4 Franzosen, 815 französische Kriegsgefangene, 2 Jugoslawen, 1 Bulgare, 3 Spanier und 3 Juden.
46 LA Berlin, A Pr. Br. Rep. 107-10/2: Firmenmeldungen vom 23.12.1940.
47 BA Berlin, R 47.01-1854, fol. 81: Betr. Geheimhaltung bombensicherer Bauwerke und Bauteile. Schreiben des Reichsministers für Luftfahrt an den Reichspostminister vom 25.10.1940.
48 Schreiben des RdL und ObdL vom Dezember 1940. Betr. Geheimhaltung bombensicherer Bauwerke und Bauteile. Hier: Fotografierverbot. In: Archiv der Autoren.
49 Amtliches Fernsprechbuch für den Bezirk der Reichspostdirektion Berlin 1941. Interne Auswertung durch die Autoren.
50 Boelcke, Willi A.: Deutschlands Rüstung im Zweiten Weltkrieg. Hitlers Konferenzen mit Albert Speer 1942–1945. Frankfurt am Main 1969. S. 233. Konferenz vom 6./7.2.1943, Punkt 51.
51 BA Militärarchiv, RL 4-340. S. 1: Betrifft Durchführung des Luftschutz-Bauprogramms in Berlin. Schreiben von Milch vom 4.12.1940 an den Führer und Obersten Befehlshaber der Wehrmacht.
52 Brugmann, Baustab Speer. S. 5. Weitere Dokumente zur Anlieferung per Schiff (Bunkerflotte) vgl. auch: BA Berlin, R 46.06-1235. Zur Anlieferung auf der Straße (Transportstandarte Speer) siehe: BA Berlin, R 46.06-1409; 1600; 1602; 1603; 1605; 1787-1789.

53 Brugmann, Baustab Speer, S. 2.
54 BA Berlin, R 46.06-659, fol. 52-53: Betr. Liegestätten für Luftschutzräume.
55 BA Berlin, R 46.06-659, fol. 110-112.
56 BA Berlin, R 46.06-672, fol. 7.
57 LA Berlin, A Pr. Br. Rep. 107, Nr. 115/4. Verzeichnis der einzelnen Baustäbe für die Sonderaktion Luftschutzraumbau vom 2.12.1940, Auflistung der Bauleitungen vom 29.1.1941.
58 LA Berlin, A Pr. Br. Rep. 107, Nr. 10/2.
59 Brugmann, Baustab Speer, S. 4.
60 BA Berlin, R 4606-659, fol. 4 und 18: Vergleich der Meldung an das LGK III vom 13.12.1940 mit dem Stand der Luftschutzbauten am 20.12.1940, abgezeichnet durch Fränk.
61 LA Berlin, A Pr. Br. Rep. 107, Nr. 115/1.
62 LA Berlin, A Pr. Br. Rep. 107, Nr. 115/4: Schreiben des GBI vom 10.2.1941 an den Reichskommissar für Preisbildung.
63 LA Berlin, A Pr. Br. Rep. 107, Nr. 119/6: Müllerstraße 184 (Gasbehälter). Am 4.12.1940 beginnen die Bauarbeiten »für die Erstellung der Mehrstockbunker«.
64 LA Berlin, A Pr. Br. Rep. 107, Nr. 116/13: Großbunker Fasanenstraße 79/80. Die Planungen stammen vom Oktober 1941. Brugmann setzt sich für den Totalabriß der Synagoge ein, Helmcke favorisiert den Einbau eines Großbunkers.
65 BA Berlin, R 46.06-660, fol. 373: Besichtigungsfolge der Luftschutzbauten am Dienstag, dem 13.5.1941.
66 Wolters, Rudolf: Chronik des GBI, Berlin 1941. In: BA Berlin, R 3-1733.
67 BA Berlin, R 46.06-660: Betr. Besichtigung von Luftschutzsondermaßnahmen durch Generalfeldmarschall Milch. Schreiben von Fränk an Speer vom 14.5.1941.
68 BA Koblenz, NL 1318 (NL Wolters), Nr. 1, S. 67: Chronik der Dienststellen Speer. Band 1.
69 BA Berlin, R 46.06-660, fol. 372-372: Stand der Luftschutzbaumaßnahmen am 10.5.1941.
70 LA Berlin, A Pr. Br. Rep. 107-42/2. Alle Zitate des Absatzes stammen aus einer Abschrift eines Vermerks von Fritz Todt vom 25.3.1941.
71 BA Berlin, R 46.06-650: Grundrißvorschläge des Architekten Kurt Krause (Luz-Bau GmbH) vom März 1941.
72 BA Berlin, R 46.06-660: Schreiben von Speer an Goebbels vom 4.9.1941. Die ersten Bunkeranlagen der Prominenz gehen laut Liste an die Reichsminister Goebbels, Funk, Dorpmüller, Rust, Darré, Ohnesorge, Kerrl, Schacht sowie die Reichsleiter Rosenberg und Bouhler. Siehe diesbezüglich auch ein Schreiben von Speer an von Schwerin-Krosigk vom 26.11.1941.
73 BA Berlin, R 46.06-676. fol. 22: Niederschrift über den Vortrag beim Führer am Dienstag, dem 18.3.1941, im Kartenzimmer der Reichskanzlei.
74 Ebd.: Schreiben von Speer an Leopold Gutterer, Staatssekretär im Propagandaministerium, vom 24.9.1941. Der Brief enthält die Auflistung, daß nach dem Stand vom 15.8.1941 vom GBI an Beton verbaut wurden: 1.) Für Bettenbunker: 538 543 m^3; 2.) Für Werkluftschutzbunker: 56 909 m^3; 3.) Für Operationsbunker: 60 645 m^3, zusammen 656 097 m^3. Für Bunker der Reichsminister und Reichsleiter: 15 445 m^3.
75 Ebd.: Schreiben Speer vom 24.9.1941.
76 BA Militärarchiv, RL 4-340. S. 4.
77 BA Berlin, R 46.06-680: Betr. Bau von Luftschutzbunkern in Grünflächen. Protokoll der Besprechung vom 2.4.1941.
78 Ebd. Siehe hierzu auch: BA Berlin, R 2 – 9233: Betr. Planung bombensicherer LS-Räume. Schreiben des Reichsministers für Luftfahrt und Oberbefehlshabers der Luftwaffe vom 12.3.1941. Hier heißt es bereits: »Mit Bezugserlass vom 14.11.1940 wurde angeordnet, bombensichere LSR aus wirtschaftlichen Gründen bevorzugt über Erdgleiche in Form von Stockwerksbauten mit möglichst großem Fassungsraum anzuordnen.«
79 BA Militärarchiv, RL 4-354: Betr. Erfahrung beim Bau von LS-Bunkern. Dossier der GBI Generalbauleitung 1942.
80 Der Bunkertyp M 500 wird an anderer Stelle als Typ M 1 bezeichnet. Hierzu liegen Grundrißpläne vor: Bauwerk Luftschutzbau M 1 – endgültige Fassung vom 10.10.1941. Erstellt durch: Der GBI – Generalbauleitung, Hauptabteilung III 4. Die Grundzeichnung (erste Fassung) trägt das Datum vom 17.2.1941. In: Archiv der Autoren.
81 BA Berlin, R 46.06-680: Betr. Bunkerbauten. Auflistung noch zu prüfender Bunkerstandorte vom 3.4.1941.
82 LA Berlin, A Pr. Br. Rep. 107, Nr. 40/2. Die Akte enthält verschiedene Grundrißpläne des Hochbunkers M 1200 – Johannisthal, abgezeichnet durch Karl Bonatz (1941). Vollständige Pläne für einen typisierten »Bunker für die Reichsbahn« (1941, Bonatz), von dem zwei Anlagen für den Schlesischen Bahnhof und den Bahnhof Friedrichstraße errichtet wurden, finden sich im Archiv der Autoren.
83 LA Berlin, A Pr. Br. Rep. 107, Nr. 42/2: Betrifft Bunker für 1 200 Personen. Mitteilung des Baubeginns vom 21.7.1941.
84 Alle Zitate bei Brugmann, Baustab Speer.
85 LA Berlin, A Pr. Br. Rep. 107, Nr. 42/2: Betr. Bunkerbau Typ M 2 (weitere Bezeichnung für den Typenbau M 1200).
86 Vgl.: Gruber, Eckhard: Eine unsichtbare Mauer aus Stahl und Beton. Die visuelle Vermittlung des Westwalls durch Foto und Film. In: Wir bauen des Reiches Sicherheit. Ausstellungskatalog, Berlin 1992. S. 144 ff.
87 BA Koblenz, NL Wolters 1318/55: Lebensbericht von Rudolf Wolters, Abschnitte 1933–1945«. Bd. 1–2, fol. 30.
88 Sämtliche Zitate und Daten finden sich in der Bunkerfilm-Akte im Bestand der Preußischen Bau- und Finanzdirektion. In: LA Berlin, A Pr. Br. Rep. 042-2023. Die Riefenstahl Film GmbH hatte ihren Sitz in der Harzer Straße 39, Berlin-Neukölln. Siehe hierzu auch BA Berlin, R 46.06-660. Brief des Reichsministeriums für Bewaffnung und Munition vom 7.8.1943. Es sind nach Auskunft der Riefenstahl Film GmbH vom 27.4.1943 gedreht worden für: 1.) Reichskanzleifilm 25 635 m; 2.) Dokumentarfilm »Der Führer baut seine Reichshauptstadt«, 26 273 m; 3.) Der Film »Bunkerbau«, 17 366 m; 4.) Film »Bombenschäden«, 3 868 m. Insgesamt Meter-Zahl: 73 142 m. Es entfällt also auf 1 m Film ein durchschnittlicher Herstellungspreis von RM 1 399,05. Also auf den Film 1.) RKL: RM 358 651,93; 2.) Führer baut seine Reichshauptstadt: RM 367 577,98; 3.) Bunkerbau: RM 242 952,98; 3.) Bombenschäden: RM 54 116,04; Insgesamt: RM 1 023 298,93.
89 BA Militärarchiv, RL 4-340: Schreiben des Staatssekretärs der Luftwaffe und Generalinspekteurs der Luftwaffe an Speer vom 9.10.1941.
90 BA Militärarchiv, RL 4-340: Stand des Luftschutz-Führerbauprogramms Mitte September 1941.
91 Speer, Erinnerungen, S. 197.
92 Schreiben von Speer an Generalfeldmarschall Milch vom 6.9.1941. In: Archiv der Autoren.
93 BA Militärarchiv, RL 4-340: Brief von Speer an Generalfeldmarschall Milch vom 19.11.1941.
94 BA Militärarchiv, RL 4-341: Schreiben Todts an Milch vom 4.12.1941.
95 BA Berlin, R 58-579: Betr. Luftangriff auf Berlin in der Nacht zum 8.9.41. Hier: Nachtrag vom 9.9.1941, erstellt durch den Chef der Ordnungspolizei.
96 Ebd., S. 52. Siehe auch S. 237 f.: Daten der Fliegeralarme. Für 1940 sind hier 37 Angriffe und 23 Luftalarme verzeichnet, 1941 heulten die Sirenen bei 24 Luftangriffen und sechs Alarmen ohne Angriff 30mal.
97 Alle vorangegangenen Zitate aus: BA Berlin, 46.06 (alt R120) -1914.

Wahnsinn wächst in den Himmel – Die Flaktürme Berlins

1 Sonderarchiv Moskau, Fond 1409-1, Nr. 16: Anfragen an den Generalbevollmächtigten für die Regelung der Bauwirtschaft zur Einstufung der Kriegswichtigkeit; Planung der Flaktürme und andere Bauprojekte. Hier: Schreiben der Adjutantur der Wehrmacht beim Führer

(v. Below) an den RML und OBL, Generalleutnant Bodenschatz vom 9.9.1940. Die Anordnung zum Bau der Flaktürme wird nach einer Besprechung mit Speer, Todt und Vertretern der Luftwaffe in der Reichskanzlei erlassen.

2 Ebd.: In den Moskauer Archivalien ist noch die alte Bezeichnung des Vorganges erhalten: (43B-74/Geheime Reichssache) Standortwahl und Planung der 6 Flak-/Radartürme mit Lageplänen.

3 Die Skizzen sind erhalten und finden sich im Nachlaß von Friedrich Tamms im Hauptstaatsarchiv von Nordrhein-Westfalen in Düsseldorf (HSA-NRW – RW 254).

4 Sonderarchiv Moskau, Fond 1409-1, Nr. 16: Protokoll des GBI (Hentzen) über die Besprechung im Reichsluftfahrtministerium am 20.9.1940. Siehe hierzu auch die Bestände: BA Militärarchiv, RL 2 II/21.

5 Ebd. Vgl. hierzu auch: Angerer, Henning: Flakbunker. Betonierte Geschichte. Hamburg 2000. S. 14 ff.

6 Ebd. Vgl. hierzu auch: Sakkers, Hans: Flaktürme – Berlin-Hamburg-Wien, Nieuw-Weerdinge (Niederlande), 1998, S. 33 f.

7 Ebd., Die Vorlage der Lagepläne spricht für einen schnellen Vorlauf in der GBI-Planungsabteilung.

8 Sonderarchiv Moskau, Fond 1409-1, Nr. 16: Schreiben General Steudemanns vom 23.9.1940 an den General der Flakartillerie Rüdel.

9 Ebd.

10 Ebd.

11 Sonderarchiv Moskau, Fond 1409-1, Nr. 16: Als Geheime Reichssache eingestuftes Schreiben Todts als Generalinspektor für das deutsche Straßenwesen an Speer, General Rüdel und Ministerialdirektor Schönleben vom GBI.

12 Angerer, Flakbunker, S. 113 ff., Tamms (4.11.1904–4.7.1980), einziger Architekt des geheimen Bauprogramms für die Flaktürme, war in der Nachkriegszeit maßgeblich am Wiederaufbau Düsseldorfs beteiligt. Tamms, der seine NS-Vergangenheit anscheinend nie richtig überwindet, wird 1968 in einer Satire der Name »Professor Bumms« verliehen, nachdem er die Flaktürme als »Schieß-Dome« bezeichnet hat. 1972 schreibt er in einem privaten Brief über die Flaktürme: »Je öfter ich sie sehe, um so mehr gewinne ich die Überzeugung, daß wir Zeugen der Geschichte gebaut haben.«

13 BA Berlin, R 46.06-659: Schreiben des Reichsministers für Bewaffnung und Munition vom 10.10.1940. Betr. Arbeitseinsatz im Bereich der Außenstelle Berlin; Durchführung von umfangreichen Luftschutzmaßnahmen in der Reichshauptstadt durch die Organisation Speer.

14 BA Militärarchiv, RL 4-340: Betrifft Durchführung des Luftschutz-Bauprogramms in Berlin. Schreiben an Hitler vom 11.12.1940. Hier heißt es: »Die Deutsche Reichsbahn (Generalbetriebsleitung Ost) hat dem Generalbauinspektor zugesagt, täglich 9 Züge mit insgesamt 7 200 t Laderaum für den Baustofftransport zur Verfügung zu stellen. Hiervon entfallen 2 Züge mit 1 600 t auf den Bau des begonnenen Flakturms. Auf dem Schiffahrtswege können z. Zt. nur 4 500 t täglich angefahren werden. Hiervon entfallen 500 t auf den Flakturm.«

15 Sonderarchiv Moskau, Fond 1409-1, Nr. 16: Schreiben von Schelkes an Speer vom 14.10.1940. Schelkes teilt weiter mit: »Tamms fragte, ob es nicht notwendig sei, unter diesen Gesichtspunkten [Nähe des Zoos] die Flaktürme zu verlegen, was ich, Ihr Einverständnis voraussetzend, verneinte.«

16 Sonderarchiv Moskau, Fond 1409-1, Nr. 16: Aktenvermerk (Büro Tamms, 26.10.1940) über die Besprechung mit Speer am 25.10.1940. Es werden dabei ein Lageplan 1:2000, neun Grundrisse, Ansicht und Schnitt sowie ein Modell im Maßstab 1:200 vorgelegt.

17 Sonderarchiv Moskau, Fond 1409-1, Nr. 16: Betrifft Flakturm I. Schreiben von Tamms an den Generalinspektor für das deutsche Straßenwesen, Ministerialrat Schönleben vom 6.3.1941.

18 Sonderarchiv Moskau, Fond 1409-1, Nr. 16: Betrifft: Flaktürme. Gesprächsnotiz eines Treffens von Speer, Tamms und Schelkes (GBI) am 22.4.1941.

19 BA Berlin, R 46.06-476: Schreiben mit der Mitteilung über den Stand des Berliner Bunkerbauprogramms an den Chef der Wehrmachtsadjutantur Oberst Schmundt vom 6.3.1941.

20 Sonderarchiv Moskau, Fond 1409-1, Nr. 16: Schnellbrief des Beauftragten für den Vierjahresplan, Generalbevollmächtigten für die Regelung der Bauwirtschaft und Reichsministers Todt vom 6.3.1941. Flakturm 1 (Bauteil A-Geschützturm, Bauteil B-Leitturm) erhält die Kennnummer O X Berlin 1, der Nachrichtenturm Tremmen (Bauvorhaben C) die Kennnummer O Berlin 2, die Flaktürme Friedrichshain (Bauteile C und D) die Kennummer O X Berlin 3.

21 Ebd. Vergleiche hierzu auch: Foedrowitz, Michael: Die Flaktürme in Berlin, Hamburg und Wien. 1940–1950. Wölfersheim-Berstadt 1996.

22 Sonderarchiv Moskau, Fond 1409-1, Nr. 16: Betrifft Besprechung über die Planung des Flakturms 2 am 20.1.1941. Anwesende: Schönleben, Brugmann, Schelkes, Tamms, Major Memmler, Hauptmann Kords u.a.

23 Sonderarchiv Moskau, Fond 1409-1, Nr. 16: Betrifft Ausbau der 4 Türme des Reichstages als Flakstellung. Schreiben des Reichsministers für Bewaffnung und Munition an den GBI vom 3.7.1941. Zu erwähnen wäre in diesem Zusammenhang, daß es bereits 1939 Planungen gegeben hat, die künftige »Halle des Volkes« mit einer Flakstellung zu bestücken. »Anläßlich einer Besprechung im Waldhof Carinhall hat der Generalfeldmarschall Göring mitgeteilt, daß die große Halle mit schwerer und leichter Flak bestückt werden soll. Die Kuppel soll einen zentralen Beobachtungsstand und die Befehlsstelle des Luftverteidigungskommandos erhalten.« In: BA Berlin, R 46.06-838. GBI-Protokoll einer Besprechung vom 30.7.1939.

24 Sonderarchiv Moskau, Fond 1409-1, Nr. 16: Betrifft Standorte für den Flak- und Kommando-Turm im Humboldthain. Gesprächsprotokoll des GBI vom 19.6.1941.

25 Sonderarchiv Moskau, Fond 1409-1, Nr. 16: Betrifft Flakturm. Schreiben von Tamms an den GBI vom 7.2.1942.

26 Alles zu den Flaktürmen in Hamburg und Wien findet sich bei Foedrowitz, Die Flaktürme sowie bei Sakkers, Flaktürme. Bereits in Hamburg-Wihelmsburg wird ein Flakturm der zweiten Generation errichtet. Ziel dieser Weiterentwicklung ist es vor allem, Baumaterialien einzusparen und die Stellungen der Geschützbedienungen besser zu schützen. Hier fließen die bei den Berliner Flaktürmen gemachten Erfahrungen mit ein. Bis Kriegsende werden durch Tamms die Flaktürme weiter optimiert. Die letzten beiden Flaktürme in Wien zählen daher sogar zur sogenannten dritten Generation.

27 Boelcke, Deutschlands Rüstung im Zweiten Weltkrieg, S. 124. Konferenz vom 18.5.1942, Punkt 13.

28 BA Berlin, R 46.06-679: Betr. Meldung über die Bunkerbauten, Schreiben vom 27.5.1941. Beim Bau des mit den Berliner Türmen fast identischen Hamburger Flakturms Heiliggeistfeld wird insgesamt sogar ein Verbrauch von 260 000 Tonnen [!] Baustoffen angegeben. Vergleiche hierzu Angerer, Flakbunker, S. 22.

29 Vgl. z.B. Angerer, Flakbunker, S. 20.

30 PRO, AIR 55/158: Report on Luftwaffe Flak Towers in Berlin, Hamburg and Vienna, 1941–1945. Hier heißt es auf S. 4: »These were constructed in 4 months early in 1941, at a cost, exclusive of any Flak equipment, of 60 million marks.«

31 BA Berlin, R 3-1808: Betr. Baumittel für Flakbauten. Schreiben vom 4.4.1944 an den Reichsminister der Luftfahrt und OBL, Luftwaffenverwaltungsamt, Berlin, Friesenstraße 16. Hier heißt es: »Die bisher bereit gestellten Mittel betragen 170 Mio. RM. Ich bitte den zur Weiterführung der Flakbauten noch erforderlichen Betrag von 40 Mio. RM bereit zu stellen.«

32 PRO, AIR 55/158, S. 11.

33 Müller, Werner: Die schwere Flak. Wölfersheim-Berstadt 1984. S. 75.

34 Boelcke, Deutschlands Rüstung, S. 165. Konferenz vom 10.8.1942,

Punkt 9. Weiter heißt es hier: »Er bittet um Überlassung weiterer Bilder der fertig montierten 12,8 cm Doppelflak.«
35 Vgl.; Müller, Die Schwere Flak, S. 75.
36 Foedrowitz, Flaktürme, S. 10.
37 Rumpf, Hans: Das war der Bombenkrieg. Oldenburg/Hamburg 1961, S. 102.
38 Der Reichsminister für Bewaffnung und Munition, Abteilung Rüstungsausbau, Bauleitung Flakturm. Zeugnis für den studierenden Architekten Kurt Becker vom 29.11.1941. In: Archiv der Autoren.
39 PRO, AIR 55/158, S. 8 u. 24. Hier heißt es: »In BERLIN the shelterers in the TIERGARTEN towers normally numbered 30 000 (8 000 in the control tower and 22 000 in the gun tower).«
40 BA Berlin, R 26 [IV-44]: Betr. Lagerräume in Flaktürmen. Schreiben vom 20.5.41 an den Oberbefehlshaber der Luftwaffe.
41 BA Berlin, R 46.06 – Nr. 193, Plankammer: Bericht über den Umzug der Plankammer Bunker Plötzensee und Spandau zum Flakturm Zoo vom 25.6.1942.
42 Zentralarchiv der Staatlichen Museen (Berlin), I-GV 1679: Schreiben des Generaldirektors der Staatlichen Museen vom 23.8.1941.
43 Ebd., Schreiben vom 2.9.1941 mit Auflistung der Raumnummern und den belegten Quadratmetern in den Flaktürmen.
44 BA Berlin, R 3 – Nr. 3010, Baunummer II/III B 43 (M). Siehe auch: Decknamenverzeichnis Deutscher unterirdischer Bauten des Zweiten Weltkrieges. Marsberg, 1993. Zeitzeugen sprechen gelegentlich auch von der ersten Etage. So teilte ein Herr Schw. mit: »In der ersten Etage gab es eine Versuchsabteilung von Telefunken. Telefunken hatte dort Radargeräte konstruiert, bzw. aus alten amerikanischen Teilen versuchte man amerikanische Geräte nachzubauen. Zwischen dem G-Turm und der Kirche war ein Stahlturm aufgestellt worden, ein Stahlgerüst, und Telefunken hat zwischen dem G-Turm und dem Stahlgerüst ständig Messungen durchgeführt.« In: Das Gebäude. Heft 1 der Publikationsreihe zur Ausstellung »Bunker Berg« im Heimatmuseum Wedding 1995/96. Bei Girbig: Im Anflug, S. 65 f. heißt es dazu: »Es sei noch erwähnt, daß den Deutschen weinig später ein weiteres Instrument dieser Art [das »Rotterdam«-Gerät] in die Hände fällt. Diesmal bringt man es vorsorglich in einen der drei großen Flakbunker in Berlin, wo die Funkmesstechniker zwei Monate später das Geheimnis des erbeuteten englischen Ortungssystems lüften können.«
45 Lange, Eitel: Der Reichsmarschall im Kriege. Ein Bericht in Wort und Bild. Stuttgart 1950, S. 162 f.
46 Geschichtslandschaft Berlin, Bd. 2: Tiergarten, Berlin 1989. Siehe den Beitrag von Andreas Hoffmann zum Zoo-Bunker auf den Seiten 342–352.
47 Lange, Der Reichsmarschall, S. 163.
48 Ebd. Rudel beispielsweise, der am 9.2.1944 abgeschossen worden ist, erholt sich im Lazarett von der Amputation seines rechten Fußes.
49 Irving, David: Göring. München 1987, S. 679.

Überfüllte Zivilschutzbauten und Bunker für die Prominenz
1 Erdmann, Rosemarie: Unser Bunker erzitterte unter Bombeneinschlägen (Zeitzeugenbericht). In: Wie Silberfische flimmerten Bomber am Himmel. Erinnerungen an das Inferno des Krieges in Berlin-Lichtenberg. (Edition Berliner Unterwelten. Bd. 1). Berlin 2003, S. 27–31.
2 Ebd. S. 28.
3 BA Berlin, R 58, Nr. 3580: Meldung Chef der Ordnungspolizei vom 31.8.1942. Betr. Luftangriffe auf das Reichsgebiet. Lagemeldung Nr. 629: Triftweg Friedrichsfelde.
4 Bölsche, Jochen: So muß die Hölle aussehen. In: Der Spiegel, 2/2003, S. 38 ff., insbes. S. 47.
5 Friedrich, Der Brand, S. 88 f.
6 BA Militärarchiv, RL 4, Nr. 347: Richtlinien für den vorläufigen Notausbau von LS-Bunkern (Fassung vom 25.6.1942).
7 Ebd.
8 Ebd. In der Anlage ist ein Plan vom 7.5.1942 enthalten, der die Unterteilung der Schlafabteile neu gliedert. Die Normalbelegung von sechs Personen pro Abteil wird auf 10 Personen sowie drei Sitzplätze im Gang aufgestockt. Speziell zu den Berliner Flachbunkern siehe: Bunkertypen – Anzahl der Plätze, Plan des GBI ohne Datum (vermutlich Herbst 1942). In: Archiv der Autoren (Klaus Topel).
9 LA Berlin, A Pr. Br. Rep. 107, Nr. 42/1: Rundschreiben der Baugruppe Stachowitz an die Bauleitungen vom 8.1.1942, Betr. Liegebunker mit 1 422 Liegeplätzen (früher 1 200).
10 LA Berlin, A Pr. Br. Rep. 107, Nr. 43-1: Betrifft LS-Führerprogramm 1. Welle, hier: Bunker M 2-Ausstattung. Abschrift an die Bauleitung Süd vom 2.8.1943.
11 BA Berlin, R 43 II, Nr 1294a: Schreiben der Parteikanzlei der NSDAP vom 7.11.1942.
12 BA Berlin, 46.06 (alt R 120), Nr. 1914 (Pendellisten): Übersicht über die Fortführung des LS-Führerprogramms der 1. Welle, der Dringlichkeit nach geordnet, vom 9.4.1942.
13 Ebd. Architekt für den Entwurf ist Karl Bonatz.
14 BA Militärarchiv, RL 4, Nr. 341: Zusammenstellung des GBI von Anfang September 1942 für einen Vortrag des Generalinspekteurs der Luftwaffe. Operationsbunker finden sich in dieser Liste nicht.
15 Ebd. Das Soll für Berlin wird hier mit 4 456 000 Schutzplätzen angegeben.
16 Politisches Archiv des Auswärtigen Amtes (künftig: PA-AA) R 27650: Handakten Luther. Vortragsnotizen 1942/43. U-St-Sekr. [Unterstaatssekretär]. Nr. 7076 vom 6.11.1942.
17 Ebd. Die zustimmende Antwort des Reichsaußenministers von Ribbentrop erfolgte am 15.11.1942.
18 LA Berlin, A Rep. 080, Nr. SU 17546. Bau und Unterhaltung und Erweiterung von Dienstgebäuden. Enthält u. a. Übergabeverhandlungen Luftschutzbunker Karlstraße [heute Reinhardtstr.] und Schlesischer Bahnhof. Schreiben des GBI vom 5.11.1942 an die LS-Baugruppe Reichsbahnbau.
19 BA Berlin, R 46.06, Nr. 673: Schreiben vom 22.1.1941 an das LGK III, Baurat Kammler. Der Auftrag für den Entwurf geht bereits 1941 an Professor Siedler, mit der Errichtung wird jedoch erst im Mai 1942 begonnen. Siehe auch BA Berlin, R 46.06 (alt R 120), Nr. 1914 (Pendellisten).
20 BA Berlin, R 46.06 (alt R 120), Nr. 1914 (Pendellisten). Hier: Übersicht über die auf den Bunkerbaustellen in der Reichshauptstadt noch lagernden Baustoffe, über deren Verwendung anderweitig verfügt werden kann. Stand vom 19.5.1942. Bisher ist es den Autoren nicht gelungen, einen vollständigen Überblick über alle im Rahmen des Werkluftschutzes erstellten Bunkeranlagen zu ermitteln. Die Zahl dürfte aber deutlich über 100 liegen.
21 BA Militärarchiv, RL 4, Nr. 340: Schreiben des GBI vom 23.12.1941 an den Staatssekretär der Luftfahrt und Generalinspekteur der Luftwaffe. Hier finden die Hotelbunker erstmals Erwähnung.
22 BA Berlin, R 50 I, Nr. 800095: Abschrift »Führerpunkte«; Kurznotizen, die als Grundlage für die Ausführungsanweisungen aufgrund der Besprechungen von Minister Speer oder auch eines seiner Mitarbeiter bei A.H. erfolgten. Hier: Konferenz vom 18.1.1943, Punkt 40.
23 Girbig, Im Anflug, S. 59 f.
24 BA Berlin, R 50 I, Nr. 800095: Abschrift »Führerpunkte«. Hier: Konferenz vom 18.1.1943.
25 Boelcke, Deutschlands Rüstung, S. 225. Hier: Kommentar des Autors zur Konferenz am 6./7.1.1943.
26 Schäfer, Berlin im Zweiten Weltkrieg, S. 36.
27 Girbig, Im Anflug, S. 66.
28 Götsch, Horst: Man konnte die Bomben zählen (Zeitzeugenbericht). In: Wie Silberfische, S. 34–37.
29 Schäfer, Berlin im Zweiten Weltkrieg, S. 37. Vgl. auch BA Berlin, R 3-1955. Lagemeldung Nr. 976 vom Chef der Ordnungspolizei,

3.12.1943 (Nachtrag). Betr.: Luftangriffe auf das Reichsgebiet. Hier: Stand der Hamburger Verluste. Mehrere Flächenbombardements auf Hamburg in der Zeit vom 24.7. bis zum 3.8.1943 forderten 31 547 Tote unter der Zivilbevölkerung (Stand vom 30.11.1943).
30 Groehler, Bombenkrieg, S. 178.
31 Ebd., S. 181. Originalquellen nach Angaben des Autors in: PRO, AIR 2, Nr. 8410.
32 Bericht von Rudolf Wolters vom 25.11.1943 über den nächtlichen Großangriff vom 22.11.1943. Die Autoren folgen der ursprünglichen Fassung im Bundesarchiv Koblenz, BA Koblenz, NL 1318 (Nachlaß Wolters), Nr. 78. Dieser Bericht wird in leicht veränderter Form von Wolters später auch in seinen »Lebensabschnitten« wiedergegeben. Vgl. BA Koblenz, NL 1318, Nr. 57.
33 Knef, Hildegard: Der geschenkte Gaul. Wien, München, Zürich 1970, S. 34 f.
34 Warner, Konrad: Schicksalswende Europas? Ich sprach mit dem deutschen Volk. Ein Tatsachenbericht. Rheinfelden 1944, S. 148–153.
35 BA Berlin, R 3-1955. Eintrag vom 27.11.1943: »Die Anzahl der Gefallenen beträgt am 22.11. 948 Gefallene, 23.11. 884 Gefallene, 26.11. 324 Gefallene. Insgesamt: 2 156 Gefallene.« Im Abschlußbericht werden von der Ordnungspolizei 3 758 Tote, 9 907 Verletzte und 574 Vermißte genannt.
36 Kardorff, Ursula von: Berliner Aufzeichnungen aus den Jahren 1942 bis 1945. München 1962. S. 95. (Eintrag vom 4.12.1943).
37 Ebd., S. 127 f.
38 Ebd.
39 LA Berlin, A Rep. 21-02 Nr. 17: Abschrift Brief Gertrud Kahlke vom 26.12.1943 an Arthur Krause-Carus. Frau Kahlke kritisiert unter Bezug auf die Laienhilfskurse – hierbei handelt es sich um die seit 1933 durchgeführten Übungen und Schulungen durch den Reichsluftschutzbund – ganz offen die Versäumnisse im Bau bombensicherer Unterkünfte für die Zivilbevölkerung.
40 Janisch, Gerda: Auf dem Dach des Bunkers wehte die Hakenkreuzfahne (Zeitzeugenbericht). In: Wie Silberfische, S. 43–45.
41 Lange, Christ: Dieter, mach die Luke zu! (Zeitzeugenbericht). In: Wie Silberfische, S. 48–51.
42 Nesterow, Hildegard: War die Puppe unser Schutzengel? (Zeitzeugenbericht). In: Wie Silberfische, S. 55.
43 Woge, Manfred: Wie Silberfische flimmerte es am Himmel (Zeitzeugenbericht). In: Wie Silberfische, S. 70–73.
44 Zscharnt, Gertraud: Los, los, anziehen, wir müssen in den Bunker! (Zeitzeugenbericht). In: Wie Silberfische, S. 182.
45 Geboren im Flakturm Humboldthain. Heft 4 der Publikationsreihe zur Ausstellung »Bunkerberg« im Heimatmuseum Wedding 1995/96.
46 Rzesnitzek, Renate: Keine Klopfzeichen mehr – hier brauchen wir nicht zu suchen (Zeitzeugenbericht). In: Wie Silberfische, S. 144.
47 Kardorff, Berliner Aufzeichnungen, S. 110 f. (Eintrag vom 25.1.1944).
48 Goebbels, Tagebücher, S. 42 (Eintrag vom 3.1.1944).
49 Bühn, Klaus: In der Siegfriedstraße und in der Gotlindestraße brannten die Bäume (Zeitzeugenbericht). In: Wie Silberfische, S. 127.
50 Erdmann, Unser Bunker. In: Wie Silberfische, S. 30.
51 Goebbels, Tagebücher, Band 11, S. 407, Eintragung vom 4.3.1944. Goebbels schreibt hier: »Große Hochachtung bringt der Führer Furtwängler entgegen. Er hat sich in nationalen Fragen tadellos benommen; das werden wir ihm nach dem Kriege nicht vergessen. Der Führer hat angeordnet, daß ihm ein Bunker gebaut wird. Es wäre für ihn, so sagt er, eine schreckliche Vorstellung, daß Furtwängler einem Bombenangriff zum Opfer fallen könnte.«
52 Goebbels, Tagebücher, Band 12, S. 133, Eintragung vom 18.3.1944. Goebbels: »Er [Hitler] ist glücklich, daß meine Familie jetzt in Lanke einen festen Bunker erhält; denn er hatte sich etwas Sorge bei den Tagesangriffen auf die Umgebung von Berlin gemacht.« Weitere Bunker befinden sich am privaten Wohnsitz auf Schwanenwerder, am Dienstsitz an der Villa Goebbels im Bereich der Ministergärten, zudem nutzt Goebbels nach der Zerstörung des Hotels den Kaiserhof-Bunker als Leitstelle der NSDAP-Gauleitung.
53 Politisches Archiv des Auswärtigen Amtes (PA-AA), R 128194: Abteilung I, Hauptgruppe 13, Dienstgebäude Wilhelmstr. 74–76, Schreiben vom 16.11.1944.
54 BA Berlin, R 50 I, Nr. 800095: Abschrift »Führerpunkte«; a. a. O., hier: Konferenz vom 17./18.7.1943.
55 Ebd., hier: Konferenz vom 4./5.8.1943.
56 BA Berlin, R 3, Nr. 1611: Betr. Fortführung der Bunkerbauten für die ausländischen Missionen. Schreiben vom 21.2.1944.
57 BA Berlin, R 3, Nr. 1611: Persönliches Schreiben Bormanns an Speer vom 1.3.1944.
58 Sämtliche Nachweise im Archiv der Autoren.
59 BA Berlin, R 46.06 (alt R 120), Nr. 2749. GBI vom 22.7.1944 (Bestellung vom 11.5.1944).
60 Bunker des Ministeriums für Rüstung und Kriegsproduktion; d. V.
61 Kardorff, Berliner Aufzeichnungen, S. 236 f. (Eintrag vom 20.1.1945).
62 Schäfer: Berlin im Zweiten Weltkrieg, S. 300. Die erhaltenen Berichte des Sondereinsatzes Berlin (allgemeine Stimmungsberichte und Einzelbeobachtungen der Wehrmacht) finden sich in: BA Militärarchiv, RW 4, Nr. 266. Das Zitat betrifft den Zeitraum vom 21.–27.2.1945.
63 BA Militärarchiv, RW 4, Nr. 266 (Sondereinsatz Berlin).
64 Ebd.
65 Archiv Senatsverwaltung für Stadtentwicklung (ASS), Referat X OA-Kampfmittelräumdienst. Schadensberichte der technischen Nothilfe, hier Nachtangriff vom 12.6.1944 (1.06 Uhr – 1.45 Uhr).
66 Ebd., Tagesangriff von 21.6.1944. Es wurden hierbei 3 500 Sprengbomben, 100 000 Stabbrandbomben und 10 000 Flüssigkeitsbrandbomben abgeworfen (über 200 Tote).
67 LA Berlin, A Rep. 033-08, Nr. 223 (LS-Schadensberichte 1944/45).
68 BA Militärarchiv, RW 4, Nr. 266 (Bericht über den Sondereinsatz Berlin für die Zeit vom 23.–29.3.1945).
69 BA Militärarchiv, RW 4, Nr. 266 (Bericht über den Sondereinsatz Berlin für die Zeit vom 30.3.–7.4.1945).

Stollen unter Trümmern und Sand als letzte Zuflucht

1 Schoßberger, Hans: Luftschutz durch Stahl. Düsseldorf 1936. Heft 2, S. 30–41.
2 Ausnahmen sind z. B. die Stahlplattengänge der Preussag am Teltowkanal in Berlin-Tempelhof, die in den Hang gebaut wurden und eine ca. zwölf Meter starke Übererdung besitzen.
3 Schoßberger, Hans: Neue Schutzraumbauweisen. In: Luftschutz durch Bauen. Jg. 1938, S. 43 ff.
4 Die Anlage wurde im Sommer 1999 von André Knorn, einem Mitglied des Berliner Unterwelten e. V., entdeckt und wird z. Zt. von einer Arbeitsgruppe des Vereins wieder instand gesetzt. Das Areal wurde in den 30er und 40er Jahren von der Reichsanstalt der Luftwaffe für den Luftschutz genutzt.
5 Die Firma Humerohr (Doberlug/Kirchhain) fertigt noch heute Betonfertigrohre. Vgl. auch: Schutzräume aus bewehrtem Schleuderbeton. In: Zentralblatt der Bauverwaltung, Heft 15, 8.4.1936, S. 335 ff.
6 Noch elf von ursprünglich rund 250 Anlagen dieser LS-Bauweise (die Autoren haben 187 nachweisbare Standorte erfaßt) sind in Berlin erhalten und konnten in den vergangenen Jahren dokumentiert werden. Es ist nicht auszuschließen, daß sich gerade auf ehemaligen Reichsbahnarealen noch weitere Bauwerke dieser Art befinden.
7 Anhand der systematischen Auswertung von Luftbildern aus den Jahren 1943–45 schätzen wir das Verhältnis zwischen Bunkeranlagen und LS-Deckungsgräben auf 1:8 bis 1:10. Entsprechend sind ungefähr 8 000 dieser Schutzanlagen in der Stadt erstellt worden. Erhaltene

LS-Deckungsgräben sind in Berlin, abgesehen von einer Anlage an den Wannsee-Terrassen, nicht mehr vorhanden, bzw. uns nicht bekannt.
8 BA Berlin, R 46.06-659: Deckungsgräben für Zwecke des zivilen Luftschutzes. Rundschreiben des Reichsministers der Luftfahrt und Oberbefehlshabers [OB] der Luftwaffe mit Richtlinien vom 8.12.1939.
9 Bestimmungen für den Bau von Deckungsgräben, Fassung März 1943. In: Zentralblatt der Bauverwaltung. Jg. 1943, S. 228 ff. Die Verordnung wird mehrmals geändert bzw. aufgrund der durch die Bombardierungen gemachten Erfahrungen ergänzt.
10 Beim GBI wurden speziell für Berlin 1942 Deckungsgräben der Bauart LS-Baugruppe Stachowitz aus Betonfertigteilen entwickelt. Im Januar 1944 wird zum Durchschlagschutz gegen Brandbomben die Eindeckung durch zwei Ziegelflachschichten verstärkt. Vgl. GBI-Rundschreiben Nr. 119 vom 10.1.1944 (Archiv der Autoren). Hierzu auch: OT Luftschutzbauten, Heft 1: LS-Gräben. Gemeinsam mit der OT bearbeitet von Prof. Ernst Neufert. Berlin (verm. August 1943). In: LA Berlin, A Rep. 043-08, Nr. 6.
11 Goebbels, Tagebücher, Bd. 12, S.154. Eintragung vom 20.4.1944.
12 Goebbels, Tagebücher, Bd. 9, S. 37. Eintragung vom 3.7.1943.
13 Ausbau von Ruinenkellern zu Luftschutzräumen. In: Baulicher Luftschutz, 12/1942, S. 251 ff.
14 Goebbels, Tagebücher, Bd. 11, S.489. Eintragung vom 16.3.1944.
15 Hieraus resultiert wohl auch ein ernsthafter Konflikt zwischen Joseph Goebbels und dem im Reichsluftfahrtministerium für Berliner Luftschutzfragen zuständigen Ministerialrat Kurt Knipfer, der aufgrund dieser Meinungsverschiedenheiten im November 1944 seiner Ämter enthoben und im Frühjahr 1945 sogar kurzzeitig in Haft genommen wurde.
16 Diese Tatsache läßt sich anhand der Auswertung alliierter Luftbilder der Jahre 1943–45 sehr gut nachweisen. Im September 1943 sind an dieser Stelle fünf nahe beieinanderliegende offene Deckungsgräben auszumachen, die im Sommer 1944 abgedeckelt und ab Herbst 1944 mit Trümmerschutt überhäuft werden (vgl. Senatsluftbildarchiv: Luftbild vom 6.9.1943, Streifen 22, Bild 4061).
17 Anweisungen für den Bau bombensicherer Luftschutzräume vom Oktober 1940. In: BA Berlin, R 46.06-659. Im Juli 1943 werden vom Reichsluftfahrtministerium Bestimmungen für den Bau von LS-Stollenanlagen herausgegeben, die in ihrem rechtlichen Status den LS-Bunkern gleichzusetzen sind.
18 Vogel, Theodor: LS-Deckungsgräben oder LS-Stollen? In: Baulicher Luftschutz, 1/1944, S. 6 ff.
19 Goebbels, Tagebücher, Bd. 11, S. 366. Eintragung vom 29.2.1944. Goebbels bemerkt in seinen Aufzeichnungen: »Schach hält meinen Plan [...] zwar für übertrieben, aber man muß seine Ziele hoch stecken, um überhaupt was zu erreichen. [...] Im Herbst muß Berlin luftschutzfest sein.«
20 Foedrowitz, Michael: Das »Führer-Sofortprogramm« vom 10. Oktober 1940. Das größte Bauprojekt der Menschheitsgeschichte. Unveröffentlichtes Manuskript, Hannover 2000.
21 Goebbels, Tagebücher, Bd. 12, S. 166. Eintragung vom 16.4.1944. »In Berlin beschäftige ich mich sehr mit der Intensivierung unseres Bunkerprogramms. Wir wollen in Kürze neue Bunkerplätze für etwa 145 000 Mann schaffen, zum Teil durch Anlage neuer Stollen, was bei der bekannten Berliner Erdbeschaffenheit außerordentlich schwierig ist.«
22 Goebbels, Tagebücher, Bd. 13. S. 443. Eintragung vom 9.9.1944: »Erfreulich ist die Mitteilung, die [Schach?] mir macht, daß der Bunkerbau in der Reichshauptstadt so vorangetrieben werden soll, daß wir bis zum November zusätzlichen Schutzraum für 40 000 Menschen, vor allem in den Arbeitervierteln, haben. Das war auch dringend notwendig, da durch die früheren Angriffe auf Berlin sehr viel an Luftschutzraum verloren gegangen ist.«
23 Kommando Fichteberg. Erinnerungsbericht des geflohenen Vorarbeiters Ludwig S. In: Kunstamt Steglitz (Hrsg.) Zeitsplitter. Steglitz im »Dritten Reich«. Begleitbroschüre zur Ausstellung 23.10.– 13.12. 1992. Berlin 1992, S. 32 f. Die Quellenangaben werden hier übernommen aus: Schultz, Hans-Eberhard: 150 KZ-Häftlinge bauten den Bunker. In: Berliner Morgenpost, 26.11.1967.
24 Bestimmungen für den Bau von LS-Stollenanlagen, Juli 1943. Hrsg. vom Reichsminister der Luftfahrt und Oberbefehlshaber der Luftwaffe.
25 Randzio, Ernst: Hinweise für den Vortrieb und Ausbau von Dekkungsstollen. In: Baulicher Luftschutz, 8/1943, S.158 ff. Ernst Randzio ist Professor an der Technischen Hochschule Berlin und später maßgeblich an der Wiederaufbauplanung in Berlin beteiligt.
26 Aus dem Fluchttagebuch von Frau G.: Meinem lieben Mann zum 10. Juni 1953. Die Nacht vorm Einzug der Russen in Zehlendorf, 22.4.1945; sowie auch: Unsere Flucht nach Holstein, April bis Juli [1945]. In: Archiv Ingrid Hammer.
27 Alte Fotos zeigen Eingänge zur Bunkerstadt im Kreuzberg. Dokumente aus dem Nachlaß des damaligen Bauleiters. In: Berliner Morgenpost, 1.12.1983.
28 Sonderarchiv Moskau, Fond 1409-2-29. Verlagerung der Kugellagerproduktion aus Schweinfurt nach Erkner und Rüdersdorf.
29 Nöldechen, Peter: Bisher unbekanntes Tunnelsystem in Berlin entdeckt. Bergarbeiter aus dem Revier bauten letzten Bunker in Kreuzberg. In: Volksblatt Berlin, 25.1.1984.
30 Auf diese Baustelle für LS-Stollen werden wir am 18. Januar 1999 zuerst durch einen Zeitzeugenanruf aufmerksam gemacht. Herr Klaus Schwendt, zu Kriegsende wohnhaft am Herrfurthplatz, hat sowohl den Bau und die Nutzung der Stollen in den letzten Kriegsmonaten als auch die Sprengung der rohbaufertigen Anlage im Jahre 1947 erlebt. Die von uns ausgewerteten Luftbilder stützen sämtliche Angaben des Zeitzeugen. Siehe auch Aufmaßplan der Anlage vom Juni 1947. In: Archiv der Autoren.
31 BA Berlin, R 46.06 (alt R 120), Nr. 1953: Der Generalbauinspektor der Reichshauptstadt Berlin (GBI). Rangfolgeliste der Luftschutzbauten mit Angaben über Stand der Bauarbeiten und Baukosten (etwa September 1944). Siehe auch LA Berlin, C Rep. 105, Nr. 757. Hier Pläne der Anlage Cantianstraße von 1946. Zur Stollenanlage Schopenhauerstraße liegt den Autoren ein Aufmaßplan vor (ca. 1957).
32 Luftbildarchiv der Senatsverwaltung für Stadtentwicklung. Verschiedene Überflüge der RAF aus der Zeit vom September 1944 bis März 1945.
33 SS-Dokumente im Bunker unter dem Fichteberg? Ehemaliger SS-Mann behauptet: Schriftstücke in zwei Koffern eingemauert. In: Der Abend, 23.6.1967.
34 Im Labyrinth der Schächte und Gänge lauert der Tod. Gefährliche Suche nach Dokumenten unter dem Fichteberg. In: Berliner Morgenpost, 22.11.1967. Siehe auch: Erster Fund im Bunker: Beschädigte Papierbündel. Wer finanziert die weiteren Arbeiten am Steglitzer Fichteberg? In: Berliner Morgenpost, 28.11.1967.
35 Aktensuche im Bunker abgebrochen. In: Tagesspiegel, 30.3.1968.
36 Munitions-Depot im Kreuzberg? Spezialtrupp legt im Viktoriapark Eingang zu riesiger Bunkeranlage frei. In: Berliner Morgenpost, 9.11.1983.
37 Noch ein weiterer Stollen unter dem Kreuzberg entdeckt. Möglicherweise alte Munition im Schutt. Suche nach dritter Anlage. In: Tagesspiegel, 10.4.1984.
38 BA Berlin, R 3/Anh. Nr. 88. fol. 16 und 231: Aktenvermerk über eine Besichtigungsfahrt der GBI-Abwicklungsstelle mit zwei Vertretern des britischen Hauptquartiers am 11. und 13.8.1945. Siehe auch Bauarchiv Wilmersdorf, Schriftwechsel aus der Nachkriegszeit. Die Autoren haben im Juni 2002 die Gelegenheit gehabt, die Stollen zu besichtigen. Heute dienen sie als Fledermaus-Winterquartier.

Die Bunker im Endkampf

1 3. Februar 1945 – Die Zerstörung Kreuzbergs aus der Luft. Hrsg. vom Kunstamt Kreuzberg/Kreuzberg-Museum, Berlin 1995. S. 15.

2 Gierbig, Im Anflug, S. 239 ff.

3 Groehler, Bombenkrieg, S. 399 (Trefferbild der 8. US Air Force beim Angriff der 1. und 3. Bombendivision auf Berlin) sowie S. 423 (Auflistung der Großangriffe der 8. US Air Force zwischen Februar und April 1945).

4 Ebd., S. 422. Andere Städte trifft es wesentlich schlimmer. Die Briten werfen am 11.3.1945 auf Essen 4 737 Tonnen Sprengbomben, einen Tag später auf Dortmund 4 898 Tonnen. Auf Dresden kommen in der Nacht vom 13. auf den 14. Februar 1 472 Tonnen Spreng- und 1 262 Tonnen Brandbomben, die hier einen Feuersturm auslösen, wobei nach Schätzungen zwischen 35 000 und 40 000 Menschen sterben (Groehler, S. 412).

5 3. Februar 1945, S. 89 f. (Zeitzeugenbericht Herr Sch.).

6 Ebd., S. 82 f. (Zeitzeugenbericht Frau W.).

7 Schäfer, Berlin im Zweiten Weltkrieg, S. 257 f. Teilabdruck von Kronika, Jacob: Berlins Undergang. Kopenhagen 1945. Der Untergang Berlins. Flensburg/Hamburg 1946. Eintrag vom 25.2.1945.

8 Findal, Theo: Undergang. Berlin 1939–1945. Oslo 1945. Abgedruckt in: Schäfer, Berlin im Zweiten Weltkrieg, S. 274 f.

9 Vgl.: Kardoff, Berliner Aufzeichnungen, S. 136.

10 Vgl. Groehler, Bombenkrieg, S. 378 ff. und 414.

11 Zeitzeugenbericht Herr Rose vom 15.6.2001, Archiv der Autoren. Herr Rose war vor allem für die Ausbildung der Luftwaffenhelfer auf dem Flakturm Friedrichshain zuständig und berichtete über den Abbau der Geschütze.

12 Grundsätzlicher Befehl für die Vorbereitungen zur Verteidigung der Reichshauptstadt vom 9.3.1945, vollständig abgedruckt in: Der Todeskampf der Reichshauptstadt, Berlin 1994.

13 Gabriele Vallentin, die Schwester der kommunistischen Widerstandskämpferin Judith Auer (1905–1944), stammt aus einer jüdischen Künstlerfamilie. Sie hat ihren Bericht »Die Einnahme von Berlin durch die Russen vor zehn Jahren – wie ich sie selbst erlebt habe« 1955 in Israel verfaßt, wohin sie im Sommer 1948 emigriert war. Sie lebt in einem Altersheim im Stadtteil Emek Refaim in Jerusalem.

14 Vallentin.

15 Konew, Iwan Stepanowitsch (Marschall der Sowjetunion): Das Jahr 45. Berlin (DDR) 1969. S. 162.

16 Imperial War Museum London, P 474: Tagebuch Max Bock. Eintrag vom 21.4.1945. S. 4.

17 Sukrow, Manfred (Hrsg.): Ein Ende mit Schrecken. Berlin-Karlshorst im Frühjahr 1945. Bräuningshof 2000. S. 15 ff.

18 Kunstamt Steglitz (Hrsg.): Alles Neu. 50 Jahre Kriegsende in Steglitz. Berlin 1995, S. 19.

19 Ebd., S. 15.

20 Millis, Liselotte: Die Tage der Russenbesetzung. In: 1945 – Nun hat der Krieg ein Ende. Erinnerungen aus Hohenschönhausen, Bezirksamt Hohenschönhausen (Hrsg.). Berlin 1995, S. 55 f.

21 Zeitzeugengespräch mit Paula Graf (Name geändert) vom 13.5.1999. Frau Graf war mit ihren beiden Kindern im Sellerbunker und schilderte auch für den Film »Bunker – Die letzten Tage« vor der Kamera die Zustände in der Anlage nach Übergabe an die Sowjets.

22 Ryan, Cornelius: Der letzte Kampf. München/Zürich 1966. S. 337 f. Die Ereignisse im Hochbunker am Anhalter Bahnhof einschließlich der Evakuierung der Insassen durch den Nord-Süd-Tunnel der S-Bahn werden auch ausführlich geschildert durch Waltraut Süßmilch. In: Keine Zeit für Puppen. Frankfurt/Main 2001.

23 Zeitzeugengespräch mit Frau Eiser am 19.11.2000. Frau Eiser wurde zu Kriegsende vom Bunker Blochplatz mit Hunderten anderer Zivilisten durch den Tunnel der heutigen U-Bahnlinie 8 zum Alexanderplatz evakuiert.

24 Das unterirdische Wasserwerk wurde von den Autoren nach dessen Freilegung im Sommer 1999 untersucht. Rochus Misch, Telefonist im Führerbunker, hat die Tatsache den Autoren in mehreren Gesprächen bestätigt.

25 Betrifft: Raumlüftung. Schreiben des Drägerwerks Lübeck, Zweigniederlassung Berlin an das Lübecker Stammhaus (Herr Euleneck an Dr. Heinrich Dräger) vom 16.4.1945, dem Tag des Beginns der Offensive der Roten Armee auf Berlin (Archiv der Autoren).

26 Speer, Erinnerungen, S. 437 f.

27 Interview mit Rochus Misch im Sommer 2001.

Heimatlose und Champignons –
Zwischenbelegung von Bunkern in der Nachkriegszeit

1 Süßmilch: Keine Zeit für Puppen, S. 92 f. Die Autorin war im Hochbunker der Reichsbahn am Anhalter Bahnhof, dessen untere Etagen durch die Sprengung des Nord-Süd-Tunnels der S-Bahn – wahrscheinlich am 2.5.1945 – geflutet wurden.

2 Zeitzeuge Hartmut Grunert berichtet über das Kriegsende im Bezirk Wedding, das er in einem LS-Keller an der Brunnenstraße erlebte. (Gesprächsnotizen vom 16.8.1999).

3 Im Gesundbrunnen-Bunker, der nach Kriegsende völlig ausgeschlachtet wurde, verschwanden Elektroleitungen aus Kupfer restlos, während die wertlosen Aluminiumleitungen dagegen hängenblieben.

4 Verschiedene Schreiben des Kommandos der Berliner Schutzpolizei von Mai bis August 1945. In: LA Berlin, C Rep. 303-9, Nr. 74. Die Schutzpolizei wird am 25. Mai mit der Erfassung und Sicherung aller »Luftschutzbunker und öffentlichen Luftschutzgebäude jeder Art (nicht Kampfbunker)« beauftragt.

5 Die Erfassungsstelle des GBI, auch als Abwicklungsstelle Geschäftsbereich Speer tituliert, arbeitet zunächst noch mit dem alten Personalbestand. Sie dient dazu, die Bestände des GBI aufzulösen, diese zu verkaufen und so möglichst Geld einzubringen. Vgl. dazu: BA Berlin, R 3/ Anh.: Nr. 88 fol. 1 oder: LA Berlin, B Rep. 202, Nr. 809.

6 Vgl. BA Berlin; R 3/ Anh. Nr. 88 fol. 204: Betr. Vermietung von Bunkern und Verwertung von Baustoffen im Verwaltungsbezirk Reinickendorf (26.11.1945).

7 Vgl. BA -BL; R 3/ Anh. Nr. 88 fol. 1.

8 BA Berlin, R 3/ Anh. Nr. 88. fol. 236–237.

9 LA Berlin, C Rep. 303-9, Nr. 74, fol. 46-48: Nachweisung über die im Bereich der Polizei-Inspektion Spandau befindlichen Luftschutzbunker. Stand: 1.8.1945. Hier finden sich auch Nachweisungen zu den anderen Bunkern.

10 LA Berlin, C Rep. 303-9, Nr. 74, fol. 6: Nachweisung über die im Bereich der Polizei-Inspektion Tiergarten befindlichen Luftschutzbunker. Stand: 1.8.1945

11 Ebd., fol. 14: Nachweisung zu Tempelhof.

12 Ebd., fol. 6-7: Nachweisung zu Tiergarten.

13 LA Berlin, C Rep. 303-9, Nr. 74.

14 LA Berlin, C Rep. 148-02, Nr. 2, S. 25–56: Protokoll über die Bezirksratssitzung vom 17.12.1945. Hier werden 17 verwendungsfähige Bunker im Bezirk Weißensee angegeben.

15 Berlins Hochbunker ein Jahr nach dem Kriege. In: Kurier, 13.3.1946.

16 Zappe, H.: Im ersten Bunker-Hotel Berlins. In: Der Morgen, 2.10.1945.

17 Bombensichere Filme. Lankwitzer Bunkerhotel macht Karriere. In: Berliner Anzeiger, 18.11.1949.

18 Der Mitropa-Bunker am Schlesischen Bahnhof. Dringende Hilfe der verantwortlichen Stellen ist notwendig. In: Tribüne, 13.5.1947.

19 Nachtasyl unter Ruinen. Acht Betten für 1 500 Gäste am Anhalter Bahnhof. In: Der Abend, 5.4.1947.

20 LA Berlin, C Rep. 303-09, Nr. 67: Verschiedene Schreiben der Schutzpolizei an die Präsidialabteilung beim Polizeipräsidenten von Berlin, Sommer 1946, sowie die Nachweisungen der Polizei-Inspektionen in: LA Berlin, C Rep. 303-09, Nr. 74.

21 Bunkerasyl am Stichkanal. Blick in die Wohnung der Ärmsten. In: Telegraf am Abend, 26.9.1949. Vgl. hierzu auch: LA Berlin, C Rep. 303-09, Nr. 74, fol. 21 und 25.
22 LA Berlin, C Rep. 303-09, Nr. 67: Schreiben der Polizei-Inspektion Tempelhof an das Kommando der Schutzpolizei vom 22.8.1946.
23 Ebd.
24 Ebd.
25 Er ist ein Bunker wie viele andere. In: Tagesspiegel, 18.9.1948.
26 Tagesspiegel, 5.11.1949. Das NKWD-Gefängnis im Bunker Reinhardtstraße existierte mindestens bis 1953 und wurde erst nach dem Tode Stalins aufgelöst.
27 LA Berlin, C Rep. 303-9, Nr. 74, fol. 25: Nachweisung über die im Bereich der Polizei-Inspektion Köpenick befindlichen Luftschutzbunker. Stand: 1.8.1945.
28 Die beiden Bunker am Hegemeisterweg werden etwa ab 1948 als feuersicheres Lager für Tondokumente umgenutzt. Siehe zu den in diesem Absatz genannten Bunkeranlagen auch: LA Berlin, C Rep. 303-09, Nr. 74. fol. 15, 22, 23, 44 und 56.
29 Etwa ab 1947 werden die sog. Bunkerkasernen nach Abzug der Briten zu Wohnungen umgebaut. Vgl.: Einzimmerwohnung in Bunkerkaserne. In: Tagesspiegel, 8.7.1949.
30 Vgl. LA Berlin, C Rep. 303-9, Nr. 74. fol. 9, 26, 27 und 54: Nachweisung über die im Bereich der Polizei-Inspektion Zehlendorf befindlichen Luftschutzbunker. Stand: 1.8.1945. Zur Anlage in der Niklasstraße vgl. auch: BA Berlin, R 3 Anh. 88, fol. 200–201.
31 USA-Munitionsdepot explodiert. Brand im Bunker in Schlachtensee. In: Berliner Zeitung, 24.11.1949. Dr. Johannes Stumm (1897–1978) war der erste West-Berliner Polizeipräsident von 1948–1967. Von der DDR-Presse wurde daher die West-Berliner Polizei auch als »Stumm-Polizei« bezeichnet.
32 Munitionslager im Wohngebiet. In: Berliner Zeitung, 27.1.1949.
33 LA Berlin, C Rep. 303-9, Nr. 74, fol. 46: Nachweisung über die im Bereich der Polizei-Inspektion Spandau befindlichen Luftschutzbunker. Stand: 11.8.1945.
34 Alle Angaben zu den Bunkern finden sich in den Auflistungen der entsprechenden Polizei-Inspektionen in: LA Berlin, C Rep. 303-09, Nr. 74.
35 Jellinek, Vilma: Tropenklima am Sachsendamm. Bananen im Bunker. In: Tagesspiegel, 24.1.1950.
36 BA Berlin, R 3/ Anh. Nr. 88. fol. 229.
37 Das Ende der Berliner Bunker. In: Tagesspiegel, 5.1.1946.
38 Neuköllner Bunkerbilanz. Champignonzüchter als Pächter. In: Telegraf, 16.10.1958.
39 Die Bunkeranlage unter der Littenstraße in Berlin-Mitte. Gutachten und Bestandsaufnahme des Planungsbüros Arnold & Körner für das Bezirksamt Berlin-Mitte, 1.11.1995. (Im Archiv der Autoren). Die Littenstraße hieß vor 1945 Neue Friedrichstraße.
40 Berlins größtes Hotel. In: Nachtexpress, 26.2.1946.
41 Das Hotel ohne Fenster. 4 000 Gäste übernachten monatlich in einem Gasometer. In: Der Abend, 25.1.1947.
42 So lebt man im Bunker-Hotel. In: Tagesspiegel, 21.4.1951.
43 LA Berlin, B Rep. 203, Nr. 9384.
44 Ebd., fol. 228.
45 Bezirksamt beseitigt Schandfleck am Wedding. Bunker-Hotel geschlossen. In: Kurier, 19.11.1951. Vgl. zu dieser dramatischen Geschichte rund um das Volkshotel auch den aufschlußreichen, offiziellen Schriftverkehr des Bezirksamtes Wedding in: LA Berlin, B 203, Acc. 1988. Nr. 6203.
46 Tumult am Fichtebunker. Großalarm für die Polizei. In: Telegraf, 1.5.1956.
47 Ein einziger Tag genügte. Im Bunker der Hoffnungslosen. In: Nachtdepesche, 12.7.1962.
48 Am Sonntag ist es soweit: Fichtebunker wird geschlossen. In: Telegraf, 31.8.1963.
49 Berlin – Kampf um Freiheit und Selbstverwaltung 1945–1946. Hrsg. durch den Senat von Berlin. Berlin 1957, S. 75.
50 Stürzbecher, Manfred: Aus der Geschichte des Städtischen Krankenhaus Moabit. In: Städtisches Krankenhaus Moabit 1872–1972. Festschrift zum 100-jährigen Bestehen. Berlin 1972. S. 96.
51 Ebd. Im Februar 1946 waren von insgesamt 1 116 Bettenplätzen 328 im Flakturm Zoo und 177 in den ausgebauten Luftschutzkellern des Nordpavillons vom Robert-Koch-Krankenhaus an der Birkenstraße untergebracht.
52 80 cbm Eisenbeton gehen hoch. In: Der Sozialdemokrat, 27.8.1947, S. 6.
53 Berlins Hochbunker ein Jahr nach dem Kriege. In: Kurier, 13.3.1946.

Die Spreng-Versuche der Alliierten

1 LA Berlin, C Rep. 303-9, Nr. 0074, Fol. 1, 4, 36.
2 LA Berlin, C Rep. 303-9, Nr. 0074, Fol. 6, 23, 41.
3 Befehle abgedruckt in: Berliner Zeitung, 15.6.1945.
4 Bunker hat nun friedlichen Inhalt. Ehemalige Eisenbahn-Telefonzentrale wurde umgebaut. In: Die Welt, 16.1.1963. Im Artikel wird die Abkürzung BASA für »Bahn-Selbstanschluß-Apparaturen« genannt, korrekt heißt es »Bahnselbstanschlußanlage« und bezeichnet das reichsbahneigene Fernsprechnetz.
5 Die Zeitzeugen Herr Stier und Herr Grunert (Gesprächsnotizen einer Befragung vom 16.8.1999) berichteten beide unabhängig von Sprengungen durch sowjetische Soldaten im Flakturm Humboldthain, die die Autoren anfänglich für unwahrscheinlich hielten.
6 Zeitzeugenbericht Herr Kienast vom Juni 2001. Er erzählte uns von der Sprengung der Tiefbunker des WKK III, die er als zehnjähriger Junge erlebte.
7 LA Berlin, B Rep. 209, Nr. 1536. Im Auftrag der britischen Militärverwaltung fand 1947 eine Gefahrenprüfung statt. Der Tiefbunker lag eigentlich am Lochowdamm 15 hinter dem Gelände des einstigen Wehrkreiskommandos. Es konnte nicht geklärt werden, ob die Anlage restlos abgeräumt wurde. Heute befindet sich hier ein Trümmerberg.
8 Die geborgenen Kunstgüter werden in ein Sammellager nach Karlshorst verbracht und wenig später in die Sowjetunion abtransportiert. Der größte Teil davon wird 1958 an die DDR zurückgegeben, der Schatz des Priamos aber ist bis heute in Rußland verblieben.
9 Schade, Günther: Die Berliner Museumsinsel. Berlin 1986, S. 41.
10 Wermusch, Günter: Tatumstände unbekannt. Kunstraub unter den Augen der Alliierten. Braunschweig 1991, S. 194 f.
11 Mrozek, Bodo: Die Akte Caravaggio. In: FAZ/Berliner Seiten. 27.7.2001.
12 Ebd. Es existieren zwei gegensätzliche Theorien zu den verbrannten Bildern. Die erste besagt, daß die Sowjets den Brand selbst gelegt hätten, um den Abtransport der verschollenen Gemälde in die Sowjetunion zu verschleiern. Die zweite geht davon aus, daß die Bilder bereits nach Thüringen ausgelagert waren und der Brand von »Agenten des CIA« gelegt wurde, um einen Abtransport der Kunstschätze in die USA zu verbergen. Offiziell ist die Akte Friedrichshain, die Stoff für ein eigenes Buch bieten würde, inzwischen geschlossen. Die Gemälde gelten heute als verschollen.
13 Siehe hierzu: Berlin – Kampf um Freiheit und Selbstverwaltung 1945–1946. Hrsg. durch den Senat von Berlin. Berlin 1957, S. 114. Der Text der Richtlinie wurde zudem abgedruckt in: Neue Zeit , 7.12.1945.
14 LA Berlin, C Rep. 147-01/11: Schreiben an den Militärkommandanten des Bezirks Lichtenberg vom 12.1.1946 mit Zusammenfassung der Besprechungsergebnisse vom 9.1.1946.
15 Ebd.
16 BA Berlin, R 3/ Anh. Nr. 88 fol. 158: Internes Schreiben der Abwicklungsstelle des GBI vom 1.4.1946.
17 LA Berlin, C Rep. 105, Nr. 760. Der Befehl wird am 4.9.1946 dahin-

gehend ergänzt, daß »von allen wichtigen Anlagen [...] vor ihrer Vernichtung Lichtbilder oder Zeichnungen vorzulegen« sind.
18 Verbot militärischer Bauten in Deutschland. Abdruck des Gesetzestextes in: Nachtexpress, 20.4.1946. Am 22.3.1947 wird dieses Gesetz durch die sog. Directive No. 48 ergänzt, wonach bei Beendigung der Besatzungszeit nur noch diejenigen militärischen Objekte gesprengt oder zerstört werden sollen, die nicht von den Alliierten Streitkräften oder der deutschen Zivilbevölkerung gebraucht oder zu einer zivilen Nutzung umgewandelt werden können. In: PRO, FO 1032/1537: Destruction of fabrications and installations: Directive No. 22 and quadripartite policy (1945–1948).
19 Verbot militärischer Bauten. Artikel I, Absatz A des Gesetzes. Der Gesetzestext beinhaltet lediglich ein Verbot von »Planung, Entwurf, Herstellung, Errichtung oder Bau von militärischen Einrichtungen jeglicher Art«. Artikel II des Gesetzes besagt, daß darunter auch alle »Luftabwehreinrichtungen, Bunker, [...] Befehlsstände, Munitionskammern und andere Befestigungswerke, militärische und zivile Luftschutzräume« fallen. Ausgeschlossen vom Verbot sind diejenigen Einrichtungen, welche für die »Erhaltung, Übung und Wohlfahrt der Besatzungsstreitkräfte notwendig sind«. Sie sollen erst bei Beendigung der Besetzung geschliffen und entfernt werden.
20 Vgl. hierzu das Schreiben des Bezirksamts Mitte von Groß-Berlin, Abt. für Finanzwesen, Amt für Kriegsschäden und Besatzungskosten vom 13.6.1947, in dem festgelegt wird, daß für die bei der Sprengung entstandenen Schäden 26 000 Reichsmark zu leisten sind. In: LA Berlin, C Rep. 105, Nr. 762.
21 LA Berlin, C Rep 303-9, Nr. 00074, Blatt 44.
22 BA Berlin, R 3/ Anh. Nr. 88, fol. 161: Schreiben des Magistrats von Berlin an die Abwicklungsstelle des GBI vom 18.4.1946.
23 LA Berlin, C Rep. 105, Nr. 19471: Sachschäden an Gebäuden infolge Bunkersprengungen im Verwaltungsbezirk Lichtenberg. Hier: Sprengung Bunker Mahlsdorf, Kastanienallee. Polizeibericht vom 18.4.1946.
24 LA Berlin, C Rep. 110, Nr. 34: Schreiben des Bezirksamts Mitte an den sowjetischen Verbindungsoffizier, Oberstleutnant Cspensky vom 29.4.1946.
25 Berlins Hochbunker – ein Jahr nach dem Kriege. Im Friedrichshain muß gesprengt werden. In: Kurier, 13.3.1946.
26 Ein Bunker verschwindet. In: Nachtexpress, 23.4.1946.
27 Berlin – Kampf um Freiheit und Selbstverwaltung 1945–1946. Berlin, 1957, S. 187. Siehe hierzu auch Kommentare im Tagesspiegel und der Täglichen Rundschau vom 20.7.1946.
28 Bunker verschwinden. In: Neue Zeit, 12.11.1946. Die Anzahl von insgesamt 112 Bunkern ist in jedem Fall nicht korrekt. Höchstwahrscheinlich stammen die Angaben von einer sowjetischen Liste mit den wichtigsten zu zerstörenden Bunkeranlagen. Allein für den Ostteil Berlins können 284 Bunkerstandorte (Forschungsstand 2003) durch die Autoren nachgewiesen werden.
29 Bunker am Schlesischen Bahnhof vernichtet. In: Der Morgen, 6.12.1947.
30 Vierzig Stufen unter der Stahlbetondecke – das blieb übrig: Zertrümmertes Waschbecken im bombensicheren »Führerbunker«. In: Telegraf, 25.11.1947. Es handelt sich um eine absolut authentische Nachkriegsbeschreibung der Bunkeranlage. Alle wesentlichen Angaben sind überprüfbar. Daher ist das Dokument in voller Länge wiedergegeben.
31 Demps, Laurenz: Berlin-Wilhelmstraße. Eine Topographie preußisch-deutscher Macht. Berlin 1996.
32 LA Berlin, B Rep. 202, Nr. 809: Abschrift der Aufforderung des britischen Militärgouvernements (mit deutscher Übersetzung).
33 Darunter befinden sich ein Befehlsbunker auf dem Kasernengelände Rathenower Straße, zwei Befehlsstände am Lützow- und Tirpitzufer sowie sechs zivile Bunkeranlagen einschließlich des verbunkerten Zugangsbauwerks an der Kurfürstenstraße, das zu den Luftschutzräumen im U-Bahnhof Nollendorfplatz hinunterführt.
34 LA Berlin, B Rep. 202, Nr. 809: Bericht des Amtes für Aufbaudurchführung an den Bürgermeister von Tiergarten, Dr. Schloß, vom 20.1.1947. Zu den aufgelisteten Anlagen zählen ein Tiefbunker am Tiergartenufer, die zwei Hochbunker an der Lichtensteinallee, ein Tiefbunker an der Händelallee sowie die Anlagen Hildebrandtstraße 18g und Rauchstraße 22. Eine Hausnummer Hildebrandtstraße 18g ist allerdings nicht bekannt. Eventuell ist die Hausnummer 16 gemeint, wo nachweislich ein Bunker beseitigt wurde und sich im Zweiten Weltkrieg die Württembergische Vertretung befand.
35 LA Berlin, B Rep. 202, Nr. 809: Liste in Anlage des Schreibens vom 20.1.1947.
36 Tiergarten-Bunker in die Luft gesprengt. In: Telegraf, 21.1.1947. Die Sprengtrümmer sind noch heute zu besichtigen und befinden sich hinter der runden Blumenanlage nahe der Lichtensteinbrücke, die auch die Zooerweiterung erschließt.
37 LA Berlin, B Rep. 202, Nr. 809. Hier gehören je einer der Bunker in der Lichtensteinallee der dänischen und spanischen, die Anlage Rauchstraße 22 zur slowakischen Gesandtschaft. Der Bunker Händelallee neben der Ruine der Kaiser-Friedrich-Gedächtnis-Kirche wird einer »Hanseatischen Botschaft« (Vertretung Hamburgs) zugeordnet. Bei der Bunkeranlage Hildebrandtstraße handelt es sich um die Schutzeinrichtung der Türkischen Botschaft, deren Hausnummer in den Dokumenten immer wieder unterschiedlich angegeben wird.
38 Bunkersprengungen beginnen. In: Kurier, 18.1.1947.
39 Frank Leo Howley (1903–1993), amerikanischer Stadtkommandant vom 1.12.1947–31.8.1949, davor war er Direktor der amerikanischen Militärregierung in Berlin.
40 Bunkersprengungen im amerikanischen Sektor. In: Tägliche Rundschau, 8.11.1946.
41 Das Schicksal der Bunker in Steglitz. In: Tagesspiegel, 4.12.1946.
42 Bleiben Bunker für Kältegefährdete? In: Tagesspiegel, 7.3.1947.
43 Tagesspiegel, 9.4.1947.
44 LA Berlin, B Rep. 202, Nr. 809: Schreiben des Bezirksamts Tiergarten an den Magistrat vom 31.5.1947 mit Liste der bis dahin gesprengten Bunker im Bezirk Tiergarten.
45 Fünf Bunker an einem Tag. In: Tagesspiegel, 24.4.1947.
46 Die Sprenglisten der Amerikaner konnten von den Verfassern bisher nur in Auszügen in den Archiven entdeckt werden. Jedoch sind allein für den amerikanischen Sektor über 1 000 (!) durchnummerierte Luftschutzanlagen nachweisbar, darunter allerdings auch nicht bombensichere abgedeckte Splittergräben und Schutzanlagen auf Privatgrundstücken.
47 LA Berlin, B Rep. 202, Nr. 809: Britische Liste über geplante Bunkersprengungen vom 20.5.1947, die an die deutschen Behörden zur Kenntnisnahme weitergeleitet wurde.
48 Weitere Bunkersprengungen. In: Tägliche Rundschau, 15.6.1947.
49 Die Stadt muß es bezahlen. In: Der Morgen, 30.8.1947.
50 LA Berlin, C Rep. 105, Nr. 759: Schreiben des Bezirksamts Zehlendorf über den Nachweis der Nachkriegs- und Besatzungskosten. Hier gehen bei insgesamt 76 736 RM, die im ersten Halbjahr 1947 in Zehlendorf für die Beseitigung von Trümmermassen und alter Munition aufgewandt werden, fast 73% der Gesamtsumme zu Lasten der Schäden, die bei der Sprengung von Luftschutzanlagen entstanden sind.
51 LA Berlin, C Rep. 105, Nr. 712: Magistratsvorlage Nr. 924/1948.
52 Schöneberger Nervenkrieg. In: Neue Zeit, 7.4.1947. Vgl. zur Haltung des Berliner Magistrats in der Frage der Entschädigung für Sprengschäden auch: LA Berlin, C Rep. 100 – 05, Nr. 818: Sitzungsprotokolle des Magistrats von Groß-Berlin: Magistratsvorlage Nr. 924/1948 für die Sitzung am 12.5.1948, derzufolge Entschädigungen von Sachschäden infolge von »Sprengungen von Luftschutzanlagen, militärischen Anlagen usw.« nach den von der Finanzabteilung des Hauptamtes für Kriegsschäden und Besatzungskosten und des Hauptamtes für Aufklärung bei der (Magistrats-) Abteilung für Bau- und

Wohnungswesen aufzustellenden Richtlinien zu erfolgen haben. Unterzeichnet wurde diese Vorlage übrigens von Karl Bonatz, damals Leiter der Abteilung für Bau- und Wohnungswesen im Berliner Magistrat.
53 Das Schicksal der Bunker am Anhalter Bahnhof. In: Neue Zeit, 17.6.1947.
54 Tagesspiegel, 15.5.1947.
55 Tägliche Rundschau, 15.6.1947.
56 Sprengung des Zoo-Hochbunkers. In: Tagesspiegel, 26.7.1947 mit Meldungen zu weiteren Bunkersprengungen.
57 Bunkersprengung am Wedding. In: Tagesspiegel, 24.7.1947.
58 Tagesspiegel, 27.7.1947.
59 Tagesspiegel, 26.8.1947.
60 Hochbunker Lübars wird gesprengt. Der Morgen, 27.8.1947.
61 Berlin, 29. Juni 1947. Tagesspiegel, 29.6.1947.
62 Zoobunker mit Sprengstoff geladen. In: Der Morgen, 30.8.1947.
63 Der unverwüstliche Zoobunker. In: Kurier, 1.9.1947.
64 Vgl. hierzu: Der große Zoo-Bunker ist stehen geblieben. In: Der Morgen sowie: Zoo-Bunker steht trotz Sprengung. In: Tagesspiegel. Beide Artikel sind am 31.8.1947 erschienen.
65 Sehr erfolgreich. In: Der Abend, 2.9.1947.
66 Kurier, 1.9.1947. Seit langer Zeit hält sich das Gerücht, demzufolge nach den Sprengmißerfolgen sowohl bei den Briten am Zoo als auch bei den Franzosen am Humboldthain unbekannte Jugendliche mit weißer Farbe: »Made in Germany« an die Bunkerwände geschrieben haben sollen. Dies ist eine nette, aber leider nicht belegbare Anekdote.
67 Auch Teilsprengung missglückt. In: Berliner Zeitung, 28.9.1947.
68 Vgl. auch: PRO, FO 1062/96: Branches, Directorates and Services – Disarmament Branch – Military Government – Instruction Bunkers and air raid shelters. Vol. I: April 1947 – April 1949, insbesondere die Abschrift der Sicherheitsvorkehrungen vom 10.7.1948, wo ausführlich die Situation rund um den von den Briten sogenannten »Flaktower Berlin« erörtert wird.
69 Zoobunker sank in sich zusammen. In: Telegraf, 31.7.1947.
70 LA Berlin, B Rep. 202, Nr. 810: Betr. Bisher bekannt gewordene Schäden im Bezirk Tiergarten.
71 Am Humboldthain platzen die Scheiben. Sprengungen ohne Ankündigung. Ist das Aufbau? In: Neues Deutschland, 1.11.1947.
72 Bunkersprengung in Wedding. In: Der Abend, 12.12.1947.
73 Humboldthain-Bunker gesprengt. In: Telegraf, 16.12.1947.
74 Humboldt-Bunker – sehr stabil. In: Tagesspiegel, 29.2.1948.
75 Doch stark beschädigt. In: Der Abend, 2.3.1948.
76 Humboldthain-Bunker eingestürzt. In: Tagesspiegel, 14.3.1947.
77 Handrich, Jürgen; Kittelmann, Gerd; Prévot, Brigitte: Stadtplätze im Wedding. Eine Dokumentation ihrer Entstehung und Bedeutung. Hrsg. von der Abt. Bau- und Wohnungswesen, Gartenbauamt, des Bezirksamtes Wedding von Berlin. Berlin 1991. S. 70 f.
78 Unterschiedliche Behandlung. In: Telegraf, 10.10.1947. Gemeint ist hier die Sprengung des Flakturms am Zoo.
79 Bunker sollen bleiben. In: Der Sozialdemokrat, 12.12.1947. Ebenfalls dazu: Bunker als Hausfundamente. In: Tagesspiegel, 15.2.1947.
80 90 Bunker bleiben erhalten. In: Der Abend, 30.11.1947.
81 LA Berlin, B Rep. 220, Bd. 1, Acc. 706-16: Betr. Hochbunker Lübars, 1954–57.
82 Berlin im Schatten der Bunker. In: Der Abend, 12.1.1949.
83 LA Berlin, B Rep. 202, Nr. 809: Auflistung vom 20.5.1947. Die Anlage wird in der deutschen Übersetzung wie folgt beschrieben: »Lfd. Nr. 71: Dieser Bunker hat 8 Fuß [2,44 m] schwere verstärkte Betonwände mit 2 Stockwerken, [Zwischendecken] 1 Fuß 6 Zoll [0,46 m] dick darüber. Der Bunker ist nie vollendet worden und der Abriß wird viel Arbeit machen. Die Erschütterungs-Methode ist unmöglich, und deshalb muß es durch Ladungen in Bohrlöchern getan werden. Gehofft wird, diesen Bunker am 12. Juni niederzureißen, jedoch wird es nächsten Monat bestätigt werden.«
84 Die Sprengkatastrophe im britischen Sektor. In: Tägliche Rundschau, 5.11.1949.
85 Schwere Schäden am Elsterplatz. In: Telegraf, 4.11.1949.
86 Tagesspiegel, 5.11.1949. Die Gesamtschäden werden später mit rund einer halben Million D-Mark angegeben.
87 Enttrümmerung eingestellt. In: Berliner Zeitung, 28.12.1949.
88 Protest gegen Bunkersprengung. In: Tagesspiegel, 11.11.1949.
89 Übungsfeld für dilettantische britische Pioniere. In: Tägliche Rundschau, 11.11.1949. Die im Ostteil Berlins erscheinende Tägliche Rundschau gibt die Aussage Franz Neumanns nicht originalgetreu wieder; die Westpresse wiederum, darunter auch der Tagesspiegel, verschweigt Neumanns Vergleich zwischen britischen und sowjetischen Pionieren.
90 Einzimmerwohnung in der Bunkerkaserne. In: Tagesspiegel, 8.7.1949.
91 Kostenspieliges Ende des Bendler-Bunkers. In: Kurier, 11.1.1965.
92 Entmilitarisiert, aber nicht zerstört. In: Kurier, 8.5.1950.
93 Olympiastadion gefährdet. Briten sprengen Blaupunktbunker. In: Tagesspiegel, 15.2.1950.
94 Sprengungen vorläufig eingestellt. In: Tagesspiegel, 16.2.1950.
95 Operationsbunker bleiben. In: Die Neue Zeitung, 10.5.1950.
96 Bunkersprengung und Krankenhäuser. In: Der Abend, 4.1.1946.

Neue Funktionen im Kalten Krieg

1 Trümmerberg mit Mutterboden. In: Tagesspiegel, 29.2.1948.
2 LA Berlin, C Rep. 110, Nr. 414: Bericht vom 14.3.1947 über die Besprechung vom 7.3.1947 zwischen Vertretern des Magistrats und des Bezirksamts Mitte über Probleme der Enttrümmerung.
3 Mit der Trümmer-Lok quer durch Berlin. In: Berliner Zeitung, 24.7.1949.
4 LA Berlin, C 303-9, Nr. 219: Schreiben des Magistrats von Groß-Berlin an das Hauptamt für Aufbau vom 5.7.1947. Dort heißt es, »daß am Bunkerberg in Friedrichshain zwei Tage vorher ein ganzer Zug entgleiste und der Lokomotivführer hierbei tödlich verunglückte«.
5 Die Bunkerberge in Berlin – entstanden aus Millionen Kubikmetern Schutt. In: Berliner Abendblatt, 28.7.1999.
6 Humboldthain wird zum Humboldtberg. In: Neues Deutschland, 5.5.1946.
7 Bunkergeschichte lebt wieder auf. In: Berliner Morgenpost, 12.6.1990.
8 Wedding entthront Kreuzberg. In: Der Tag, 28.10.1950.
9 Linger, Reinhold: Die Unterbringung unverwertbaren Trümmerschuttes in Berlin als Problem der Stadtplanung. In: Planen und Bauen, Bd. 4, Nr. 5, Mai 1950, S. 158. ff.
10 Telegraf am Abend, 19.7.1949.
11 Kein Feld für »Schatzsucher«. Alle Zugänge des Bunkers auf der Humboldthöhe sind vermauert. In: Telegraf, 13.3.1960.
12 Das Kind braucht einen Namen. In: Der Abend, 10.5.1952. Siehe hierzu auch die Dokumentation des Wettbewerbs zur Namensfindung der Humboldthöhe. In: LA Berlin, B Rep. 203, Acc. 2128, Nr. 8644.
13 Das Licht auf dem Bunker. In: Telegraf, 25.12.1951.
14 Mahnfeuer auf der Humboldthöhe. In: Der Nord-Berliner, 17.6.1960.
15 Beitrag zum 20. Jahrestag der Denkmalseinweihung im Mietermagazin 1/1987.
16 Hentschel, Klaus: Im Labyrinth der Obdachlosen. In: Der Abend, 6.7.1965.
17 Drama im ehemaligen Flakbunker. In: Nachtdepesche, 3.3.1966.
18 Die Gefahr war bekannt. In: BZ, 3.3.1966 sowie: Macht den Bunker sicher! Forderung nach dem Unglück im Humboldthain. In: Der Nord-Berliner, 4.3.1966.
19 Das Drama im Flak-Bunker von Wedding. In: BZ, 31.3.1982. Siehe auch: Todessturz im alten Bunker. In: Berliner Morgenpost, 31.3.1982.
20 BZ, 29.4.1986.

21 Zeuge des Jahrhunderts: Flakbunker im Humboldthain. In: Der Gesundbrunner,10/1982.
22 1986 will man dem Flakbunker im Humboldthain zu Leibe rükken. Sprengung des oberen Teils geplant. Einstieg nach Unfall zementiert. In: Tagesspiegel, 6.4.1982.
23 Alter Flakbunker steht nur noch Fledermäusen offen. In: Berliner Morgenpost, 21.7.1988.
24 Matterhorn am Humboldthain. Alpinistenfreunde können kraxeln lernen. In: Berliner Anzeiger, 17.1.1950.
25 Fernsicht bis nach Pankow. In: Tagesspiegel, 11.7.1950.
26 Der teure Gustav. Letztes Kapitel der Zoobunker-Misere. In: Tagesspiegel, 20.7.1955.
27 Das Vogelparadies im Tiergarten. In: Die Neue Zeitung, 24.11.1949.
28 Tagesspiegel, 24.1.1949.
29 Der teure Gustav ...
30 »Und kiekste morjen her, siehste keen Bunker mehr«. In: Tagesspiegel, 31.3.1957.
31 Wieder Bunkersprengung. In: Tagesspiegel, 5.11.1952.
32 Behörde versetzt Berge. In: Kurier, 12.2.1954.
33 Ein teurer Schildbürgerstreich. »Gustav« feiert Auferstehung. In: Berliner Morgenpost, 31.3.1955.
34 Berlin – Chronik der Jahre 1955–1956, hrsg. im Auftrage des Senats von Berlin. Berlin 1971, S. 125 und 168 ff..
35 Teuerstes Bauwerk aus dem Blickfeld verschwunden. Der Trümmerberg am Zoo ist abgetragen. In: Tagesspiegel, 19.4.1958.
36 »Und kiekste morjen her ...«.
37 »Gustav« gibt neuen Straßen halt. Zoobunker bald vom Erdboden verschwunden. In: Tagesspiegel, 30.11.1957.
38 Die Geschichte eines Bunkers. In: Berliner Morgenpost, 2.3.1958.
39 Ich schlug meiner Mutter die brennenden Funken ab. Berliner Schulaufsätze aus dem Jahre 1946, Berlin 1996. Gröschner, Annett (Bearb.): Zitiert in: Arnold, »Bruchstücke«, S. 182. Die dort genannte Ludwigstraße (Name seit 1937, Ludwig war NSDAP-Mitglied und ist 1932 bei gewaltsamen politischen Auseinandersetzungen ums Leben gekommen) wurde 1952 in Topsstraße umbenannt.
40 Die Bergungs- und Sicherungsarbeiten zu dem traurigen Vorgang sind umfassend dokumentiert in: LA Berlin, C Rep. 105, Nr. 757.
41 Alle nachfolgenden Angaben zum Union-Bunker in: LA Berlin, B Rep. 202, Nr. 6639a. Akte über die Nachkriegsvorgänge Unionplatz. Hier: Schreiben vom 8.7.1949 des leitenden Amtsarztes Dr. Karan, Abt. Gesundheitswesen, an die Baupolizei.
42 Union-Bunker wird jetzt gesprengt. In: Berliner Morgenpost, 15.11.1962.
43 LA Berlin, B Rep. 211, Nr. 290: Akte über die 1953 durchgeführte Enttrümmerung in Höhe von 21,7 Mio. DM. »Garioa« steht für »Government Appropriation for Relief in Occupied Areas«, einen US-amerikanischen Hilfsfond.
44 Berlin – Chronik der Jahre 1955–1956, S. 126.
45 Bormanns Privatbunker verschwindet. Sprengungen kosten ein Drittel des Baupreises. In: Nacht-Depesche, 20.9.1952.
46 Bunkertrümmer werden beseitigt. 5 000 Kubikmeter Eisenbeton müssen in Buckow-West zerkleinert werden. In: Berliner Morgenpost, 14.1.1952.
47 LA Berlin, B Rep 220, Acc. 3308, Nr. 4089: Abbruchmeldung vom 7.1.1953 (Abbruchschein 2471), Beginn der Arbeiten am 26.1.1953 durch die Firma Sager und Wörner Bauunternehmung aus Charlottenburg (Los Nr. 245): Meldung vom 15.5.1953, daß die Bunkerruine zu zwei Dritteln abgeräumt ist. Mitteilung der Firma über die Beendigung der Arbeiten vom 21.9.1953.
48 LA Berlin, B Rep 220, Nr. 3688: Abbruchmeldung vom 10.2.1951 (Abbruchschein 2451/1950 des Amtes für Wiederaufbau), Beginn der eigentlichen Sprengung und Enttrümmerung durch die Firma H. Köhler, Steglitz am 8.3.1951; Meldung über Beendigung der Maßnahme vom 29.6.1951.
49 Bunkerreste werden abgerissen. In: Berliner Anzeiger, 21.4.1951.
50 Auch Berlin plant Luftschutz. Bonner Entwürfe werden studiert. In: Berliner Anzeiger, 24.6.1951.
51 Luftschutzwart kommt wieder. In: Kurier, 15.6.1951.
52 600 000 Westmark für Bunkerbauten. In: Nachtexpress, 12.4.1951.
53 Bunkerbau in Westberlin. Luftschutzverordnung steht bevor. In: Der Morgen, 26.6.1951.
54 Luftschutzrummel nach Nazi-Art in Westberlin. Frontstadtsenat beschloß Luftschutzmaßnahmen. In: Berliner Zeitung, 16.6.1951. »Alte Bekannte« wie Erich Hampe, einst Chef der technischen Nothilfe und später in der Bundesrepublik Präsident der Bundesanstalt für zivilen Luftschutz, oder Dr. Kurt Knipfer, im Zweiten Weltkrieg Inspekteur des Zivilen Luftschutzes und Leiter der Inspektion 13 im Reichsluftfahrtministerium (später Ministerialdirektor), sind maßgeblich am Aufbau des Zivilen Luftschutzes in der Bundesrepublik Deutschland beteiligt.
55 Pankow baut Luftschutzbunker. In: Tagesspiegel, 3.5.1951. Wilhelm Zaisser (1893–1958), SED-Politbüromitglied, war von 1950–1953 Minister für Staatssicherheit.
56 Der beste Schutz heißt Verständigung. Wachsende Protestbewegung gegen den Atombunkerbau in Westberlin. In: Neues Deutschland, 18.5.1954.
57 Heute Bunker – morgen Bomben. In: Nationalzeitung, 9.12.1958.
58 LA Berlin, C Rep. 902. Der Aktenbestand enthält Auflistungen und Zusammenfassungen ehemaliger LS-Anlagen, Richtlinien für die Erteilung luftschutztechnischer Empfehlungen für Investitionsvorhaben und Standortbestimmungen, Ausbau von Kommandopunkten, Planungen von Bunkerneubauten, Begehungsprotokolle von alten LS-Anlagen etc. (Zeitraum 1957– 1965).
59 LA Berlin, C Rep. 110, Nr. 407. Siehe hier den Entwurf eines Dokuments zur Durchführung der notwendigen Umgruppierungen innerhalb des bestehenden Kostenstrukturplanes der Abräumung 1951 auf Grundlage der Wohnbautenplanung und der äußerst verstärkten Materialgewinnung (Nutzeisen).
60 LA Berlin, C Rep. 110, Nr. 417. Betr.: Arbeitsplan für das I. Quartal 1952. Schreiben vom 1. Februar 1952 an die Abteilung Aufbau, Amt für Abräumung.
61 Bunker Schönholz. Erläuterungsbericht zur Massenermittlung (ca. 1966), S. 1. In: Archiv des Bezirksamtes Pankow, unsortierter Bestand. Kopien liegen den Autoren vor.
62 LA Berlin, C Rep. 110, Nr. 1965. Hier liegt der vollständige Abrißplan des Jahres 1961 vor. Danach sollen in Pankow 500 000 Mark für 4 500 Kubikmeter Bunkertrümmer aufgewendet werden, in Lichtenberg sogar 700 000 Mark für nur 2 100 Kubikmeter. Im Bezirk Treptow kostet die Beseitigung von 3 900 Kubikmetern Stahlbeton 350 000 Mark, während für 377 200 Mark 20 900 Kubikmeter normaler Trümmerschutt beseitigt werden können.
63 Schreiben des VEB Tiefbau an die Stadtbezirksbauleitung Pankow vom 13.5.1963 mit Auflistung aller Sprengtermine für die Schadensregulierung sowie das Schreiben des Bezirksamts Pankow an die Baufirma Paul A. Schröder vom 5.3.1963 mit Auflistung der zu behebenden Gebäudeschäden. In: Bezirksamt Pankow, unsortierter Bestand.
64 Schreiben der Vereinigten Großberliner Versicherungsanstalt an den VEB Tiefbau vom 6.9.1961. In: Archiv des Bezirksamtes Pankow, unsortierter Bestand.
65 Siehe hierzu das Abnahmeprotokoll vom 16.4.1966 (Bunker Berlin-Blankenfelde) und den Erläuterungsbericht vom 1.8.1966 (Objekt Bunkerabbruch I und II, Siedlung Arkenberge). In: Archiv des Bezirksamtes Pankow, unsortierter Bestand.
66 Bunker hat nun friedlichen Inhalt. In: Die Welt, 16.1.1963.
67 Bunker bieten Bohnen Platz. In: Der Abend, 31.5.1975.
68 Betonierte Erblast: Was wird aus den Berliner Bunkern? In: Neue Zeit, 21.1.1993.

69 Kommandantur-Anordnung. In: Tagesspiegel, 15.10.1965.
70 Alliierte sorgen für den Notstandsfall. In: Der Abend, 15.10.1965. Der Artikel enthält den Abdruck der neuen Verordnung im Wortlaut und einen Auszug von Ost-Berliner Pressestimmen dazu.
71 Luftschutzbunker verschwinden. In: Berliner Morgenpost, 1.10.1964.
72 Es kracht in kleinen Etappen. In: Berliner Morgenpost, 31.8.1966.
73 Hochbunker wird abgerissen (ehem. Slowakische Gesandtschaft, Rauchstr. 22), 3.4.1964. Bunker verschwindet (ehem. Rumänische Gesandtschaft, Rauchstr. 26), 17.1.1967. Schandfleck verschwindet (Doppelbunker der ehem. Irischen und Ungarischen Gesandtschaft, Rauchstr. 12), 20.10.1971. Alle Artikel in: Berliner Morgenpost. 1973 folgt an der Rauchstraße noch der Abriß des Bunkers der ehemaligen finnischen Gesandtschaft.
74 Geheimnisse im Marschall-Bunker? In: Berliner Morgenpost, 3.12.1970.
75 Sachverständige im Hochbunker. In: Berliner Morgenpost, 20.8.1954. Versuche des Bezirksamtes, sich des intakten Bunkers im Rahmen des Notstandsprogramms zu entledigen, scheitern 1954 an Überlegungen, die Anlage Luftschutzzwecken vorzubehalten.
76 Wedding wartet auf den Abriß der beiden Gasometer-Bunker. In: Tagesspiegel, 5.8.1964.
77 Sellerbunker vor dem Abriß. In: Berliner Morgenpost, 5.8.1965.
78 Sprengmeister müssen mit Dynamit sparsam umgehen. In: Berliner Morgenpost, 4.4.1970. Eine genaue Dokumentation der Abbruch-Sprengung findet sich in: Nobelhefte – Sprengmittel in Forschung und Praxis. 1/1972, S. 22 ff.
79 Die letzten Mauern fallen. Der Seller-Bunker wird bald verschwunden sein. In: Berliner Morgenpost, 17.8.1971.
80 Vgl. zu den Mehrzweckanlagen Wittke, Siegfried: Zivilschutzbauten in Berlin. In: Berliner Bauwirtschaft, 19/1977, S. 494 f. Siehe auch: Auf dem U-Bahnhof können 3 333 Menschen überleben. Schutzraum Pankstraße für den atomaren Katastrophenfall. In: Berliner Morgenpost, 12.7.1977.
81 Nun bekommt die Stadt ihren vierten Atombunker. In: Welt am Sonntag, 17.8.1980.
82 Bald besserer Zivilschutz: Mehr Bunker für Berlin. In: Der Abend, 23.1.1979. Die Angaben über die Schutzplatzzahlen im Text wurden aufgrund einer Liste der Senatsverwaltung für Inneres (Stand Februar 1990) stillschweigend korrigiert (d.V.).
83 Rudower griff zur Schippe und baute sich Schutzbunker. In: Berliner Morgenpost, 30.6.1985.
84 Der Regierungsbunker ist eine schlichte Lagezentrale. In Tagesspiegel, 23.8.1989.
85 Geheimnis um Senats-Bunker gelüftet. In: Berliner Morgenpost, 23.8.1989. Die Tiefkelleranlage wurde bereits vor 1939 als Luftschutzanlage konzipiert (d.V.).
86 Liste der Senatsverwaltung für Inneres (Stand Februar 1990).
87 Bunkerabriß befürwortet. In: Berliner Morgenpost, 18.3.1965.
88 Architekten planen Brücke über die Pallasstraße und ein Hochhaus auf dem alten Bunker. In: Bild, 15.12.1972.
89 Nun bekommt die Stadt ihren vierten Atombunker. In: Welt am Sonntag, 17.8.1980.
90 Blumen drauf, Häuser drüber. Wie Berlin seine häßlichen Bunker versteckt. In: Bild, 3.1.1981.
91 Der Himmel über Berlin. D/F 1987; 127 Min.; R.: Wim Wenders; D.: Bruno Ganz, Solveig Dommartin, Otto Sander, Curt Bois, Peter Falk.
92 Terra Incognita. In: Mietermagazin, 1/1987, S. 18.
93 Wer Bunker baut, wirft Bomben. In: Tageszeitung, 17.10.1987.
94 Baustopp für Berliner Bunker. In: Volksblatt, 4.3.1990.
95 Berlin verbunkert bis in alle Ewigkeit. In: Neues Deutschland, 22.10.1994.
96 Senatsverwaltung für Stadtentwicklung und Umweltschutz: Öffentliche Zivilschutzbauten in Berlin. Ausarbeitungen von Hans Joachim Beuke, 24.5.2002.
97 Hilfskrankenhaus im Weltkriegsbunker. 30 Jahre altes Schutzbaugesetz nicht mehr aktuell. In: Tagesspiegel, 3.4.1995.
98 Was tun mit den Berliner Bunkern? In: Berliner Morgenpost, 13.2.1995.

Verzeichnis der benutzten Archivbestände

Landesarchiv Berlin

Signatur	Bestand
A Rep. 21-02	Deputation für Kunst- und Bildungswesen: Stadtarchiv
A Pr. Br. Rep. 030	Das Polizeipräsidium von Berlin
A Rep. 033-08	Bezirksamt Wedding
A Pr. Rep. 042	Preußische Bau- und Finanzdirektion
A Rep. 043-08	Bezirksamt Tempelhof
A Rep. 046-08	Bezirksamt Köpenick
A Rep. 047-08	Bezirksamt Lichtenberg
A Rep. 048-08	Bezirksamt Weißensee
A Pr. Br. Rep. 057	Stadtpräsident der Reichshauptstadt Berlin
A Rep. 080	Reichsbahndirektion Berlin
A Pr. Rep. 107	Der Generalbauinspektor für die Reichshauptstadt
A Rep. 260	Berliner Verkehrsbetriebe (BVG)
B Rep. 009	Senatsverwaltung für Bau- und Wohnungswesen
B Rep. 036	Office of Military Government – US Berlin District
B Rep. 202	Bezirksamt Tiergarten
B Rep. 203	Bezirksamt Wedding
B Rep. 209	Bezirksamt Wilmersdorf
B Rep. 211	Bezirksamt Schöneberg
B Rep. 220	Bezirksamt Reinickendorf
C Rep. 104	Magistrat von Berlin – Inneres
C Rep. 105	Magistrat von Berlin – Finanzen: Hauptamt für Kriegsschäden und Besatzungskosten
C Rep. 110	Magistrat von Berlin, Abteilung Bauwesen – Bezirksbauamt
C Rep. 131	Rat des Stadtbezirks Mitte
C Rep. 135	Rat des Stadtbezirks Friedrichshain
C Rep. 147	Rat des Stadtbezirks Lichtenberg
C Rep. 148-02	Rat des Stadtbezirks Weißensee
C Rep. 303-09	Der Polizeipräsident in Berlin
C Rep. 902	Bezirksleitung Berlin der SED

Bundesarchiv Berlin

R 2	Reichsfinanzministerium
R 23.01	Rechnungshof des Deutschen Reiches
R 26	Der Beauftragte für den Vierjahresplan
R 3	Reichsministerium für Rüstung und Kriegsproduktion (bis September 1943: Reichsministerium für Bewaffnung und Munition)
R 3/ Anh.	Abwicklungsstelle Geschäftsbereich Speer
R 43	Reichskanzlei
R 46.06 (alt R 120)	Generalbauinspektor für die Reichshauptstadt
R 47.01 (alt R 48)	Reichspostministerium
R 50 I	Organisation Todt
R 50 II	Transporteinheiten Todt, Speer
R 58	Reichssicherheitshauptamt
RKK	Personalakten der Reichskulturkammer (aus dem Berlin Document Centre)
SA	Sonderakten (aus dem Berlin Document Centre)
Speer A–Z	Personalbestand Geschäftsbereich Speer (aus dem Berlin Document Centre)

Bundesarchiv Koblenz

NL 1318	Nachlaß Rudolf Wolters
NL 1340	Nachlaß Albert Speer

Bundesarchiv Militärarchiv Freiburg

RL 1	Reichsluftfahrtministerium
RL 2	Generalstab der Luftwaffe
RL 4	Ausbildungsstellen des Reichsluftfahrtsministeriums
RW 4	Oberkommando der Wehrmacht, Führungsstab

Public Records Office, London (PRO)

AIR	Air Ministry, Royal Air Force and related bodies
DEFE	Defense Ministry
FO 371	Foreign Office. Political Department: Germany
FO 1005	Foreign Office. Allied Control Authority, Bi- and Tri-partite Organisations: Military Division
FO 1012	Foreign Office. Commission for Germany, Berlin
FO 1032	Foreign Office. Planning Staffs Military Sections and Headquarters Secretary
FO 1062	Foreign Office. Branches, Directorates and Services: Disarmament Branch. Military Government: Instruction
WO	War Office, Armed Forces, Judge Advocate. General and related bodies

Imperial War Museum, London (IWM)

German Misc. 10 – Item 20	Reichskanzlei: Kostenabrechnung Bunkerbau Voßstraße
P 474	Tagebuch des Max Bock (1895–1969), jüdischer Bankangestellter aus Berlin-Charlottenburg

Gedenkstätte Yad Vashem, Jerusalem

03/1599	Interview mit Peter Chaim Münzberg, Pressefotograph, der als Kind den Krieg in einem Luftschutzbunker in Berlin überlebte.
03/3096	Zeugenaussage von Charlotte Holzer, Berlin, die im Gefängnis-Luftschutzkeller in der Großen Hamburger Straße den Krieg überlebte.
Privatbesitz	Vallentin, Gabriele: Die Einnahme von Berlin durch die Rote Armee vor zehn Jahren, wie ich sie selbst erlebt habe. [Geschrieben im Jahre 1955 in Israel]

Sonderarchiv Moskau (SM)

Fond 1409	Generalbauinspektor für die Reichshauptstadt

Politisches Archiv des Auswärtigen Amtes, Berlin

R 27650	Handakten Luther: Vortragsnotizen (1941–1943)
R 29833/ MF 1552–1556	Bestand Staatssekretär von Weizsäcker: Aufzeichnungen über Diplomatenbesuche. Buchstaben M–Z
R 128194	Abteilung 1, Hauptgruppe 13: Dienstgebäude Wilhelmstraße 74–76 (1937–1944)
R 128198	Abteilung 1 [Dienstgebäude 78]: Amtswohnung des Reichsaußenministers, Wilhelmstraße 73

Literaturverzeichnis

Ausgewertete Zeitungen und Zeitschriften:
Der Abend, Baulicher Luftschutz, Berliner Abendblatt, Berliner Anzeiger (diverse Bezirksausgaben), Berliner Morgenpost, Berliner Verkehrsblätter, Berliner Zeitung, BZ, Frankfurter Allgemeine Zeitung, Frankfurter Rundschau, Die Gasmaske, Der Gasschutz, Gasschutz und Luftschutz, Der Gesundbrunner, Jahrbuch des Märkischen Museums, Kurier, Luftschutz durch Bauen, Luftschutz durch Stahl, Mietermagazin, Der Morgen, Nacht-Depesche, Nachtexpress, Nationalzeitung, Neue Zeit, Die Neue Zeitung, Neues Deutschland, Der Nord-Berliner, Planen und Bauen, Prinz, Die Sirene, Der Sozialdemokrat, Der Spiegel, Spandauer Volksblatt, Der Steglitzer, Süddeutsche Zeitung, Der Tag, Tagesspiegel, Tageszeitung, Tägliche Rundschau, Telegraf, Telegraf am Abend, TIP, Tribüne, Die Welt, Volksblatt Berlin, Wehrwissenschaftliche Rundschau, Die Zeit, Zentralblatt der Bauverwaltung, Zitty, Ziviler Luftschutz und baulicher Luftschutz, Zivilschutz.

Verwendete Literatur

3. Februar 1945 – Die Zerstörung Kreuzbergs aus der Luft. Hrsg. vom Kunstamt Kreuzberg/Kreuzberg-Museum. Berlin 1995

1945 – Nun hat der Krieg ein Ende. Erinnerungen aus Hohenschönhausen. Hrsg. vom Bezirksamt Hohenschönhausen. Berlin 1995

Abraham, Heike: Der Friedrichshain. Die Geschichte eines Berliner Parks von 1840 bis zur Gegenwart. Berlin 1988

Alles Neu. 50 Jahre Kriegsende in Steglitz. Hrsg. vom Kunstamt Steglitz. Berlin 1995

Als die Tage zu Nächten wurden. Berliner Schicksale im Bombenkrieg. Hrsg. von Sven Felix Kellerhoff und Wieland Giebel. Berlin 2003

Altner, Helmut: Totentanz Berlin. Tagebuchblätter eines Achtzehnjährigen. Offenbach 1947

Andresen-Friedrich, Ruth: Der Schattenmann. Tagebuchaufzeichnungen 1938–1948. Frankfurt am Main 2000

Dies.: Schauplatz Berlin. Tagebuchaufzeichnungen 1945–1948. Frankfurt am Main 1985

Angerer, Henning: Flakbunker – Betonierte Geschichte. Hamburg 2000

Arbeit für den Feind. Zwangsarbeiter-Alltag in Berlin und Brandenburg 1939–1945. Hrsg. von Leonore Scholze-Irrlitz und Karoline Noack. Berlin 1998

Arnold, Angela M.: Bruchstücke – Trümmerbahn und Trümmerfrauen. Berlin 1999

Arnold, Dietmar/Arnold, Ingmar/Salm, Frieder: Dunkle Welten – Bunker, Tunnel und Gewölbe unter Berlin. (6. Aufl. Berlin 2001)

Bahr, Willy: Luftschutz und Schule. Langensalza, Berlin, Leipzig 1935 (2. Aufl.)

Berlin 1945. Eine Dokumentation. Hrsg. von Reinhard Rürup. Berlin 1995

Berlin – Chronik der Jahre 1955–1956. Hrsg. vom Senat von Berlin. Berlin 1971

Berlin – Kampf um Freiheit und Selbstverwaltung 1945–1946. Hrsg. vom Senat von Berlin. Berlin 1957

Berlin im Zweiten Weltkrieg. Der Untergang der Reichshauptstadt in Augenzeugenberichten. Hrsg. von Hans Dieter Schäfer. München, Zürich 1991 (2. Aufl.)

Berlin und seine Bauten. Teil X Bd. B: Anlagen und Bauten für den Verkehr: Fernverkehr. Berlin 1984

Bleib übrig – eine Dokumentation. Hrsg. vom Arbeitskreis Geschichte Wilmersdorf. Berlin 1999

Boelcke, Willi A.: Wollt Ihr den totalen Krieg? Die geheimen Goebbels-Konferenzen 1939 bis 1943. München 1969

Boldt, Gerhard: Hitler, die letzten zehn Tage. Frankfurt am Main 1973

Ders.: Die letzten Tage der Reichskanzlei. Reinbek bei Hamburg 1964

Borkowski, Dieter: Wer weiß, ob wir uns wiedersehen. Erinnerungen an eine Berliner Jugend. Berlin 1990

Brandenstein, Kurt: Löschkommando Alex. Ein Tatsachenbericht. Berlin 1951

Bräutigam, Helmut: Arbeiterstadt »Große Halle«. Berlin 1997

Broeger, Karl: Bunker 17. Geschichte einer Kameradschaft. Jena 1929

Ders.: Pillbox 17. The story of a comradeship-in-arms. With an autobiographical foreword specially written for the English edition. Translated by Oakley Williams. London 1930

Conradt, Sylvia/Heckmann-Janz, Kirsten: Reichstrümmerstadt. Leben in Berlin 1945–1961. In Berichten und Bildern erzählt. Darmstadt 1987

Cooper, Alan W.: Bombers over Berlin. The RAF Offensive November 1943–March 1944. London 1985

Das letzte halbe Jahr. Stimmungsberichte der Wehrmachtspropaganda 1944–1945. Hrsg. von Wolfram Wette, Ricarda Bremer und Detlef Vogel. Berlin 2002

David, Paul: Am Königsplatz. Die letzten Tage der Schweizerischen Gesandtschaft in Berlin. Zürich 1948

Decknamenverzeichnis Deutscher unterirdischer Bauten des Zweiten Weltkriegs. Hrsg. von Hans Walter Wickert. Marsberg 1993

Demps, Laurenz: Berlin-Wilhelmstraße. Eine Topographie preußisch-deutscher Macht. Berlin 1996

Ders./Schultz, Eberhard/Wettig, Klaus: Bundesfinanzministerium – Ein belasteter Ort? (Straßen, Plätze und Bauten Berlins). Berlin 2002

Ders./Hölzer, Reinhard: Zwangsarbeiter und Zwangsarbeiterlager in der faschistischen Reichshauptstadt Berlin 1939–1945. Berlin 1986

Denckler, Ernst: Deutschland!! Schläfst Du?? Luftgefahr droht! [...] Eine Aufklärungsschrift für alle! Berlin 1931

Deutschlands Rüstung im Zweiten Weltkrieg. Hitlers Konferenzen mit Albert Speer 1942–1945. Hrsg. von Willi A. Boelcke. Frankfurt am Main 1969

Die letzten dreißig Tage. Das Kriegstagebuch des OKW April bis Mai 1945. Hrsg. von Joachim Schultz-Naumann. Frankfurt am Main u. a. 1995

Diem, Liselott: Fliehen oder bleiben? Dramatisches Kriegsende in Berlin. Freiburg/Breisgau 1982

Douhet, Giulio: Luftherrschaft. (Deutsche Ausgabe). Berlin 1935

Durth, Werner: Deutsche Architekten. Biographische Verflechtungen. Braunschweig 1988

Dienstblatt des Magistrats von Berlin. Teil 14: Luftschutz. Berlin 1943–1944

Ein Ende mit Schrecken – Berlin-Karlshorst im Frühjahr 1945. Hrsg. von Manfred Sukrow. Bräuningshof 2000.

Erinnerungsorte aus Beton – Bunker in Städten und Landschaften. Hrsg. von Silke Wenk. Berlin 2001

Faschistische Architekturen. Planen und Bauen in Europa 1930–1945. Hrsg. von Hartmut Frank. Hamburg 1985

Fest, Joachim: Hitler. Eine Biographie. Frankfurt am Main, Berlin, Wien 1973

Ders.: Speer. Eine Biographie. Berlin 1999

Ders.: Der Untergang. Hitler und das Ende des Dritten Reiches. Berlin 2002

Findahl, Theo: Letzter Akt Berlin. 1939–1945. Hamburg 1946

Fischer, Bernd/Knott, Anja/Seewald, Enrico: Zwischen Wilhelmstraße und Bellevue. 500 Jahre Diplomatie in Berlin. Berlin 1998

Foedrowitz, Michael: Bunkerwelten – Luftschutzanlagen in Norddeutschland. Berlin 1998
Ders.: Die Flaktürme in Berlin, Hamburg und Wien 1940–1950. Wölfersheim-Berstadt 1996
Ders.: Das Führer-Sofortprogramm vom 10. September 1940 – das größte Bauprojekt der Menschheitsgeschichte. Unveröffentlichtes Manuskript, Hannover 2000
Frank, Hartmut: Luftschutztürme und ihre Bauarten 1934 bis heute. Wölfersheim-Berstadt 1998
Friedrich, Jörg: Der Brand – Deutschland im Bombenkrieg 1940–1945. München 2002 (3. Aufl.)
Frommhold, Hans: Luftschutzraum-Bauweisen. Berlin-Charlottenburg 1939
Fuchs, Theo: Psychologische Störungen nach Bombenangriffen. Erlangen, Medizinische Fakultät. Dissertation 1947

Gamm, Hans-Joachim: Der Flüsterwitz im Dritten Reich. Mündliche Dokumente zur Lage der Deutschen während des Nationalsozialismus. München 1990
Geboren im Flakturm Humboldthain. (Publikationsreihe zur Ausstellung »Bunkerberg«, 4). Hrsg. vom Heimatmuseum Wedding. Berlin 1995
Geist, Johann Friedrich/Kürvers, Klaus: Das Berliner Mietshaus. Bd. 3: 1945–1989. München 1989
Geschichtslandschaft Berlin. Tiergarten. Hrsg. von der Historischen Kommission zu Berlin. Berlin 1989
Girbig, Werner: Im Anflug auf die Reichshauptstadt. Stuttgart 1973 (Neuauflage 2001)
Glück, Alexander/La Speranza, Marcello/Ryborz, Peter: Unter Wien. Berlin 2001
Goebbels, Joseph: Die Tagebücher. Hrsg. von Elke Fröhlich. München 1993
Graeff, Siegfried: Tod im Luftschutz. Ergebnisse pathologisch-anatomischer Untersuchungen anläßlich der Angriffe auf Hamburg in den Jahren 1943–1945. Hamburg 1948
Gregg, John: The shelter of the tubes. Tube sheltering in wartime London. Harrow Weald 2001
Grimme, Hugo: Der Reichsluftschutzbund. Aufgaben, Organisation, Tätigkeit. (Schriften der Deutschen Hochschule für Politik). Berlin 1937 (2. Aufl.)
Groehler, Olaf: Bombenkrieg gegen Deutschland. Berlin 1990
Ders.: Geschichte des Luftkriegs. Berlin 1981

Hampe, Erich: Als alles in Scherben fiel. Erinnerungen [...] Osnabrück 1979
Ders.: Der Mensch und die Luftgefahr. Ein Führer durch Luftgefahr und Luftschutz. Berlin-Lichterfelde 1939 (3. Aufl.)
Ders./Knipfer, Kurt: Der zivile Luftschutz. Ein Sammelwerk über alle Fragen des Luftschutzes. Berlin 1937 (2. Aufl.)
Ders.: Der Zivile Luftschutz im Zweiten Weltkrieg. Frankfurt am Main 1963
Handrich, Jürgen/Kittelmann, Gerd/Prévot, Brigitte: Stadtplätze im Wedding – eine Dokumentation ihrer Entstehung und Bedeutung. Berlin 1991
Hanauske, Dieter: Bauen, bauen, bauen ...! Die Wohnungspolitik in Berlin (West) 1945–1961. (Schriftenreihe der Historischen Kommission zu Berlin). Berlin 1995
Herde, Alexander: Der Luftschutzbunker im Wohngebiet. Seine Grundrißgestaltung und städtebauliche Einordnung. Berlin, Technische Hochschule. Dissertation 1941
Hieber, Jennifer: Die Neue Reichskanzlei von Albert Speer. Berlin, Technische Universität. Magisterarbeit 1991

»Ich fürchte die Menschen mehr als die Bomben.« Aus den Tagebüchern von drei Berliner Frauen 1938–1946. Hrsg. von Angela Martin. Berlin 1996
»Ich schlug meiner Mutter die brennenden Funken ab« – Berliner Schulaufsätze aus dem Jahre 1946. Bearbeitet von Annett Gröschner. Berlin 1996
Irving, David: Göring. München 1987
Ders.: Die Tragödie der Deutschen Luftwaffe. Aus den Akten und Erinnerungen von Feldmarschall Erhard Milch. Frankfurt am Main, Berlin 1990

Janssen, Gregor: Das Ministerium Speer. Deutschlands Rüstung im Krieg. Berlin, Frankfurt am Main, Wien 1968
Joachimsthaler, Anton: Hitlers Ende. Legenden und Dokumente. München, Berlin 1995
Jogschies, Rainer: Wo, bitte, geht's zu meinem Bunker? Von einem, der auszog, sich vor dem Atomtod zu schützen. Frankfurt/Berlin 1988

Kardorff, Ursula: Berliner Aufzeichnungen. München 1962
Kellerhoff, Sven Felix: Mythos Führerbunker. Berlin 2003
Knef, Hildegard. Der geschenkte Gaul. Wien, München, Zürich 1970
Kronika, Jacob: Der Untergang Berlins. Übersetzt von Margreth Bossen. Flensburg, Hamburg 1946
Kuder, Ulrich: Architektur und Ingenieurswesen zur Zeit der nationalsozialistischen Gewaltherrschaft 1933–1945. Berlin 1997
Kunowsky, Klaus: »Christbäume« über Berlin. Erinnerungen an dramatische Bombennächte. Berlin 1999

Ladd, Brian: The Ghosts of Berlin. Confronting German History in the Urban Landscape. Chicago, London 1997
Lange, Eitel: Der Reichsmarschall im Kriege. Ein Bericht in Wort und Bild. Stuttgart 1950.
Lange, Horst: Tagebücher aus dem Zweiten Weltkrieg. Berlin 1979
Ledig, Gert: Vergeltung. Frankfurt am Main 1999
Liehr, Günther/Faÿ, Olivier: Der Untergrund von Paris – Ort der Schmuggler, Revolutionäre, Kataphilen. Berlin 2000
Ludwig, Karl-Heinz: Technik und Ingenieure im Dritten Reich. Düsseldorf 1979
Luftfahrt, Luftschutz und ihre Behandlung im Unterricht. Ein Handbuch für Lehrende. Hrsg. von Karl Metzner. Leipzig 1937 (2. Aufl.)
Luftschutz-Unterricht an Schulen. Wien 1936

Mabire, Jean: Berlin im Todeskampf 1945. Französische Freiwillige der Waffen-SS als letzte Verteidiger der Reichskanzlei. Coburg 1995
Menzel, Matthias: Die Stadt ohne Tod. Berliner Tagebuch 1943/45. Berlin 1946
Meschenmoser, Alfred: Luftschutz im Dritten Reich. Eine philatelistisch-zeitgeschichtliche Darstellung. (Studien zur Geschichte der Philatelie und Postgeschichte, 12). Schwalmtal 2000
Messenger, Charles: »Bomber Harris« and the Strategic Bombing Offensive 1939–1945. London 1984
Michel, Kurt: Das Bioklima in Bunker- und Kellerräumen und sein Einfluß auf Kranke. München, Medizinische Fakultät. Dissertation 1947
Middlebrook, Martin: The Battle of Hamburg: The Firestorm Raid. London 2001
Ders.: The Berlin Raids RAF Bomber Command Winter 1943–1944. London 1990
Miller Lane, Barbara: Architektur und Politik in Deutschland 1918–1945. Braunschweig 1986
Mühlen, Bengt von zur: Der Todeskampf der Reichshauptstadt. Berlin 1994
Müller, Werner: Die schwere Flak. Wölfersheim-Berstadt 1984

Niederländer und Flamen in Berlin 1940–1945. KZ-Häftlinge, Inhaftierte, Kriegsgefangene und Zwangsarbeiter. Redaktion: Jan Fernhout. Hrsg. von der Stichting Holländerei. Berlin 1996

O'Donnell, James P.: The Berlin Bunker. London u.a. 1979
Ohlinger, Ernst/Lehmann, Otto: Bomben auf Kohlenstadt. Ein Roman, der Wirklichkeit sein könnte. Oldenburg, Berlin 1935

Panse, Friedrich: Angst und Schreck in klinisch-psychologischer und sozialmedizinischer Sicht. Dargestellt an Hand von Erlebnisberichten aus dem Luftkrieg. (Arbeit und Gesundheit, N. F. 47). Stuttgart 1952
Pennick, Nigel: Bunkers Under London. London 1988
Pforr, Karl A.: Der deutsche Luftschutz vor und während des II. Weltkrieges. 1957

Ramm, Gerald: Gott mit uns. Kriegserlebnisse aus Brandenburg und Berlin. Woltersdorf/Schleuse 2001
Raven, Günter Arnold: Das Wohnen in Bunkern unter besonderer Berücksichtigung der Verhältnisse in Hamburg. Hamburg, Medizinische Fakultät. Dissertation 1949
Reichhardt, Hans J./Schäche, Wolfgang: Von Berlin nach Germania. Über die Zerstörung der Reichshauptstadt durch Albert Speers Neugestaltungsplan. Berlin 1990 (Neuauflage 2001)
Rosen, Rose: Live and die as Eva Braun. Hitler's mistress, in the Berlin bunker and beyond. An illustrated proposal for a virtual-reality scenario. Jerusalem 1997
Roskoten, Richard: Ziviler Luftschutz. Ein Buch für das deutsche Volk. Düsseldorf 1932
Rumpf, Hans: Das war der Bombenkrieg. Deutsche Städte im Feuersturm. Ein Dokumentarbericht. Oldenburg, Hamburg 1961
Ders.: Der hochrote Hahn. Darmstadt 1952
Ryan, Cornelius: Der letzte Kampf. München, Zürich 1966

Sakkers, Hans: Flaktürme. Berlin–Hamburg–Wien. In Zusammenarbeit mit Elmar Widmann. Nieuw-Weeredinge 1998
Schäche, Wolfgang: Architektur und Städtebau in Berlin zwischen 1933 und 1945. Planen und Bauen unter der Ägide der Stadtverwaltung. Berlin 1992 (2. Aufl.)
Ders.: Das Gebäude der ehemaligen italienischen Botschaft in Berlin-Tiergarten. Berlin 1984
Ders.: Das Gebäude der ehemaligen japanischen Botschaft in Berlin-Tiergarten. Berlin 1984
Schirmacher, Hans: Die Einwirkung des Aufenthaltes im Bunker auf den Blutstatus von Patienten und Schwestern. Hamburg, Medizinische Fakultät. Dissertation 1946
Schmal, Helga/Selke, Torsten: Bunker – Luftschutz und Luftschutzbau in Hamburg. Hamburg 2001
Schmidt, Matthias: Albert Speer. Das Ende eines Mythos. Speers wahre Rolle im Dritten Reich. München 1982
Schminck-Gustavus, Christoph Ulrich: Hungern für Hitler. Erinnerungen polnischer Zwangsarbeiter im Deutschen Reich 1940–1945. Reinbek bei Hamburg 1984
Schönberger, Angela: Die neue Reichskanzlei von Albert Speer. Zum Zusammenhang von nationalsozialistischer Ideologie und Architektur. Berlin 1981
Sebald, Winfried Georg: Luftkrieg und Literatur. München 1999
»Sehr selten habe ich geweint.« Briefe und Tagebücher aus dem Zweiten Weltkrieg von Menschen aus Berlin. Hrsg. von Ingrid Hammer. Zürich 1992
Sereny, Gitta: Das Ringen mit der Wahrheit. Albert Speer und das deutsche Trauma. München 1995
Speer, Albert: Erinnerungen. Frankfurt am Main 1970 (Neuauflage 1996)
Ders.: Der Sklavenstaat. Meine Auseinandersetzung mit der SS. Stuttgart 1981
Ders.: Spandauer Tagebücher. Berlin 1975 (4. Aufl.)
Städtisches Krankenhaus Moabit 1872–1972. Festschrift zum 100jährigen Bestehen. Berlin 1972
The strategic air war against Germany 1939–1945. Report of the British Bombing Survey Unit. London 1998
Studnitz, Hans-Georg von: Als Berlin brannte. Tagebuch der Jahre 1943–1945. Bergisch-Gladbach 1985
Süßmilch, Waltraud: Keine Zeit für Puppen. Frankfurt am Main 2001

Teut, Anna: Architektur im Dritten Reich. 1933–1945. Frankfurt am Main 1967
Thomas, Alexander [Pseud.]: Deutschland – Freiwild? Der Luftschutzroman von Bomben, Geld und Liebe. Berlin 1933
Thomas, Hugh: Doppelgaengers. The truth about the bodies in the Berlin Bunker. London 1995

Van der Vat, Dan: The good Nazi. The Life and Lies of Albert Speer. London 1997
Venghaus, Wolfgang: Berlin 1945. Die Zeit vom 16. April bis 2. Mai. Eine Dokumentation in Berichten, Bildern und Bemerkungen. Netphen o. J. (2. Aufl.)
Verrier, Anthony.: Bomberoffensive gegen Deutschland 1939–1945. Frankfurt am Main 1970
Der Vertrag von Versailles. Mit Beiträgen von Sebastian Haffner, Gregory Bateson, J. M. Keynes, Harold Nicolson, Arnold Brecht, W. I. Lenin u. a. München 1978
Virillio, Paul: Bunker-Archäologie. München, Wien 1992

Warner, Konrad. Schicksalswende Europas? Ich sprach mit dem deutschen Volk ... Ein Tatsachenbericht. Rheinfelden 1944
Wermusch, Günter: Tatumstände unbekannt – Kunstraub unter den Augen der Alliierten. Braunschweig 1991
Wie Silberfische flimmerten Bomber am Himmel – Erinnerungen an das Inferno des Krieges in Berlin-Lichtenberg. Hrsg. vom Heimatmuseum Lichtenberg. (Edition Berliner Unterwelten 1). Berlin 2003
Willems, Susanne: Der entsiedelte Jude. Albert Speers Wohnungsmarktpolitik für den Berliner Hauptstadtbau. Berlin 2000
»Wir bauen des Reiches Sicherheit«. Mythos und Realität des Westwalls 1938–1945. Hrsg. von der Neuen Gesellschaft für Bildende Kunst e.V., Berlin 1992
Wolters, Rudolf: Stadtmitte Berlin. Tübingen 1978

Zeitsplitter – Steglitz im »Dritten Reich«. Hrsg. vom Kunstamt Steglitz. Berlin 1999
Zentner, Christian/Bedürftig, Friedemann: Das große Lexikon des Dritten Reiches. Augsburg 1993
Ziegler, Philip: London at War 1939–1945. London 1995
Zilbert, Edward Rudolph: Albert Speer and the Nazi Ministry of Arms. Economic institutions and industrial production in the German war economy. Rutherford, N. J., 1981

Bunkerverzeichnis

Die nachfolgende Liste mit den einzelnen Bunkerstandorten umfaßt nur die in diesem Buch erwähnten Bunkeranlagen. Es ist also keine vollständige Liste sämtlicher einstmals vorhandenen oder immer noch existierenden Luftschutzanlagen in Berlin. Einige Bunker, insbesondere diejenigen für die Nazi-Prominenz, werden nicht mit der vollen Adresse angegeben, um die dort heute lebenden Anwohner vor zu viel unerbetener Neugier zu schützen. Ebenfalls werden keine Hinweise darauf gegeben, ob die betreffenden Anlagen noch existieren oder nicht. Die Kapitelangaben beziehen sich auf die drei Hauptkapitel (römisch) mit ihren jeweils drei Unterkapiteln (arabisch), wobei die Einleitung mit 0 angegeben wurde. Es sind nur die im Text behandelten Bunker aufgenommen worden.

Bunker	**Ortsteil**	**Kategorie und Funktion**	**Typus/Bauart**	**Kapitel**
Achardstraße (heute Strehlener Straße)	Kaulsdorf	Standardbunker	Flachbunker	III-1
Alexanderplatz	Mitte	Sonderbunker, Reichsbahn-Bunker	Tiefbunker	II-1
Am Fichtenberg	Steglitz	Fichte-Stollen	Luftschutzstollen	II-1
Am Heckeshorn	Zehlendorf	Sonderbunker, Reichsluftschutzschule, Befehlsstelle »Luftflotte Reich«	Hochbunker	II-1, III-3
Arkenberge	Blankenfelde	Standardbunker	Flachbunker	III-3
Arkonaplatz	Mitte	Standardbunker	Flachbunker	II-1, III-1, III-3
Bellevuestraße	Tiergarten	Sonderbunker, Esplanade-Bunker	Tiefbunker (nicht gebaut)	II-1
Bendlerstraße 8–10 und 11–13	Tiergarten	Sonderbunker, Bendler-Bunker, Oberkommando der Wehrmacht	Hochbunker	III-1, III-2
Benschallee	Nikolassee	Standardbunker	Flachbunker	III-1
Berliner Straße	Tegel	Standardbunker, Werkluftschutz	Tiefbunker	II-2
Blankenfelde	Pankow	Standardbunker	Flachbunker	III-3
Bogensee	Lanke bei Berlin	Sonderbunker, Joseph Goebbels	Tiefbunker	III-3
Borsigwerke	Tegel	Standardbunker, Werkluftschutz	Tiefbunker	I-2, II-1
Boschweg	Neukölln	Standardbunker	Flachbunker	I-2
Brahmsstraße 30	Lichterfelde	Standardbunker	Flachbunker	III-2
Brauerstraße	Lichterfelde	Standardbunker	Flachbunker	III-3
Breitenbachstraße 33–36	Borsigwalde	Sonderbunker, Alkett II	Hochbunker	II-1
Brunnenstraße	Wedding	Standardbunker Mutter und Kind	Flachbunker	III-2, III-3
Brunnenstraße	Wedding	Standardbunker	Flachbunker	0-2, II-1
Brunnenstraße 108 a	Wedding	Sonderbunker, Gesundbrunnen-Bunker	U-Bahntunnel	0-2, III-1, III-2
Cantianstraße/Ludwigstraße (Topsstraße)	Prenzlauer Berg	Luftschutz-Grabenbunker	Luftschutzstollen	II-2
Carinhall	Schorfheide	Sonderbunker, Hermann Göring	Tiefbunker	I-1, I-3
Charlottenburg	Charlottenburg	Sonderbunker, Hjalmar Schacht	Hochbunker	
Charlottenburger Chaussee	Tiergarten	Sonderbunker, Achsenkreuz	Tiefbunker	I-1
Chausseestraße 27–28	Mitte	Sonderbunker, NSV-Bunker	Tiefbunker	II-1, III-2
Chausseestraße 30–31	Mitte	Sonderbunker, NSV-Bunker	Tiefbunker	I-2, III-2
Claszeile	Zehlendorf	Standardbunker, Sanitätsbunker	Flachbunker	III-1
Dahlem	Dahlem	Sonderbunker, Heinrich Himmler	Tiefbunker	II-1
Daimlerstraße 122	Mariendorf	Sonderbunker, Fritz Werner AG	Hochbunker	II-1
Dernburgstraße	Charlottenburg	Sonderbunker, Deutsche-Post-Führungsstelle	Hochbunker	III-2
Dessauer Straße	Lankwitz	Standardbunker	Flachbunker	III-2
Deutsche Versuchsanstalt für Luftfahrt	Adlershof	Sonderbunker	Luftschutzturm	I-1
Dorfstraße (heute Alt-Tempelhof)	Tempelhof	Standardbunker	Tiefbunker	I-2
Dregerhoffstraße	Köpenick	Standardbunker	Hochbunker	I-2

Bunker	Ortsteil	Kategorie und Funktion	Typus/Bauart	Kapitel
Dreilindenstraße	Zehlendorf	Sonderbunker, Befehlsbunker	Hochbunker	III-2
Drei-Zinnen-Weg	Lichterfelde	Standardbunker	Flachbunker	II-1
Dresdener Straße	Kreuzberg	Sonderbunker	U-Bahntunnel	I-2
Diedersdorfer Weg	Marienfelde	Standardbunker	Flachbunker	I-2, III-2
Eichhorster Weg	Wittenau	Standardbunker	Flachbunker	III-1
Eiswaldtstraße	Lankwitz	Standardbunker, Hotelbunker	Hochbunker	III-1, III-3
Elchdamm	Heiligensee	Standardbunker	Flachbunker	III-2
Elsgrabenweg	Spandau	Standardbunker	Flachbunker	I-2
Elsterplatz	Wilmersdorf	Sonderbunker	Hochbunker	III-2
Ernststraße	Borsigwalde	Standardbunker	Flachbunker	III-3
Falkenhagener Chaussee	Spandau	Standardbunker	Hochbunker	I-2
Fasanenstraße	Charlottenburg	Sonderbunker, »Synagogen-Bunker«	Hochbunker (nicht gebaut)	I-2
Fehrbelliner Platz 4	Wilmersdorf	Sonderbunker (heute Regierungsbunker)	Tiefbunker	III-3
Ferdinandstraße	Lichterfelde-Ost	unklar	Tiefbunker	III-1
Fichtestraße	Kreuzberg	Sonderbunker, Gasometerbunker, Fichte-Bunker	Hochbunker	I-2, II-3, III-1, III-3
Fischerhüttenweg	Zehlendorf		Luftschutzstollen	III-1
Flottenstraße/ Kopenhagener Straße	Wilhelmsruh	Sonderbunker, Argus Motorenwerke	Hochbunker	III-1
Flughafenstraße	Neukölln		Luftschutzstollen	II-2
Friedlander Straße	Adlershof	Standardbunker	Hochbunker	II-3, III-1
Friedrich-Karl-Platz (heute Klausenerplatz)	Charlottenburg	Standardbunker	Flachbunker	III-1
Friedrich-Karl-Straße	Tempelhof	Standardbunker, Gefängnisbunker	Hochbunker	III-1, III-3
Friedrichshain, Volkspark	Friedrichshain	Batterieturm, Gefechtsturm, auch Geschützturm	Flakturm	0-1, I-3, III-2, III-3
Friedrichshain, Volkspark	Friedrichshain	Leitturm, Kommandoturm	Flakturm	I-3, II-3, III-2
Friesenstraße	Kreuzberg	Sonderbunker, Reichsanstalt der Luftwaffe für Luftschutz	Hochbunker	II-1, II-2
Fruchtstraße (heute Straße der Pariser Kommune)	Friedrichshain	Standardbunker, Reichsbahn-Bunker (Schlesischer Bahnhof)	Hochbunker	I-2, II-1, III-1, III-2
Fürstenbergallee	Karlshorst	Standardbunker	Flachbunker	II-1
Fürstenwalder Allee	Rahnsdorf	Standardbunker, Flüchtlingslager	Hochbunker	II-1, III-1
Gatower Straße	Spandau	Standardbunker	Flachbunker	I-2
Genslerstraße	Lichtenberg	Standardbunker	Hochbunker	II-2
Glienicker Straße	Bohnsdorf	Standardbunker	Flachbunker	III-1
Goerzallee 119	Lichterfelde	Standardbunker	Flachbunker	III-3
Goethestraße/Ostseestraße	Weißensee	Standardbunker, Werkluftschutz	Flachbunker	II-1, III-3
Gotlindestraße/Siegfriedstraße	Lichtenberg	Standardbunker	Flachbunker	II-1
Graf-Spee-Straße 1–3 (heute Hiroshimastraße)	Tiergarten	Sonderbunker, Missionsbunker Italien	Tiefbunker	I-2
Gravelottestraße	Steglitz	Standardbunker	Flachbunker	II-3
Großbeerenstraße	Mariendorf	Sonderbunker, Werkluftschutz Stock AG	Hochbunker	II-1
Groß-Glienicke	Groß-Glienicke	Sonderbunker, Olga Tschechowa	Tiefbunker (nicht gebaut)	I-2
Grünauer Straße	Schöneweide	Standardbunker am S-Bahnhof	Hochbunker	I-2, II-1, III-3
Grunewaldstraße	Spandau	Standardbunker	Flachbunker	III-2
Haakonweg	Malchow	Standardbunker	Flachbunker	III-1
Hallesches Ufer 74–76	Schöneberg	Sonderbunker, Nachrichtenbunker, BASA-Bunker	Flachbunker	III-2
Händelallee	Tiergarten	Sonderbunker, Missionsbunker Hanseatische Gesandtschaft	Hochbunker	III-2

Bunker	Ortsteil	Kategorie und Funktion	Typus/Bauart	Kapitel
Hasenheide	Tempelhof	Leit- und Gefechtsturm	Flakturm (nicht gebaut)	I-3
Hegemeisterweg	Rahnsdorf	Standardbunker	Flachbunker	III-1
Heiliggeistfeld	Hamburg	Flakturm	Flakturm	0-1, I-3
Heinersdorfer Straße	Blankenburg	Standardbunker	Flachbunker	I-2
Helfferichstraße 7/ Bernadottestraße	Wilmersdorf	Sonderbunker, Martin Bormann	Tiefbunker	III-3
Hermann-Göring-Straße 16 (heute Ebertstraße)	Mitte	Sonderbunker, Fahrer-Bunker	Tiefbunker	III-3
Hermann-Göring-Straße 20	Mitte	Sonderbunker, Goebbels-Bunker	Tiefbunker	0-2, III-2
Hermannplatz	Neukölln	Sonderbunker	U-Bahntunnel	I-2, II-1
Herzbergstraße 128–129	Lichtenberg	Sonderbunker, Werkluftschutz	Hochbunker	III-3
Hirseländer Weg	Müggelheim	Standardbunker	Flachbunker	III-1
Hildebrandtstraße 16	Tiergarten	Sonderbunker, Missionsbunker Württembergische Gesandtschaft	Flachbunker (nicht gebaut)	III-2
Hitzigallee 3	Tiergarten	Sonderbunker, Missionsbunker Argentinien	Hochbunker	II-1
Hohenzollerndamm 120	Wilmersdorf	Sonderbunker, Fluko-Bunker	Tiefbunker	
Hohenzollerndamm 144/ Lochowdamm 15	Wilmersdorf	Sonderbunker, WKK III	Tiefbunker	III-2
Holsteiner Ufer	Tiergarten	Standardbunker	Flachbunker	III-2
Humboldthain	Wedding	Batterieturm, Gefechtsturm, auch Geschützturm, auch Trümmerberg	Flakturm	0-1, I-3, II-1, III-1, III-2, III-3
Humboldthain	Wedding	Leitturm, Kommandoturm	Flakturm	I-3, II-1, II-3, III-2
Invalidenstraße 86	Mitte	Sonderbunker, Kreißbunker	Tiefbunker	II-1
Jagen 37	Schmöckwitz	Standardbunker	Flachbunker	III-1
Kaiserallee 184–185 (heute Bundesallee)	Wilmersdorf	Sonderbunker, Missionsbunker Bulgarien	Hochbunker	II-1
Karlshof	Plötzensee	Sonderbunker, Plankammer	Hochbunker	I-3
Karlstraße (heute Reinhardtstraße)/Albrechtstraße	Mitte	Standardbunker, Reichsbahn-Bunker (Bahnhof Friedrichstraße)	Hochbunker	I-2, II-1, II-1, II-3
Kastanienallee	Mahlsdorf	Standardbunker	Flachbunker	III-2
Kastanienallee	Wilhelmsruh	Standardbunker	Flachbunker	III-3
Kieler Straße	Mahlsdorf	Standardbunker	Hochbunker	I-2, II-1
Kielganstraße 6	Schöneberg	Sonderbunker, Wilhelm Keitel	Tiefbunker	II-1, III-3
Kinderkrankenhaus Reinickendorf	Reinickendorf	Sonderbunker, Operationsbunker	Hochbunker	III-2
Kissinger Straße	Wilmersdorf	Standardbunker	Flachbunker	
Klemkestraße	Reinickendorf	Standardbunker	Flachbunker	III-2, III-3
Köllnische Allee	Neukölln	Standardbunker, Caritas-Flüchtlingslager	Flachbunker	III-1
Kolonie »Land in Sonne«	Wartenberg	Standardbunker	Flachbunker	II-3
Königsheideweg/Weststraße	Johannisthal	Standardbunker	Hochbunker	III-1
Königsweg	Zehlendorf	Sonderbunker, Oberkommando der Wehrmacht	Tiefbunker	III-1
Kopenhagener Straße 95	Wilhelmsruh	Sonderbunker, Werkluftschutz	Tiefbunker	III-1
Koppenplatz	Mitte	Standardbunker	Flachbunker	III-3
Krankenhaus Spandau	Spandau	Sonderbunker, Operationsbunker	Tiefbunker	III-2
Kramerweg	Spandau	Standardbunker	Flachbunker	III-2
Krausenstraße/ Fürstenbergallee	Karlshorst	Standardbunker, Blockdamm-Bunker	Hochbunker	II-1, II-3
Kreuzbergstraße	Kreuzberg	Kreuzberg-Stollen	Luftschutzstollen	II-2
Kückenweg	Neukölln	Sonderbunker	Tiefbunker	III-3

Bunker	Ortsteil	Kategorie und Funktion	Typus/Bauart	Kapitel
Kurpark	Friedrichshagen	Standardbunker	Flachbunker	III-1
Küstriner Platz	Friedrichshain	Sonderbunker, Plaza-Bunker	Tiefbunker	III-1
Leipziger Straße/ Wilhelmstraße	Mitte	Sonderbunker, Reichsluftfahrtministerium	Tiefbunker	I-1
Lessingstraße 9	Tiergarten	Sonderbunker, Missionsbunker Mandschukische Gesandtschaft	Tiefbunker (geplant)	II-1
Lichtenberger Straße (am heutigen Sportforum)	Weißensee	Standardbunker	Hochbunker	II-1
Lichtensteinallee	Tiergarten	Sonderbunker, Missionsbunker Dänemark	Hochbunker	II-1, III-2
Lichtensteinallee	Tiergarten	Sonderbunker, Missionsbunker Spanien	Hochbunker	III-2
Lichterfelde	Lichterfelde	Sonderbunker, Manfred von Ardenne	Tiefbunker	II-1
Lindenufer	Spandau	Sonderbunker	Flachbunker	III-2
Littenstraße	Mitte	Sonderbunker	U-Bahntunnel	I-2, III-1
Lübarser Straße	Wittenau	Standardbunker (Kolonie zur Pappel)	Hochbunker	III-2
Ludwigstraße (heute Topsstraße)	Prenzlauer Berg		Luftschutzstollen	III-3
Mahlsdorfer Straße 105	Köpenick	Standardbunker	Flachbunker	I-2
Marienfelder Chaussee/ Straße 100	Buckow-West	Standardbunker	Hochbunker	II-1, III-1, III-3
Marienstraße (heute Ruthstraße)	Steglitz	Standardbunker, Marien-Bunker	Flachbunker	II-3
Massiner Weg	Neukölln	Standardbunker	Flachbunker	I-2
Masurenallee 8–14/Soorstraße	Charlottenburg	Sonderbunker, Rundfunk-Bunker	Hochbunker	0-2, II-1, III-1, III-3
Methfesselstraße 14	Kreuzberg	Kreuzberg-Stollen	Luftschutzstollen	II-2
Müllerstraße	Wedding	Sonderbunker, Gasometerbunker, auch Sellerstraße	Hochbunker	I-2, II-1
Murellenschlucht, Waldbühne	Charlottenburg	Luftschutz-Grabenbunker	Luftschutzstollen	II-2
Nachtalbenweg	Malchow	Standardbunker	Flachbunker	II-1
Niklasstraße/Eiderstädter Weg	Zehlendorf	Sonderbunker	Hochbunker	III-1
Olympia-Stadion	Charlottenburg	Luftschutz-Grabenbunker	Luftschutzstollen	II-2
Olympia-Stadion (Reichssportfeld)	Charlottenburg	Sonderbunker, Werkluftschutz, Blaupunkt-Bunker	unklar	III-1, III-2
Oranienburger Straße	Wittenau	Standardbunker	Flachbunker	III-2
Ostendstraße 1-5	Oberschöneweide	Sonderbunker, Werkluftschutz	unklar	III-3
Ostseestraße	Prenzlauer Berg	Standardbunker	Flachbunker	III-1, III-3
Otisstraße	Borsigwalde	Sonderbunker, Werkluftschutz Flohr-Otis	Luftschutzturm	I-1
Pallasstraße	Schöneberg	Sonderbunker, Deutsche Post – Ausweichstelle Fernmeldeamt, Pallas-Bunker	Hochbunker	III-2, III-3
Pankstraße	Wedding	Sonderbunker, Mehrzweckanlage	U-Bahnhof	III-3
Pariser Platz	Mitte	Sonderbunker, Adlon-Bunker	Tiefbunker	II-1, III-2
Pariser Platz 3	Mitte	Sonderbunker, Speer-Bunker	Tief-Bunker	0-2, II-1, III-2
Passenheimer Straße	Charlottenburg	Standardbunker	Flachbunker	III-2
Potsdam	Potsdam	Sonderbunker, Wilhelm Furtwängler	Tiefbunker	II-1
Prinz-Albrecht-Straße (heute Niederkirchnerstraße)	Kreuzberg	Sonderbunker, Reichssicherheits-hauptamt, Himmler-Bunker	Tiefbunker	III-2
Pulsstraße	Charlottenburg	Sonderbunker, Operationsbunker	Tiefbunker	III-2
Quickborner Straße	Lübars	Standardbunker	Hochbunker	III-1, III-2
Rauchstraße 1	Tiergarten	Sonderbunker, Missionsbunker Finnland	Tiefbunker	II-1, n.

Bunker	Ortsteil	Kategorie und Funktion	Typus/Bauart	Kapitel
Rauchstraße 12	Tiergarten	Sonderbunker, Missionsbunker Ungarn und Irland	Tiefbunker	II-1, n.
Rauchstraße 16	Tiergarten	Sonderbunker, Missionsbunker Portugal	Tiefbunker	II-1, n.
Rauchstraße 21	Tiergarten	Sonderbunker, Missionsbunker Vatikan	Hochbunker	II-1, n.
Rauchstraße 22	Tiergarten	Sonderbunker, Missionsbunker Slowakei	Hochbunker	II-1, III-2
Regattastraße 18	Grünau	Standardbunker	Flachbunker	III-3
Reichstag	Tiergarten	Flakturmstellungen	(nicht gebaut)	I-3
Reichstag	Tiergarten	Sonderbunker für Reichstagsabgeordnete	Tiefbunker (nicht gebaut)	I-2
Reisstraße	Siemensstadt	Standardbunker	Tiefbunker	I-2
Revaler Straße	Friedrichshain	Sonderbunker, Reichsbahn-Bunker	Zombeck-Turm	II-1
Roonstraße/Friedrichstraße (heute Lindhorstweg/ Haeckelstraße)	Johannisthal	Standardbunker	Hochbunker	I-2
Rosenthaler Weg	Buchholz	Standardbunker	Hochbunker	III-3
Rummelsburg, S-Bahnhof	Rummelsburg	Standardbunker	Flachbunker	II-1
Saatwinkler Damm	Plötzensee	Sonderbunker, »Speerplatte«	Tiefbunker	III-1, III-2
Sachsendamm	Schöneberg	Standardbunker	Tiefbunker	III-1, III-3
Sachtlebenstraße	Zehlendorf	Standardbunker	Flachbunker	III-1
Saltykowstraße	Neukölln	Standardbunker	Flachbunker	III-2
Scharnhorststraße 3	Mitte	Sonderbunker, Operationsbunker Kaiserin-Augusta-Hospital	Tiefbunker	I-2
Schöneberger Straße	Kreuzberg	Sonderbunker, Reichsbahn-Bunker (Anhalter Bahnhof)	Hochbunker	I-2, II-1, II-3, III-1, III-2
Schulenburgbrücke	Spandau	Standardbunker	Flachbunker	III-2
Schwanenwerder 7	Zehlendorf	Sonderbunker, Joseph Goebbels	Tiefbunker	II-1
Schwanenwerder 24	Zehlendorf	Sonderbunker, Theodor Morell	Tiefbunker	II-1
Schwarzer Weg	Tempelhof	Luftschutz-Grabenbunker	Luftschutzstollen	II-1
Sellerstraße	Wedding	Sonderbunker, Gasometerbunker (Hotelbunker, »Volks-Hotel«)	Hochbunker	I-2, II-3, III-1
Siemensdamm	Siemensstadt	Sonderbunker, Mehrzweckanlage	U-Bahnhof	III-3
Simonstraße	Haselhorst	Standardbunker	Hochbunker	III-1
Soldiner Straße 80–85	Wedding	Standardbunker	Flachbunker	III-2
Spandauer Berg	Charlottenburg	Luftschutz-Grabenbunker	Luftschutzstollen	II-2
Spandauer Weg	Tegel	Sonderbunker	Tiefbunker	III-3
Spanische Allee/ Schopenhauerstraße	Nikolassee	Luftschutz-Grabenbunker	Luftschutzstollen	II-2
Stadtrandsiedlung	Marienfelde	Standardbunker	Flachbunker	III-1
Stadtrandstraße	Spandau	Standardbunker	Flachbunker	I-2
Sternfelder Straße	Siemensstadt	Standardbunker, Werkluftschutz	Flachbunker	III-2
Straße 653	Müggelheim	Standardbunker	Flachbunker	III-1
Straße vor Schönholz	Pankow	Standardbunker	Hochbunker	III-3
Strelitzer Straße/ Bernauer Straße	Wedding/Mitte	Sonderbunker, Oswald-Berliner-Brauerei	Tiefbunker	III-2
Stresemannstraße	Kreuzberg	Sonderbunker, Excelsior-Haus, Mehrzweckanlage, Tiefgarage Rheinmetall	Tiefbunker	III-3
Tellpromenade (heute Gotthardstraße)	Reinickendorf	Sonderbunker	Hochbunker	I-2

Bunker	Ortsteil	Kategorie und Funktion	Typus/Bauart	Kapitel
Tiergarten, auch Zoologischer Garten	Tiergarten	Batterieturm, Gefechtsturm, auch Geschützturm, auch Trümmerberg (»Gustav«), Zoo-Bunker	Flakturm	0-1, I-3, II-1, III-1, III-3
Tiergarten, auch Zoologischer Garten	Tiergarten	Leitturm, Kommandoturm Zoo-Bunker	Flakturm	I-3, II-1, II-3, III-1, III-2, III-3
Tiergartenstraße 19	Tiergarten	Sonderbunker, Missionsbunker Türkei	Tiefbunker	I-2
Tiergartenstraße 25	Tiergarten	Sonderbunker, Missionsbunker Japan	Tiefbunker	I-2
Tiergartenstraße 26	Tiergarten	Sonderbunker, Missionsbunker Schweden	Hochbunker	I-2, n.
Tiergartenstraße 36	Tiergarten	Sonderbunker, Missionsbunker Rumänien	Hochbunker	II-1
Tirpitzufer (heute Reichpietschufer)	Schöneberg	Sonderbunker Bendler-Block	Hochbunker	III-1
Treskowstraße/Triftweg	Friedrichsfelde	Standardbunker	Flachbunker	II-1
Treskowstraße	Heinersdorf	Standardbunker	Flachbunker	III-3
Uhlandstraße 30–32	Charlottenburg	Sonderbunker, Kudamm-Karree, (heute: »Story of Berlin«)	Tiefbunker	III-3
Ungewitterweg	Staaken	Standardbunker, »Ernährungsspeicher«	Flachbunker	III-1
Unionplatz	Moabit	Standardbunker	Flachbunker	III-3
Unter den Linden 63	Mitte	Sonderbunker, Missionsbunker UdSSR	Tiefbunker	I-2
Voßstraße 4–6	Mitte	Sonderbunker, Großer Bunker der Neuen Reichskanzlei	Tiefbunker	I-1, I-2, II-1
Wannsee (vermutlich am Beeskowdamm)	Zehlendorf	Standardbunker, Werkluftschutz, Spinnereifabrik	Flachbunker	I-2
Wehrtechnische Fakultät	Grunewald	Sonderbunker	Luftschutzräume	I-1
Westend	Charlottenburg	Sonderbunker, Operationsbunker	Hochbunker	III-2
Wilhelmplatz	Mitte	Sonderbunker, Kaiserhof-Bunker,	Tiefbunker	II-1, III-2
Wilhelmplatz Hotel-Bunker	Mitte	Sonderbunker, Befehlsbunker Dreifaltigkeitskirche	Flachbunker	II-3
Wilhelmsruher Damm	Wittenau	Standardbunker	Hochbunker	II-1
Wilhelmstraße 73	Mitte	Sonderbunker, Ribbentrop-Bunker	Tiefbunker	II-1, III-2
Wilhelmstraße 75	Mitte	Sonderbunker, Auswärtiges Amt	Tiefbunker	II-1
Wilhelmstraße 77	Mitte	Sonderbunker, »Führer-Bunker«	Tiefbunker	I-1, II-1, II-3, III-2
Wilmersdorf	Wilmersdorf	Sonderbunker, Walter von Brauchitsch	Tiefbunker	II-1, S. 23
Wilmersdorf	Wilmersdorf	Sonderbunker, Friedrich Olbricht	Tiefbunker	II-1
Wilmersdorf	Wilmersdorf	Sonderbunker, Ferdinand Sauerbruch	Tiefbunker	II-1
Wismarer Straße	Lichterfelde	Standardbunker	Flachbunker	II-1
Wustermarker Straße	Spandau	Standardbunker	Flachbunker	III-3
Zehlendorf	Zehlendorf	Sonderbunker, Karl Dönitz	Hochbunker	II-1
Zentralflughafen	Tempelhof	Sonderbunker	Tiefbunker	I-1
Zwieseler Straße	Karlshorst	Standardbunker	Hochbunker	II-1

Personenregister

Register der Bunkerfotos

Abbildungsverzeichnis

Alle übrigen Abbildungen stammen aus dem Archiv der Autoren bzw. dem Archiv des Verlages. Die Farbfotos fertigten Dietmar Arnold, Reiner Janick und Uwe Friedrich.

Zu den Autoren

Dietmar Arnold
Jahrgang 1964, Studium der Stadt- und Regionalplanung an der Technischen Universität Berlin, seit 1990 selbständig in einem freien Planungsbüro, seitdem auch intensive Forschungstätigkeit über den Berliner Untergrund mit Schwerpunkt Bunker- und Luftschutzanlagen, hierzu Ausarbeitung von Gutachten für die Senatsbauverwaltung, 1992 Gründung der Arbeitsgemeinschaft »Unter den Straßen Berlins«, 1997 Mitbegründer des gemeinnützigen Vereins »Berliner Unterwelten« und seitdem Vorstandsmitglied.

Buchveröffentlichungen: Dunkle Welten. Bunker, Tunnel und Gewölbe unter Berlin (mit Ingmar Arnold und Frieder Salm), Berlin 1997 (9. Auflage 2010); Schloßfreiheit. Vor den Toren des Stadtschlosses (mit Ingmar Arnold), Berlin 1998; Der Potsdamer Platz von unten. Eine Zeitreise durch dunkle Welten, Berlin 2001; Neue Reichskanzlei und »Führerbunker« (mit Reiner Janick), Berlin 2005 (3. Auflage 2009); Die Fluchttunnel von Berlin, Berlin 2008.

Reiner Janick
Jahrgang 1960, Lehre als Handwerker, seit 1988 Dokumentation der Berliner Bunker- und Luftschutzanlagen, seit 1990 auch Dokumentation der Umgestaltung der Ministergärten, 1997 Gründungsmitglied des Vereins »Berliner Unterwelten« und Leiter der Arbeitsgruppe Luftschutzbunker; historische Beratung für zahlreiche Fernsehdokumentationen, Vorträge und Stadtführungen zum Bunkerbau in Berlin.

Ingmar Arnold
Jahrgang 1967, Studium der Geschichte an der Freien Universität und der Humboldt-Universität zu Berlin, 1986–89 Mitarbeiter beim Archäologischen Landesamt und 1989–92 am Friedrich-Meinecke Institut der Freien Universität, seit 1997 Mitbegründer des Vereins »Berliner Unterwelten« und Bereichssprecher Forschung, zahlreiche Untersuchungen insbesondere zum öffentlichen Nahverkehr, speziell im Berliner Untergrund.

Buchveröffentlichungen: Dunkle Welten. Bunker, Tunnel und Gewölbe unter Berlin (mit Dietmar Arnold und Frieder Salm), Berlin 1997; Schloßfreiheit. Vor den Toren des Stadtschlosses (mit Dietmar Arnold), Berlin 1998; Luft-Züge. Die Geschichte der Rohrpost in Berlin und anderswo, Berlin 2000.

Gudrun Neumann
Jahrgang 1962, Ausbildung zur Sekretärin, Weiterbildung zur Buchhalterin, tätig im Baugewerbe, 1997 Mitbegründerin des Vereins »Berliner Unterwelten«, 1999–2000 Auswertung eines Metallkarten-Archivs (Zwangsarbeiterkartei), das in einem ehemaligen Werkluftschutz-Bunker gefunden wurde, Aufbau einer umfangreichen Sammlung zum Bunkerbau in Berlin.

Klaus Topel
Jahrgang 1950, Lehre als Maschinenschlosser mit mehrjähriger Berufspraxis, später Studium mit Schwerpunkt Leistungssport, Laufbahn als Offizier, seit 1989 in der freien Wirtschaft tätig, einhergehend historische Forschungstätigkeit über Bunker- und Luftschutzbauten in Berlin; 1998 Eigenpublikation über den Fahrer-Bunker der Neuen Reichskanzlei.